¶ Sensuit le prologue du translateur de ce present liure intitule la nef des folz du monde.

¶ Cognoissant q̃ Melius est habundare q̃ deficere. Il vault mieulx auoir ha/bondãce de plusieurs choses q̃ de en auoir necessite/ pource ie me suis mis a trãsla ter ce liure nõme la nef des folz de rime en prose/pource q̃ ap̃s q̃ le liure a este fait premieremẽt en alemant/& de alemãt trãslate en latin par maistre iaques locher et de latin en rethoriq̃ frãcoise. Jay cõsidere q̃ les vngz se delectẽt au latin/les aul tres au frãcoys/les vngz en rime/les aultres en prose a ceste cause ay ce fait, oul tre cõsiderãt ce q̃ dit therence. Tot capita tot sensus/autant de teste/autant dopi/ *Therẽtius.* nions/puis cõsiderãt ce q̃ dit virgile. Trahit sua queq; voluntas. chascun veult faire a sa voulente & la veult acõplir/ mais cõme dit virgile oultreplus. Nescia *Virgilius* mens hoim̃. la voulente des hõmes est incognue/pource ceulx q̃ vouldront le la/tin le prendront: le francoys/rime ou prose ou lalemãt: qui vouldra le sens moral le prendra/q̃ vouldra le sens litteral le prẽdra: cõme dit esopet/q̃ veult la fleur sy la preigne/qui veult le fruict sy le preigne/& qui veult le noyau sy le preigne/& q̃ *Esopus.* veult les hystoires cõme gens nõ litterez les pregnẽt: & q̃ veult tout pregne tout.

¶ A lhõneur de la treshaulte & tressacree trinite/pere/filz & sainct esperit en vne essence & de la treshonoree mere de dieu/& de tous les sainctz & sainctes de paradis Jay cõmẽce a faire ceste trãslation pour exorter les pouures humains/lesquelz p̃ imbecillites & pusillanimites ont ensuiuy les folz de ce present monde en toutes operations & oeuures dãpnables. Et affin q̃ ilz puissent euiter toutes mõdanites et folies/ie leur prie q̃ ilz ayent regard a ce present liure: q̃ ilz incorporẽt la substã/ce affin q̃ sagemẽt le tẽps aduenir se puissent regir & gouuerner: & q̃ moyẽnãt leur labeur soyent du nõbre des saluez Car quãt vng hõme se entrebat la honte q̃ ne soit vaincu luy multiplie sa force. Et la bõne cõscience aussy multiplie vertus en *Virgilius.* lhõme. Cõsiderant aussy q̃ la prose est plus familiere a toutes gens q̃ la rime: iay redige moy indigne ce present liure/nõ pas que ie veulle dire q̃ il ne soit bien trãs/late: mais veul proposer & dõner bruit & los au trãslateur louãt son oeuure/ auec sa rethorique laquelle me semble digne de louange. Sy en aulcuns lieux iay ad/ioute quelque chose/ie ne lay pas fait p̃ arrogãce: mais pource q̃l venoit a p̃pos. Je nay pas voulu changer le nom du liure q̃ a este appelle par le p̃mier cõpositeur la nef des folz. Il a figure vne nauire plaine de folz nauigãt en vne mer. Par la nauire nous pouuõs entendre les folyes & erreurs ou les mõdains sont/p̃ la mer ce present mõde/les folz estãt en la nauire/ sont les pecheurs/ car no⁹ sõmes en ce mõde cõme pelerins nauigãs de vng pays en lautre & selon noz op̃atiõs: no⁹ serõs remunerees au port de salut/ Puis q̃ ainsy est/il no⁹ fault ruminer en ce liure q̃ se peult bien appeller le doctrinal des folz: car on y peult trouuer bõnes & saluber/res doctrines cõtenues tant en la saincte pagine/q̃ es oeuures des sainctz & p̃phe/tes/des loix & des decretz & dictz des sainctz peres: lesquelz ont sy bien nauigue en ce mõde q̃lz sont venuz a bon port q̃ est la gloire eternelle/a laq̃lle no⁹ vueille cõ/duire le pere/le filz/& le sainct esperit. Vous lecteurs hũblement ie vous prie q̃ il

Vous plaise me pdonner se iay erre en aulcune chose:car la ieunesse ou ie suis ma
tãt aueugle q̃ ie nay pas tãt incumbe aux lettres cõme ie deusse:le langaige nest
pas autẽtique/affin que chascun y peult entendre quelque chose/car gens non lit/
terez ne demandent pas choses obscurez.

Prologue de iacques locher qui translata ce present liure dalemant en latin.

Comme ie eusse a par moy p long tẽps & grãdemẽt cogite lecteurs tres/
agreables du cours trescõfuz des choses humaines:ay p ma soigneuse
meditation trouue plusieurs degrez derreurs p lesquelz lhumain genre
decheoit/& va de iour en iour en diminuãt. Au moyen de quoy auoyent plusieurs
saiges & litterez hõmes pour guerir les egritudes maladies & pturbations intole/
rables des mortelz escriptz enseignemẽs tresfructueux q̃ les playes de lame dila
ceree gueriroyẽt beaucoup mieulx q̃ ne pourroit faire Esculapius/q̃ iadis les gen
tilz nõmerẽt dieu de medecine. En grece furẽt pmieremẽt instituez les estudez:
esquelles se trouuoit & croissoit salubre medecine/q̃ cõferoit aux couragez pturbez
tresbons alimẽs & tresioyeux nourrissemẽs & ou socrates ce tresgrãt cultiueur de
philozophie cõmẽca le premier a disputer des meurs. Et p ce q̃ es choses naturel/
les ne peut imposer fin certaine de biens & felicite souueraine/dedia les sublimes
cõtẽplatiõs de sa pensee aux estudes de vertuz morales & tant fut en philozophie
pfait & resplendissant quon disoit icelle auoir este p luy du ciel euoquee. Lequel quãt
iceulx mortelz hõmes pclines & enclins a vices eut bien regarde desirãt obuier a
telles meurs cõfuses es lieux publicz de la cite dathenes dõna les enseignemẽs q̃
enuirõnẽt les doulces fontaines du souuerain bien Apres la mort duquel succeda
le diuin platon q̃ la plusgrãt & meilleure ptie de son eage cõsuma en moralle philo
zophie. Et q̃ nõ sans cause pour mieulx & plussainctemẽt a lhumain genre secou/
rir a escript les loix saluberrimes/edifie la chose publicq̃ speciosissime & trebelle/
cõstitue lhumaine societe tresioyeuse/impose le frain & remede a libidinite/& ex ci
te lignorãce mauluaise des mortelz hõmes a vtuz. Du tẽps desquelz philozophes
interuint leage & regne des poetes tresresplendissant q̃ nobtindrẽt entre les saiges
et erudiz lieu inferiore pour la grãt excellence & iocudite de leurs ditz & fictions.
Les aulcuns desquelz ont celebre le chãt & carme heroicque p lequel les choses hu
maines & diuines ont acoustume estre chãtees. Les aulcuns ont aussy cõpose les
liures & vers treselegãs dagriculture/les aultres des planetes cours des estoil/
les & mouuemẽs des cieulx les aulcuns de lempire damours/cõme les elegiaques
Plusieurs de la miserable ruyne des roys & princes cõme ont fait les tragiciẽs &
les aultres ont prise & honoure les comedies auec grant liberte de dire. Du nõbre
desquelz ont cõnusque & resplendy aristophanes/eupolis & cratin treslouables poe
tes/lesquelz quãt ilz ont veu la ieunesse des atheniens sapplicquer a toutes libidi
nitez ont eu & prins loccasion descripre/& p leur langaige cõmun mordre & corriger
les vices & pechez des hõmes. Sur lanciẽne comedie desquelz ont apres les poe/

Seneca ad lucillum

Tullius in tu scu. q̃stiõibus

Poetarum origo.

Aristophanes. Eupolis Cratinus.

tes latins prins ⁊ forme stile nõ inelegãt/ desquelz Lucilius fut le p̃mier q̃ nõmee Lucilius
ment corrigea les crimes des princes romains ⁊ bourgeois prinez p̱ vne satyre la
tine q̃ p̃mieremẽt es latins dõna p̱ laq̃lle en doulces polles ⁊ ioyeux lãgaige toute
la cite reprenoit nõ pour exercer lasciuite de parler ⁊ p̱cacite effrenee: mais pour
les separer de vices ⁊ exciter aux estudes de vertus et salubres doctrines/ au
moyen de quoy satire a du tout prins son exorde des latins/ ainsy q̃ dit fabius en
son .x. liure des institutions q̃ les grecz appelloyent comedie Apres lucilius q̃ fut
gros ⁊ rude en stile/ toutesuois tresprofitable ⁊ familier en vrbaine repreh̃esion. Fabi⁹. li. x. istitutionũ.
Succederẽt Orace le treselegãt poete q̃ en satire merita tresgrant gloire. Perse
aussy q̃ seulemẽt vng liure laissa auq̃l est grãdemẽt son nom recõmande/ ⁊ iuue/ Horatius.
nal le dernier ⁊ prince de tous les aultres poetes/ ⁊ en satyre sur to⁹ resplendissant persius.
qui tout ce q̃ par les dessuditz auoit este dicte ⁊ escript repeta/ ⁊ p̱ son doulx stile et Juuenalis.
fiction tresioyeuse/ les vices des humains reprint ⁊ corrigea. O meurs preteritz
O tẽps passe pourquoy les gens du tẽps present ne vous cõmencẽt a scauoir ⁊ co
gnoistre/ pourquoy ne prisent ilz/ reuerent/ ⁊ honorẽt les poetes/ ignorẽt ilz q̃lz ont
a chascun voulu profiter ou se delecter/ ou par vers ioyeux ⁊ metres delectables
endoctriner les humains ⁊ leur mõstrer la facon ydoine ⁊ mode tressalubre de vi
ure. Ilz enseignent q̃ cest q̃ de maulx/ que cest q̃ de biens/ que cest q̃ de vices ⁊ pe/
chez ou vertus nous cõduit/ ⁊ ou erreur nous porte: car les cruelz rebelles ⁊ nõ pi
teux/ les orguilleux/ auaricieux/ luxurieux/ lasciuieux/ ireux/ glotons/ gormãs/
enuieux/ venefiez/ periures/ temeraires/ folz audacieux/ broullieux/ tumultueux
indoctz ⁊ insensez. Les poetes p̱ leurs satires dilacerent ⁊ vilipendent. Et les can
didissimes imitateurs de vertus extollent p̱ grande louãge ⁊ escripuẽt les loyers
et premiations de leurs merites. Et cõme au tẽps qui court soit sy grant nõbre ⁊
multitude dhõmes folz et ydiotz q̃ pour vacquer aux plaisances mondaines tene
breuses desprisent ⁊ cõdẽpnent lamour de vertus/ a este de necessite q̃ aulcun eru/
dit/ saige/ cault ⁊ astucieux poete resuscitast ⁊ vint en regne q̃ les delictz manife/
stes/ ⁊ tresdeshõneste vie des folz reprint ⁊ corrigeast p̱ cruelles ⁊ mordaces repre
hensions. Ce stile ⁊ forme descripre ⁊ dicter/ a prins nostre p̃cepteur iucũdissime.
Sebastian grant docteur es droiz/ ⁊ poete tresnoble pour le cõmun salut des mor
telz hõmes/ a celebre en gros langaige vernacule de sa region dalemaigne/ en en
suyuãt/ florẽtin ⁊ frãcoys/ pethrarcque/ poetes/ heroicq̃s/ q̃ en leur langue mater/ petrarchs.
nelle ont fait des fictiõs ⁊ poesies mirificq̃s/ ⁊ cõme celle narragonie/ ou nef des
folz du monde (q̃ no⁹ pouuõs appeller satire) soit a toutes gens p̱fitable a este ne
cessaire q̃ ie la redigeasse en latin/ affin q̃ toutes aultres nations/ cõme francoys/
ausoniens/ hiberiens/ ⁊ grecz/ q̃ nẽtendẽt nostre langaige/ y peussent p̱fiter: mais.
sy pour la mediocrite de mon petit entendemẽt/ iay en ce liure aulcunement peche
ou erre/ vous supplie lecteurs que vous me pardõnez/ ⁊ par ce que ce liure est cõ/
pose pour la salubre doctrine de sapiẽce/ ⁊ pour expurger la vanite de forcẽnerie ⁊
follie/ ⁊ vous prie q̃ regardes en ce liure/ cõme au miroir ce laine/ vostre cõdicion
et vie/ affin que vostre eage puissez passer plus eureusement.

¶ Prolude de ce present liure.

m Aintenāt est le mōde plain de sciēce ⁊ denseignemēs faitz ꝑ noz peres
anciens/tellemēt q̄ la saincte escripture est en plusgrāt vigueur q̄ ia/
mais:car en elle est toute droicture. Premieremēt no⁹ auōs la saincte
bible des anciēs peres en lāgue cōme patētemēt appert/leurs faitz ⁊ vicz sont mi
ses/no⁹ y pouuōs prēdre bōnes patures ⁊ alimēs pour substēter ⁊ nourrir noz pou
ures ames. Car celluy q̄ nayme vert⁹ est repudie infame. Oultre plus no⁹ auōs
les liures de philozophie ou to⁹ biens sont cōprins/cest celle dont tous les saiges
ont apris/elle est excellente ⁊ de grāt pris/⁊ q̄ en elle se delecte on peult auoir mōlt
grāt prouffit. mais nonobstāt ie me smerueille de vng chūn hōme mortel q̄l ne pē
se point a son salut/mais plustost pēse a faire grāt amas de pechez/⁊ cōmēt dieu
ne no⁹ cōsōme/veu q̄ tāt no⁹ le offensons. Bōne doctrine du mōde tous les iours
on chasse ⁊ en folie ⁊ imbecillite lhōme passe ses iours/⁊ fuit ⁊ delaisse toute bōne
Palas. doctrine. Palas souloit tenir les rancs en ce mōde:mais ꝑ noz grans ⁊ inormes
pechez no⁹ ne la pouons souffrir. Elle est aux cieulx/ou elle sert les sainctz desq̄lz
elle est amye. Nulz ou bien peu ont sapiēce/sciēce ou doctrine:point nauōs lou
uerture de ꝓbite/foy/cōscience/amour/pitie nest point en no⁹:mais chūn desprise
son dieu/pource celluy q̄ prent vertus/eslit bon lieu. Choses honnestes ⁊ bonnes
meurs no⁹ desprisons Des sacres faictz les enseignemēs admonestez mesprisons
auec les celestes doctrines tāt doulces ⁊ amoureuses aux bons ⁊ saiges de ce mō
de En oultre no⁹ tūbons en erreur infinis q̄ est du mōde le pis/⁊ sōmes releuez en
meschāt empire/ꝑ noz pechez sōmes finitz ⁊ na nul de no⁹ ferme degre. ꝑ pleins/
voyes/sentiers/tauernes/marchez/rues/charieres/chāps/pres/⁊ finablemēt ꝑ
to⁹ quartiers on exerce gormādise tant vile/en ambulant chemins inutiles sans
prēdre de salut la voye Nous suyuōs caupones/tauernes/beuuāt mēgāt habōdā
mēt/no⁹ rēplissons noz corps insaciables de lescherie ⁊ friādise/ sobriete en no⁹ ne
se trouue:chūn de ce vice est trouble Noz pēsees sont inhertes q̄ ne quierēt q̄ vani
tes desertes/ noz ames rendōs ⁊ rēplissons de occiosite ⁊ de luxure pareillemēt/ ⁊
daultres vices plus de cent. Au moyen de quoy ꝑmy le mōde y a grāt habondāce
de folz tellemēt quen toutes regions ⁊ en plusieurs quartiers leur folie redonde/
tant q̄ toutes v̄tus ⁊ choses pures cōtaminēt ⁊ desprisent ꝑ leur folie. Les vngz
cuidēt estre bien saiges ⁊ discretz/lesq̄lz ne scauēt droit ciuil ne canō/⁊ ꝑ ce moyen
sont tousiours folz. Telles gens croire on ne doit q̄ sont oultrecuidez ⁊ insciēs sou
uent bons on les cuide q̄ sont rēply de vaine gloire/de bon sens ilz sont vuidez ⁊ se
repudiēt prudēs ⁊ saiges. Or donc les bons ⁊ loyaulx aurōt leur deserte ⁊ loyer.
Et les folz peruers seront descriptz/pource a chascun vueil bailler bon loz selon
ma possibilite ⁊ la deserte de vngchūn. Par mes fictions dresseray sur mer naui/
res ⁊ classicques ⁊ freneray de cordages de hunes/vires ⁊ voiles dauirons ⁊ bi/
coquetz en grāt multitude. Et les prendre de diuers pays ou tous le humains re/
gneront bons ou mauluais/aueuglez/malades ou sains/⁊ de mes ꝓpres mains

les basteray sans cesser tāt q̄ ie viuray. Il nest aussy bien necessaire: car il y a tant
de folz innumerables q̄ sont de maulx infinis/lesquelz ie ne puis pas tout escripre
en ce present liure. Les folz acourent a noz nauires moult impetueusement ⁊ de
telle radeur quilz se blessent les piedz tāt sont hatifz de venir a nostre nauire. Quāt
ie pense leurs molestes/leurs folies ⁊ grans maulx/plus en y a q̄ en vne grande
cōpaignie de mouches a miel volant au pre dessus les fleurs odoriferentes. Et
brief tant court de folles erreurs que le vaisseau en est tout plain. De ses folz les
vngz sont apprentis ⁊ veullent auoir gouuernemēt a leur voulente/ maintz on
y verroit discerner/chascun disant ie vueil tout gouuerner/mast/nef/ ⁊ toute la
nauire. Aulcun a desire estre au plus parfond de la nef/ lequel gueres na delecte
quāt il a veu le peril sy dangereux/mais peu sont qui ont cest astref ⁊ sy ont ma
nef oultre passee. Le dernier de ses folz acourāt veult estre au dessus des aultres
et veult tirer le voille hault ⁊ sus/affin quil puist entrer plus auāt en la mer. Si
vous voules scauoir qui est ceste nef/saches q̄ vngz chascun de nous a vne nef/
mais encore en y a il vne cōmune ⁊ to⁹ folz q̄ a plusieurs hunes/⁊ va en plusieurs
regions/laquelle est plaine de plusieurs ⁊ diuerses manieres de folz. O vous re
gnās q̄ auez belle face mirez vous icy ⁊ lisez ce present liure/car il nest humain q̄
en ce liure ne voye sa forme. Sy en mes doctrines entēdes totalemēt/soyes bien
que vous porrez acquerre la gloire eternelle ⁊ euader les peines perdurables den
fer/car vous aures fruit de vertus ⁊ benediction de dieu: folie ne vous ira que-
rir/et nostre nef point ne querra: mais la vie pardurable porras acquerir. Vous
ires le chemin qui tous chrestiens esueille/⁊ acquerres vertus ⁊ sainctete/mettāt
toute vile macule hors de vous. Consideres gens humains ⁊ mortelz les faitz ⁊
les desirs mondains/⁊ vous cognoistres que les plus fors/les plus saiges/vail
lans sen vont courant plus vitte q̄ le dain/et ne cognoist on point leur trace. Hel
las nostre vie bien tost se passe. Celluy qui est pouure ⁊ na rien on le tient fol/qui
parauenture est sans peche: hellas il est plus saige que ceulx qui ont beaucoup de
biens/⁊ sont en la subiection du dyable. Et celluy bien saige on tient q̄ a des biens
en habundance/⁊ est sy remply de peche que cest chose inestimable tant q̄ par son
offence est deiecte au feu denfer/saige il nest pas mais fol p̄fait. Le pouure quon
repudie fol au dernier de sa fin attent auoir participacion aux biens de la dame
palas. Ceulx qui aymēt vertus sans a nul faire oultrage/dieu les aimera sans
nulle faulte: mais quil ne porte folle mitre/⁊ fut il de science improuueu. Mais
quil soit remply de vertu saige sera plus que vng grant clerc. Je trouue des folz
assembles par caternes ⁊ compaignies de plusieurs manieres: car les vngz sont
escervellez qui veullent porter les banieres. Les aultres sont de pensees fieres q̄
ne se employent que amasser tresors. Et pour en brief scauoir qui sont les folz/ie
les vous nōmeray icy. Nobles/clers/prestres/moynes/apostatz/bourgois/mar
chans/riches/pouures/⁊ de tous mestiers est quasi nostre nef plaine. Il nest ru-
stique/viel/ieune/imbarbe/foible/fort/grant/petit/tant ayent ilz de science: silz
sont folz ilz nont point de respit quilz ne viennent trestous hastiuemēt en la nef.
Non pas seulement les hommes/mais aussy les femmes/dames/damoiselles/

bourgoises/vieilles ⁊ ieunes/ieunetresses/sobres/pudiq̃s/chastes/vesues ⁊ ma/
rieez auec les hõmes sõt en noz nauires: car en plusieurs choses mouuẽt plusieurs
gens/⁊ principallemẽt es amours amertueuses tellemẽt q̃ on laisse toutes bõnes
meurs pour viure en charnelle felicite ⁊ vie lubriq̃. Folz mõdains/mires vous
bien en mon mirouer/⁊ vo⁹ verres voz faultes ⁊ pechez/⁊ patẽtemẽt vo⁹ cognoi
stres cõmẽt folie vo⁹ gouuerne. Saches q̃ nostre entẽtion ne pretend a aultre cho
se si non q̃ puissons faire satisfacion a dieu/affin q̃ de vertus soyons plains Pour
laisser nostre nef ⁊ mast ⁊ nostre importable discord/laisses peche/ostez vo⁹ de la
fãge/cest ce q̃ lame nest a mort/faictes le tost/⁊ ie seray de vostre accord. Se aul
cuns folz se mocquẽt de noz petis escriptz/pource q̃ plusieurs folz y sont cõprins/
ilz ont lentẽdemẽt petit: car le sens litteral nest pas le principal de la matiere Tel
les gens sont cõe ceulx q̃ cuidẽt mẽger les amãdes sans casser: car q̃ veult en vng
noyau trouuer saueur/il le fault briser/⁊ alors on trouuera la saueur/aussy q̃ en
ce liure veult trouuer prouffit arrester se doit au sens moral q̃ est de folie couuert
Mon liure satiriq̃ ie vo⁹ baille pour exẽplaire/seigneurs sil vo⁹ plaist de le lire ⁊
sil vo⁹ semble ql soit mordãt/excuses moy cõme on excuse les anciẽs/lesquelz ont
fait plusieurs belles doctrines mordãtes/les poetes tãt de beaulx liures ont cõpi
le ⁊ adornez de plusieurs beaulx ditz/⁊ en leurs tẽps ont corrige mains maulx et
crimes. Tout ce cõsidere ie les veulz ensuiure: nonobstant q̃ ie ne soye pas digne.
Mais encore ꝑ maniere de passe tẽps/ie veulx icy parler des folz ⁊ folles ⁊ leur
assigner guerison de vertus/sciẽce/⁊ doctrine pour les faire a bien cõdescẽdre: car
ie neuz iamais aultre voulente q̃ de vouloir le prouffit ⁊ vtilite des ieunes iouuẽ
ciaulx q̃ iamais ne voulurẽt prendre le chemin de raison. Et affin q̃ mieulx ie les
amolisse/⁊ q̃ leur cueur puist a bien attraire toute ma fiction nest q̃ de folz Pardõ
nes moy vo⁹ orateurs se aulcun langaige est mal couche: ⁊ vo⁹ lecteurs q̃ le tẽps
occupes en ceste lecture/⁊ se aulcune faulte y trouues/plaise vo⁹ excuser la capa/
cite de moy/⁊ la ieunesse ou suis encore/cõsiderãt aussy ql nest sy ferre q̃ ne glisse.

¶ Argument en la nef des folz du monde.

La felicite ⁊ saluberrime enseignemẽt de lhumain genre est cõstruicte
a et replendist la nef des folz du monde en laq̃lle mõtent ceulx q̃ vaguẽt
de la voye de verite ⁊ de lapparãt chemin du sain entendemẽt en varia
bles ⁊ vmbreuses tenebres de pẽsee ⁊ delectations du corps. Et se pourroit ce pñt
liure appeller satire ne fut q̃ le ꝑmier acteur sest delecte en la nouuelle intitulati
on du liure/car ainsy q̃ ꝑ poesies ⁊ fictiõs/les anciens poetes les vices ⁊ mauluai
stiez des mortelz corrigoyẽt Sẽblablemẽt ceste pñte pagine met ⁊ pose deuãt les
yeulx lestat ⁊ cõdicion des hõmes/affin q̃ cõme au miroir on regarde les meurs ⁊
rectitude de vie. Toutessfoys ne pẽses lecteurs q̃ iaye de mot a mot redige ce liure
dalemãt en latin; car iay seulemẽt (ainsy q̃ dit flaccus) prins le sens de la lettre es/
perant q̃ mon audace presumptueuse me soit ꝑ les lecteurs ꝑdõnee en regard a la
paucite de mes tẽdres ans ⁊ mediocrite d mon petit entẽdemẽt q̃ a laisse les egres/
sions poetiq̃s ⁊ fabuleuses obscuritez ⁊ a loeuure pachene en facile sentence ⁊ fa/
milier stile: priãt pour ꝯclusion to⁹ lecteurs qlz supportẽt mes delitz ⁊ lucubratiõs.

¶ Cy sensuit le premier chapitre.

¶ Des liures inutilz.

Le premier fol de la nef suys
Les voiles regis de ma main
A liures auoir me desduis
Lesq̄lz ie ne voy soit ne main

De ceulx que iay leu fay desdain
Oŋ ne les entent somme toute
Tel cuide bieŋ scauoir qui doubte.

i

Eunez gens qui desires scauoir plusieurs choses arrestes vo⁹ en ceste doctrine ⁊ la ruminez/ affin q̄ vo⁹ y puisses cōprēdre ⁊ entendre la substāce ⁊ q̄ vo⁹ ne soyez du nōbre des folz nauigās en la mer de ce mōde. Et vo⁹ aussy q̇ auez passe vostre ieunesse/affin q̄ se vous estes du nōbre des folz mōdains q̄ vo⁹ puissez apprēdre chose q̇ vous puist mettre hors ď la nef des folz. Ors doncq̄s entēdes cōmēt le p̄mier fol estant en la nef stultifere parle ¶ Le premier suis en la nauire vagāt auec les aultres folz/ie tourne ⁊ vire les cordes de la nef nauigāt en la mer bien auant Je me fonde mal en sens ⁊ en raison/ ie suis bien fol de me fier en grant multitude de liures. Je desire tousiours ⁊ appete liures nouueaulx/ausq̄lz ie ne puis cōprēdre substāce/ne rien entēdre. Et toutesfoys bien les cōtregarde hōnestemēt de pouldre ⁊ ordure/ie nettoye souuēt mes pulpitres. Ma maison est decoree de liures/ie me cōtēte souuēt de les veoir ouuers sans y cōprēdre chose du mōde. ¶ Ptolomeus fut vng riche hōme/leq̄l cōstitua ⁊ cōmāda quon luy sarchast p̄ tout le mōde les plus excellens liures quon pourroit trouuer Et quāt ilz furēt to⁹ q̄s/il les tenoit pour grāt tresor. Et toutesfoys il ne tenoit lenseignemēt ne la doctrine de la diuine sapiēce/cōbien q̄ il ne peust rien disposer de la vie sans elle q̄lque liures q̄ il eust Ne cōposer chose de bien q̇ au corps luy fut lors incolume/iay leu en plusieurs liures/ausq̄lz gueres ne me suis arreste:mais ay souuēt passe mon tēps a regarder la diuersite des couuertures de mes liures.ce seroit a moy folie dappliquer mō entēdemēt a tāt de diuerses manieres q̄ ap̄s ie pdisse lentēdemt: car celluy q̇ peine a trop scauoir ⁊ se occupe trop a lestude/est en dāger de estre incēse. Aussy cōm̄ est di

ptolomeus. philadelph⁹ cui⁹ meminit Josephus. li.xij.

spense/bien lettre soit ou non scauāt de porter nom de seigneur/ie puis aussy bien mettre en mon lieu celluy q̄ cuideroit apprendre sciēce pour luy ⁊ pour moy/⁊ se ie me trouue en cōpagnie de gens sages/affin q̄ ie ne parle point latin/ie leur conce deray toutes leurs ꝑpositions de peur q̄ reprins ne soye/de ce q̄ iay sy mal aprins

Prouerbiorum.v. O docteurs q̄ le nom portes ⁊ rien ne scaues en sciēce pour euiter grāt deshōneur en cōpagnie de gēs litteres ne vo⁹ trouues. Mais cōtēples q̄ noz peres anciens/leur grāt sciēce ne cōprindrēt a auoir grāt habondāce de liures/ains lapprindrent dung bon ⁊ desireux courage. Ilz ne auoyēt lesperit sy vacabūt ne sy volage cōme les clers de maintenāt plus ꝓpre ⁊ plus hōneste seroit a telz gens de porter oreilles de asnes/q̄ de porter nom de docteur ⁊ rien scauoir.

¶ Des bons conseilz.

Le conseil qui ne conserue
Son estat et improbite
Prouerb.v. Et des maulx/des aultres discerne
Par merueilleuse grauite
Est vng grant fol en verite
Et besche dung pourceau la fousse
Est par apres dedans la pousse.

s ensuit ap̄s de ceulx qui veullent auoir entree au senat/ou en la court de quelque grant seigneur/affin que en leur pais ilz puissent auoir honneur ⁊ reuerence du peuple/⁊ presider deuant les aultres/ et se sont ceulx q̄ sceuent le moins Loix/decretz/⁊ bōs conseilz/sont par telz gens ob (Ecclesia. ij.) seulement couuers et cachez par vaines paroles/⁊ cheminent par voyes tenebreuses. A rōme anciennement auoit bons conseilliers/sages/prudens/⁊ litterez/ qui canoniq̄ment ⁊ imperialemēt pugnissoyēt les malfaicteurs ⁊ choses illicites ⁊ malfaictes Les choses licites ⁊ hōnestes entretenoyent tousiours multipliant de iour en iour le bien et vtilite de la chose publique.

Mais maintenãt en aulcuns lieux sont aulcuns conseilliers & gouuerneurs des cours tãt seculieres q̃ ecclesiastiq̃s q̃ ne scairoyẽt euiter ãlque mauluais pas/ne discerner litigez & debas/ne deslier le nou sye. Se du president est prie pour dõner conseil de ãlque matiere a sa grant & fiere grauite/rien ne dira de nouueau/aussy cõtre nature ce seroit cõme dũg vaisseau sortist eaue pure & clere q̃ est maculee. Il suyt les aultres & semble q̃l ne vueille mot dire: mais il ne les veult point cõtre/dire depeur q̃l ne le desprisent/& par ainsy est le conseil corrũpu/ vela cõment telz gens en font de iustice q̃ sur eulx chargent. Helas senat & court royale q̃l fourfaiture/quelle male iacture/quel grief mal fort de loy q̃ dois estre mere nourrisse de iustice. Seez tu pas bien cõmẽt les propres cõseilliers se assemblent quãt vng arrest veullent dõner & q̃lz sont deux dune semblable opinion/les aultres poĩt nem pescherõt q̃ la sentẽce nen soit faicte/& p ce rapport iniuste la court dõnera inique iugemẽt. Hellas ce nest pas asses de ouyr les aultres ne ensuyuir leurs opiniõs. Alleguer fault bõnes loix et decretz/voluer fault lune & laultre partie de la loy allegee. Affin que celluy q̃ tu veulx iuger/ne dye deuãt le grãt iuge des cieulx que faulcemẽnt tu las iuge. Et se ainsy est il te iugera & condẽpnera sans appeau. Je croy moy q̃l test aduis que dieu ne saiche point les pechez q̃ nous faisons au monde present. Sy fait/& toute chose entierement/voire la pensee de lhõme. Pource croys moy/car se tu veulx bien garder les reigles des loix et la maniere de iustice et mõstrer ton bon cõseil & bon vouloir/il te fauldroit premieremẽt quãt tu veulx iuger vng proces/ciuil/criminel/ecclesiastique/ou de pres qui soit grant/ou touchant heritages demander fault conseil au plus sage: car ainsy q̃ tu iugeras vng aultre tu seras iuge & tormente par Eacus iuge denfer. Dieu tout puissant apres nostre mort febles & fortz il iugera/& la trouueres les pouures gens que vous aurez greuez et fait extorcion. Car qui en ceste vie mortelle ne fait iustice comme il doit/il est accuse deuant le grant iuge/lequel donne iuste sentence selon le bien ou le mal quon fait/toute la science ne sapience des hõmes ne len excuseroit pas: car qui dõneroit tout lor/largent/& cheuãce du monde/ on nen eschapperoit point: car cest le grant iuge eternel & imperial par dessus tous iuges.

Senece. lib. ij. ff. de ori.iu. xi.q.iij.et si ad tempus. De pe. & re. c.cũ ex.eo. C. de iudi. l. rem non nouam. De re iudi. cum eterni. lib.vi.

De auarice & prodigalite.

De la nef la premiere part
Occupe lauaricieux
Qui de ses biens point ne depart
Aux pouures ne penurieux
Il est fol destre curieux
Sy fort de ses biens sans compas
Veu que du sien ne ioist pas.

t Ous ceulx q̃ font
grant amas dor et
dargent sont repris
cõme cestuy poure
Psal. xlviij. fol q̃ amasse or argent ⁊ grãt
chevãce/⁊ de ses biens ne prẽt
nul soulas quant il a assez a-
masse ⁊ il meurt/helas il nẽ-
Ecclesia. v. Psal. xviij. porte rien/ il laysse ses tresors
et biẽs a ses enfans/nepueus
C. de cura. fur. l. i. ou parens/qui apres sa mort
en font grãt chere: ilz en sont
triũphans ⁊ gorriers/⁊ despẽ-
dent ioyeusemẽt en delectations charnelles ce q̃ le mort a
amasse en grant soussy et en
grant peine /qui a lavẽture p
mal avoir la chevãce acquise
est au puant palus denfer/en
supplice duremẽt tourmente
Mieulx luy vaulsist quil se
fust ꝯtente de peu: car tout ce
ql a amasse d rien ne luy pourfite Mais luy fault endurer
peine/dueil/⁊ cruelle rage: ⁊ du bruuage dacherõ fleuve infernal puant infect
tout son corps est rempli. Je trouve encores plus grãt mal au prodigue q̃ despend
tout le sien ⁊ laisse tout ses biens lubriquensemẽt couler. Il ne scet pas mettre li-
mite aux choses. Telz gẽs sont en bonnes meurs novices ⁊ rẽplis de to⁹ maulx/
Joh. xxvij. aux bons viẽt le bien: car les ꝓdigues nen veullent point. Ne sont pas donc bien
incensez ceulx qui font de richessez grant amas/quilz ne pourchassent le salut de
leurs ames. Helas ayme tu mieulx souffrir peine inestimable avec tous les dyables denfer/que amasser tant de chevance: tes biens ne te allegeront pas/de eulx
point cõforte nen seras: mais en enfer te enseveliront au plus parfond du sulphu-
rant infernal puis. Et qui pis est/se tes heritiers te scavoyent racheter pour vng
denier/a grant peine le feroyent ilz: car se tu estois en ce monde/il te fauldroit rendre tes biens. Nõmer ie te puis tãtalus lequel est au gouffre denfer/il enrage de
Tantal⁹ de quolactãu⁹ fain ⁊ de soif/il est en leaue iusques au menton: mais quãt il cuide boire leaue se
baisse sy bas ql ne peult boire: au pres de luy a vng poirier auquel pend vne poire
pres de son nez: ⁊ quãt il se hausse pour la prendre/le poirier se hausse: ⁊ par ainsy
il enrage de fain ⁊ de soif: cõsiderez quel tourmẽt cest: mieulx vauldroit aux pouures tous ses biens dõner/que estre sans fin en tel tourment. Pource a to⁹ riches
ie prie au nom de iesucrist q̃ pour nous a voulu morir villainemẽt en vne croix

que vous amollissies voz cueurs & q̃ facies des biens durãt vostre vie: car quãt de ce monde seres decede voz biens ne vous pourront aider. Et se bien vous faic/ tes vo⁹ acquerres la gloire eternelle. Lis ce q̃ tulle racõpte disant q̃ iamais hom me saige ne voulut regner puissãment en ce monde. Mais de bon cueur & pensee monde/ne demande q̃ pascience/paix/& sapiẽce: & fouyr mõdains plaisirs: car sai/ ge hõme le peult bien faire. Des ordures mõdaines nous auons dedans le decret Cõment crassus desiroit auoir dor & dargent grant sõme. Il en eust habondãmẽt Peu de tẽps apres il fut emprisonne ꝑ les parthes: & fut a cause de son tresor. Re semblez tous a Socrates q̃ disoit q̃ richesse estoit ennemie de science: au moyen de celluy qui auoit sy bien de quoy getta tous ses biens en la mer tellement q̃ nul hõme ne le sceut blasmer. Vous pouures mondains penses bien a ce q̃ ie dis: car veritablemẽt en toutes choses ya maniere; car les bien eureux ont tenu le moyen chemin.

Tullius in paradoxis.

l.q.l. ꝑ q̃dē l.crassus

Des nouueaux ritz & nouuelles coustumes.

Celluy qui nouueaultez desire
Mettre sus entre poures gens
Fait & rend cõme ie puis dire.
Maintes ieunes gens indigens
Aussy qui les vieulx estatz gens
Mect sus est fol & pour certain
Lung fol tient lautre par la main

t

Egit et gouuerner vng chũn se doit se lon les anciẽnes et bõnes coustumes: mais ce q̃ fut iadis vicieulx/ criminel/ infame & resprouue mainte/ nãt ꝑ vsaiges nouueaux/nou uelles coustumes sont main tenãt en bruit entretenuez de plusieurs Je ne puis pas bien pẽser en mon cueur lequel est le plus fol des deux vsant de vieilles ou nouuelles coustu mes/ ou celluy qui prent les grãs mãches a coutieres/cõe font vng grant tas de lour/ daulx & de paiges. Ou ceulx qui portẽt les mãches larges Sy non il me semble q̃ cest tout vng/ & que aussy fol est lung q̃ lautre/ car aussy hõne stemẽt cuide estre habille cel luy q̇ porte les grãs coutieres cõe celluy q̇ porte les larges

Math.xviij

manches. Aux anciens peres estoit grãt louenge de porter longues barbes/ceste
iij. Regũ. x. coustume nous seroit maintenant estrange & sotte. Socrates qui estoit grãt phi
lozophe cõmenca a porter grant barbe/& apres luy tous les aultres philozophes
prindrent la coustume. Apres que les bons philozophes sont de ce monde decedez/
libidinite & luxure sest espandue par le monde/tellemẽt que au tẽps present flou/
rist quasi entre tous pechez. Toutes vertus de quoy les haulx cieulx sont decorez
& abolix/sont tous vices & peches en vigueur par le monde. Tous les humains
veullent cõtrefaire tout ce que dieu a fait/et par leur presumption cuidẽt mieulx
faire que dieu. O quel horreur/quel peche abhominable. Les ungz portent grãt
barbe au visaige de peur quilz ne semblent plus vieulx. Ilz acoutrẽt leurs corps
Sicambri. Ethiopes. et visaiges en telle facon qlz semblent ieunes: mais ilz sont vieulx. Les aultres
portẽt cheueulx cõme sicabriens/ou longz/iaunis & fardez cõme alemãs/ou cõme
ethiopiens/craispes & tors & les pignier dix fois le iour. Aulcuns ont les habis si
cours quon leur voit quasi le cul. Il en ya qui sont chargez p le col de grosses chei
nes/de bagues dor sont tous rẽplis. Les doigtz plains de verges & aneaulx. Lar
ges bõnetz a grãs rebras/et dehachez cõme p despit/auec cela de grans chapeaux
quon porte sur loreille. Les robes courtes plaines de plis/& les mãches cõme sacz
largez. Pourpoins decouppes en taillades/bendez de velours ou de soye. Man/
teaulx bordes de couleurs differẽtes Diuers draps maintenãt on porte/les robes
ont coles a rebras Les chemises frincees & brodees/aux mãches larges de fin lin
Cest la mode des infideles/des turcz/& sarrasins infectz. Les grãs souliers rõdz
cõme boilles/& puis apres des aultres quarrez/brosequins decoupes/ pãtoufles
dehachees/& chausses biguarees & neruees de drap dor ou de velours. Les bour/
ces cõme panetieres/les saintures de taffetas. Que fault il plus/rien/si nõ la bel
France le espee ou rapiere a leur couste ¶ O france france sy tu as des tourmens & des
maulx tu en es cause. Je te dis & note/tu as endure q̃ telz vestemẽs on a porte/& q̃
pis est/encores on porte. Tu auras encores pugnitions diuerses/ se en brief tu ne
pense a ton cas. Oste ces nouuelles coustumes/autant aux hõmes cõe aux fem/
mes: car elles sont laides/ordes & deshõnestes. Ne peus tu pas bien cognoistre q̃
le saulueur du monde iugera tous les humains/& du mal fait se vengera.

¶ Des anciens folz.

¶ Helas combien que ie decline
Tous les iours a ma sepulture
Et que ma vie sy sencline
Payer le tribut de nature
Toutesfoys de laisser nay cure
Des anciens la folle vie
Car moy vieulx nayme que follie.

Esueillez voz espris e Vieilles gens qui auez toute vr̃e vie este folz/⁊ acoustes cõmẽt ce present fol sy se cõplaint. La grant folie inueteree/ maul/
uaise ⁊ plaine damertume q̃
est tousiours en moy de mou/
ree ne peult souffrir q̃ ie laisse
ma p̃miere coustume ⁊ p̃mie
re vie/ie suis enfãt/⁊ sy voit
on bien q̃ ie ne puis aller. Jay
cẽt ans passez⁊ sy ne suis poĩt
plus saige q̃ ie souloye Je suis
quasi aussy saige q̃ quãt ie na
quis. Et q̃ pis est/ie ne voul/
droye pas estre plus sage. les
signes des folz aux enfans ie Esay. xvi.
mõstre⁊ administre/⁊ d̃ folie
le mauluais regime iescrips.
Jay fait mon testamẽt q̃ con/
tient enseignemẽt ⁊ doctrine
a tous ceulx q̃ me vouldront
suiure ⁊ viure cõme moy fol
lemẽt. Je suis le mauluais cõducteur aucteur ⁊ de mal exẽplaire ce q̃ en mon en/
fance iay apris ie le mõstre par experiẽce. Mon fait inhers baille a cognoistre q̃ c. ex studiis
fol ie suis: car de ma folie ie desire louẽge auoir/partout ie puis bien faire scauoir c. cũ iuuentu
q̃ iay seme mauluaises renõmeez en plusieurs lieux. Et par mon mal vil ⁊ infa te de p̃sum.
me iay monstre mon vice ⁊ peche/ma folie ⁊ mon deshõneur/⁊ me semble q̃ cest
grãt hõneur. Mille legions de maulx ont este par moy semez sur la terre. Jay le
cueur bien marry q̃ ie ne puis plus ainsy faire. Jay grant despit q̃ ie nay peu cõsu/
mer mes habillemẽs iusq̃s au bout. Mais puis q̃ ie suis vieil ⁊ q̃ ie ne puis plus
regner/ie vueil aprendre a mes filz ⁊ nepueuz a faire cõme iay fait/ faignãt que
des vices la voye en toutes places est bien ample. Vela cõmẽt le pere dõne maul
uaise exẽple a ses filz ⁊ nepueuz/lesquelz deuiẽnent plus mauluais ⁊ peruers la
moitie q̃ nest le pere de quoy il se esiouist ⁊ seroit bien marry de ouyr dire q̃ son filz
fust benin. En dueil ⁊ merẽcolie les filz finerõt leurs viez: puis q̃lz vivẽt sy mes/ De cõsecra.
chãmẽt. Parquoy ie dis q̃l est digne de gouuerner la nauire quãt il viendra quel di. v. c. viii.
que tourmẽt. Helas vieulx fol q̃ nas tu honte q̃ la folie ta tant surmõte. Nas tu in glosa.
remors de cõsciẽce/tousiours viure en peche sale ⁊ en ordure. Cõgnois tu point q̃
quãt le mal est enrachine on ne le peut apres oster Car quãt on tarde trop a reme Danie. xiiii.
dire a son cas/a grant peine peult on oster les meurs q̃ sont fichez au cueur.

De la doctrine des enfans.

¶ Celluy qui les crimes pardonne
A ses filz sans les corriger
Et correction ne leur donne
Pour en vertus les eriger
Doit comme les folz nauiger
Car il en aura mains labeurs
A la fin et maintes douleurs.

i
Eunes enfans qui desires bien viure/ arrestez vo⁹ ⁊ escoustes mes doctrīes/ ⁊ vo⁹ aussy peres q̃ auez enfās en vostre puissance. Tousiours miserable ⁊ aueugle fol sera le pere qui naura aulcūe cure de ses enfans/ ⁊ qui ne met peine et solicitude d les regir ⁊ gouuerner en bōnes vtus/ craignāt la mort q̃ vient sur eulx pour oeuures desraisonnables et mortelles. Celluy aussy q̃ ne les chastie est plus fol q̄ nest vng yurōgne/ car quāt il les voit mal faire il ne luy en chault. Hellas cest mal cōsidere/ ⁊ nest pas bien cōseille que ieunesse voluntueuse q̃ ne demande que liesse vague partout sans cōducteur. Car cōe quāt les brebis sont sans pasteur/ elles laissent leur chemin/ ⁊ sont errans par my les chāps/ tellemēt que souuent les loups les mengēt Pareillemēt est il des enfans qui bien le veult cōprendre. O pere fol incense ⁊ pire q̄ hebete quāt on accuse tes enfans tu les excuses/ disāt q̃lz sont ieunes/ ⁊ q̃lz nōt point de raison/ ⁊ q̃lz ne sceuent q̄ cest de mal. O pouure fol ilz font bien/ leur ieunesse ne les peut excuser. Cōgnois tu point pere aueugle q̄ sapiēce croit es meurs tendres/ ⁊ dispose liqueurs ⁊ doctrine de saincte vie. Sces tu pas bien q̄ science sadresse plustost aux ieunes gens quelle ne fait aux vieulx/ car ilz retiēnēt plus et
Oratius mieulx q̄ ne font ceulx qui ont grant eage. Orace dit q̄ se on prent vng pot de terre neuf ⁊ q̄ on met bonne senteur dedans tousiours bōne oudeur il aura. Mais se puāte chose on y boute/ a iamais mauluaise oudeur il aura. Contēple bien aussy de vng ieune arbre/ on le plie en toutes sortes. Mais quant larbre est gros ⁊ fort on ne scauroit ployer la branche sans rompre. Pource peres endoctrinez voz enfans en fleur de ieunesse/ car veritablemēt doulce correction est le nourrissement
Priamus Troianus et la discipline des ieunes enfans ⁊ les cōduit ⁊ encline a faire choses vertueuses et fuyr toute villanie. Nous lisons du roy priam qui obtēpera a la voulēte de ses

enfans/parquoy la ville de troye la grant fut ꝑ les grecz oppressee/⁊ finablemẽt
cestuy priam veit la cite toute destruicte pour cõsentir a la voulente de son filz pa/ Paris.
ris q̃ en grece rauit et amena la belle helaine. Oultre plus nauons noꝰ pas selon Helena
que valere racõte cõmẽt tarquin lenfant filz dung roy rõmain nõme tarquin lor
gueilleux viola la belle lucrece/la quelle de grãt douleur esprise se perca le cueur Tarqnꝰ
tout au trauers dũg grãt cousteau. Or aduint il apꝰs q̃ lon chassa de rõme en grãt filꝰ tarq/
vitupere ⁊ doeul le pere ⁊ lenfãt. et au moyen de ceste chose oncq̃s puis a rõme ny ni supbi re
eust roy. Nest il pas aussy escript de catellina sy diuers/sy trescruel/⁊ sy peruers gis rom a
cõmẽt apres luy ses nepueuz firent tant de villains faitz/⁊ de crimes inhumains non ḋ quo
cõe leur oncle auoit fait. De vng pere a este mauluais/son enfant sera vicieulx valerius.
car voulentiers le filz ensuit le pere. Pource ie dis q̃ mieulx seroit a vng enfant Mors lu/
eslire gens de bõne cõsciẽce ⁊ les ensuiuir/q̃ vng grãt tas de folz q̃ on cuide rẽplir ciane
de sciẽce. Ne trouuõs noꝰ pas aussy q̃ le roy peleus resplẽdissant en ce mõde/bail/
la a achilles phenix pour lendoctriner ⁊ enluminer de ṽtus/ cestuy phenix estoit catellina.
tant saige q̃ cestoit chose nõ pareille. Aussy fit le roy philippus q̃ en vertꝰ resplen
dissoit/leq̃l bailla a son filz alexãdre/aristote prince des philosophes/leq̃l aristote
auoit cõpris tous les enseignemẽs de platon. Il instruit cestuy enfant alexãdre sy
bien en vertus ⁊ sciẽces q̃ il fut roy de tout le monde. O quel bon pere. o quel bon Peleus
maistre. o quel bon disciple/le tẽps present nest pas ainsy: car maintenãt cest grãt Achilles.
honte/les peres folz ne tiẽnẽt cõte de mettre leurs enfans aux escolles: mais plai
gnent largẽt q̃l leur cousteroit. Et pource dung pere folastre/viẽnẽt enfans folz philippus
estourdis. Ilz sont cõtẽs ḋ veoir leurs enfans/leurs biens despẽdre en vices bien alexãder.
villainemẽt. Ilz desprisent toutes bõnes ṽtus ⁊ meurs. Pensez a la dure cõplain Aristote.
te q̃ fist crates/quãt il disoit sil mestoit permis de parler/ie voꝰ nõmeroye incẽsez Plato
voꝰ qui grãs pecunes ⁊ tresors amassez ꝑ faulsetez ⁊ trõperiez pour voz enfans ⁊
successeurs q̃ apres vous en gaudirõt. Hellas pouures peres voꝰ laissez voz en/
fans despourueuz ignorãs ⁊ sans sciẽces folz ebetez ⁊ lunatiques/ de laq̃lle chose
peres vous voꝰ repẽtires/quãt vous seres mordz de diuerses morsures de ce q̃ ne prouer. x.
les auez chastiez/⁊ en bõnes meurs endoctrinez. Les vngz sont trop vicieulx des/ Crates
prisant les choses diuines/les aultres sont de mauluaise vie. les vngz sont q̃ les thebanus
amez ont rauiez/⁊ desprisent tous les tresors q̃ leurs peres ont amassez. Les aul/
tres mettẽt toute leur cure au mauldit peche de luxure/ q̃ cõe feu bruse ⁊ cõsume puer. xix
leur belle fleur de ieunesse beuuãt insassiablemẽt vin ⁊ mengãt viãdes trop ex/ eccle. xxx
cessiues: car ieunes enfans qui ne sont nourris en doctrine/quãt ilz sont grans ne
font chose qui vaille. Peres saches q̃l nest rien meilleur pour nourrir enfans et deute. xxi
faire flourir en ṽtus q̃ bõne doctrine de maistre saige/car le cõmẽcemẽt/ milieu/
et la fin en sera bõne. Cest grãt chose q̃ de noblesse/car les pusilles en sont decorez
Que pourfite ceste noblesse a ceulx q̃ point ne sont acquise ꝑ leur peine ⁊ labeur ⁊ Seneca.
q̃lz ne sont poĩt rẽplis de ṽtꝰ ne de bõnes meurs: mais de vices sont decorez. Pour iuuenalis
quoy senflent ilz de noblesse q̃ ne sont point deseruie. Souuent dune doulce beste
naissent de mauluais chiens. Aussy est il de bõnes meres q̃ ont bien de mauluais
enfans/⁊ se les enfans sont diuers le pere est coulpable de leur mauluaistie sil ne
les corrigent en ieunesse: car se ilz ne sont chastiez/la coulpe en sera au pere. eccle. xxx

❡ Des raporteurs detracteurs & litigieulx.

❡ Qui fait les noises & debatz
Par faulx & doubles rapporteurs
Et qui fait dopprobrieux cas
Par accuser aulcun noter

Cestuy va ses cuisses porter
Entre deux meules bien enferre
Son guerdon est de tourmẽt querre

uer. xvi

e Ntre vo⁹ flateurs q̃ estes cause de tãt de maulx ĩprimez en voz cueurs mes doctrines car celluy q̃ se cuide entremettre de p̃miscuer ioye/liesse/et soulas auec debatz & noises/& q̃ fait les discẽtions & p̃ces esmouuoir entre les hõmes & q̃ se esioist de troubler les pouures meurs de noises/dõt viẽnẽt discors/& dont sont maintes p̃sonnes opprimees est acteur de vo⁹ tresmauluais crime. Il tient en sa bouche plaine de venin dont il occist la bõne renõmee de plusieurs bonnes p̃sõnes. Il a langue plaine de mẽsonge preste a semer fraudes & debas. Souuẽt iettans vaines p̃oles pires q̃ ne sont coupz de traitz/desq̃l les parolles sont naures les courages des inocẽs/en lacerãt par leur enuie les meurs de vertus desirãt q̃ ceulx q̃ sont en bõne paix soyẽt en debas & discors. Ce raporteur souuẽt accuse gens de bien/& ne sceuẽt pas dõt ce viẽt

o. xxix.
xxiiii.

Mais a ceste langue adviẽdra maintes douleurs q̃ le tiendrõt p̃ celle cõtrouersite Dictes moy quelle chose est pire & q̃ les hõmes plus moleste q̃ vng faulx & peruers detracteur. Il nest rien plus deshonneste/plus q̃ tẽpeste est horrible/car de sa dãgereuse bouche sortẽt paroles cauteleuses q̃ causent morsures mortelles. Sy voit deux hões en bõne paix/iamais ioye au cueur il naura tant q̃l les ait mis en grãt noyse & discẽtion. O folz mortelz q̃ les cõpaignõs vnanimes aliez p̃ doulce aliãce soubz vmbre de amitie q̃lz ont en vo⁹ p̃ voz rapors/mettez en noises & en discors. Et quãt on cognoist vostre mauluaistie apres vous vo⁹ excuses/disant q̃ vous ne estez point cause du debat/& q̃ iamais ne dictes chose q̃ fut cõtre leur honneur & voz rapors faulx & peruers tiẽnẽt gens en discẽtion/& tousiours p̃ voz flateries les entretenes. O falacieulx/trõpeurs/raporteurs/gens mauldits/gens enragez q̃ ne pourchasses de iour en iour q̃ faire noisez en to⁹ lieux/& p̃ voz garruleux exces faictes tant de maulx p̃ le mõde. O gens nebuleux dont ducil sort et

ay xxvii

redonde/vo' nestes pas dignez de viure/car vo⁹ rōpes bōnes aliāces. on vo' doit
enfermer en durez ⁊ aspres prisons a iamais sans veoir lumiere/car vo⁹ nestes pūer. xix.
pas digne dauoir lumiere de vie.

¶ De non suyuir bon conseil.

¶ Repute nest pas celluy trop saige
Qui ne scet de rien discerner
Et sy se veult par son oultrage
En tout sans conseil gouuerner

A tel on verra discerner
Et donner le loyer des sotz
Par es compaignons ⁊ suppotz

Homme q̄ ne veult faire p̄ bon cōseil et q̄ est oultrecuide de sens doit bien lire ceste doctrine. Car celluy est fol et mal aduise q̄ cuide estre prise d̄ to⁹ et veult estre nōme hōme rēply de grāt prudēce. Et il est plain de deshōneur. Mais p̄ ce q̄l se veult cōtrefaire ⁊ mōstrer bien scauant cault ⁊ prudēt en toutes choses on le maintient plus fol que ceulx q̄ ont lentēdemēt p̄scute. Soit aussy cault q̄ fust acnee/aussy sage q̄ salomon/aussy eloquēt q̄ tulle/fort cōe sanson fut/aussy discret q̄ ouide/aussy paciēt cōme iob/aussy misericors q̄ daniel/⁊ aussy beau cōe absalon. Toutessfois sil est entache de presumption il est des folz de nostre nef. car le cōseil des bons desprise/⁊ les bōnes opinions q̄ pourroyent corroborer ses sens ⁊ rēforcir ses actez. Plusieurs sont q̄ veullent bruit acquerre ⁊ leur monstrer entre gēs a lors q̄lz sortēt des escoles/⁊ p̄ eloquētez poles veullent estre prisēs nōmez/⁊ aultre bien ne veullent acquerre. Telz folz fendent la terre de vne charrue a long timō. Ilz labourēt des folz les monumēs ⁊ croyēt leurs opinions plus q̄ les decretz des saictz peres. O folz p̄suptueulx q̄ cuidez auoir plus amasse de sens q̄ les anciēs docteurs/voulez vo⁹ croire vrē apetit. Je vo⁹ prie occupes vo⁹ a lire de pirrhus. Lequel fol voulant obeir a sa voulente desprisa le cōseil des saiges/⁊ tant p̄ mer chemina q̄l trouua horrestes q̄ le desconfit ⁊ luy fit p̄dir laime du corps pource q̄ sa fēme maintenoit. Pareillemēt se les troyēs se feussent gouuernes p̄ les saiges/les grecz neussent point spolie ne brule la cite de troye. O q̄lle dure aduersite de veoir bruler sy noble ville. Se hector eust aussy voulu croire son pere/il neust pas eu le coup de lance par achilles/dont il morut. O quelle perte, o

Prouer. xiiii. c. xi.

prouer. i. eccle. xix.

c. ne iuitaris extra de cōstitu.

de pirrho legit' i vo. de genea. deo. li. xv. c. lij.

horrestes.

Troia dõmage de veoir morir sy noble preux sy puissant & chevalereux. Oultreplus
Hector le cruel Neron q̃ fut sy peruers & criminel/ mesprisa le cõseil des saiges/ p quoy
Achilles. cõme hõme inhumain de sa ppre main se tua. Nous auons de thobie q̃ chargea a
Neron son filz q̃ sil ne vouloit auoir moleste quil suiuist tousiours les saiges. De rechief
Thobias ne trouuõs no⁹ pas q̃ roboam filz de salomon ne voulut croire le cõseil des seruãs
de son pere/ lesquelz estoyẽt gens vieulx & saiges. Mais creut ses cõsors fantasti
Roboam ques ieunes iouuẽceaulx folz estourdis/ de quoy ne fit pas sens: car il neust pas
le royaulme de son pere q̃ luy fust tresgrãt deshõneur. Aussy racõter ie pourroye
iij. regum plusieurs nouueaulx exẽples et plusieurs faitz de nostre tẽps. Car maintenant
xij. mains princes sont q̃lz ne veullent croire le cõseil des vieilles gens/ mais croirõt
Ec. xl viij plustost vng tas de gorriers mignõs esperrucas q̃ veullent voler sans helles/ & q̃
font du tout a leurs testes/ dont en viennẽt tristes accidens/ durs tourmẽs/ mort/
mutilacion/ greuãce/ perte/ destruction/ souffrãce: & plusieurs aultres maulx q̃lz
seroyent longz a raconter. Telz folz meinent la charrue & labourent la terre fol/
le tous les iours.

¶ Des meurs incomposees.

Qui tient son maintien inorne.
Et ses gestes a vergongneux
Son visaige a mal atourne
Legier mobile desdaigneux
Il serche les folz marmiteux
Pour estre fol ce quil souhaite
Et tirer dung fol la capelte

a Veugles mõdains approches vous et vo⁹ verres icy plu
sieurs choses vtiles & prouffi
tables q̃ serõt peut estre cau/
se de vo⁹ tirer hors de la nef
des folz. des gens saiges par
petites turbes ya au moins q̃
soyent desfite: car plusieurs a
pecher prenent plaisir. Les
Ecle. i. vngz aux vices ont recours
Mat. vi. cõme vieulx chiens et vieil/
et. vij. les lissez les delices vilaines
goutent des mauluais et per
uers dampnables. Hellas
treno. iiij. gens humains & mortelz sont
Esay. l vi des vices tous aueugles et
mat. xv. tous endormis aux resplen/
dissans dons de vie. Autant
le ieune que le vieil a peche
tant vicieulx chascun a son
ame rauie: Le vieil nest pas
maintenãt plus adõne a bien
faire q̃ le ieune pour le tẽps

qui court. Les vngz sont mignõs perroquetz. Les aultres se mõstrẽt haultains Esaye. xiij.
Les vngz ont le corps incõstãt. Les aultres portẽt les bouquetz Les aultres sont ij. ethio. iij
sans auoir honte. Les vngz sibleint. les aultres chãtent. Les vngz mobiles cõme
plumes. les aultres legiers cõme vent. Les vngz bien tost se courroucẽt. les aultres en vng instant sont apaisez. les vngz quãt il nest pas tẽps se taisent. les aul- Sapien. xij
tres parlent trop souuẽt. les vngz de rien ne sont cõtens. Aulcuns sont q̃ ne veulent estre de la part des grãs ⁊ princes: mais leurs entẽdemẽs mettẽt ⁊ se veulent Jacobi. ij
tous conformer aux folz pour mieulx difformer leur chemin q̃ sont deshõnestes.
rien ne font ꝑ ordre/ mais de discordes sont remplis. Leur folle pẽsee les tourmen
te a folle maniere maītenir/ erreur mettẽt deuãt leurs yeulx/ et ꝑ leurs rumeurs
iniques deturpẽt leurs vertus: ⁊ demeurẽt tous esbetes. Celluy q̃ met son estude ff. de tuto. cura. l. scire oportet
pour se remplir de bõnes meurs sans faire aulcun villain cas en cõuersant tous-
iours en bien/ il demourra en grace/ ⁊ sera fort prise/ ce q̃l fait est aorne cõme vng
hõme plain de sagesse. Aussy est ce aux saiges doulce grance se cõioindre a bõnes
meurs q̃ veult venir a hõneur ⁊ ꝓsperite. Il est ainsy recite par les saiges/ cõmẽt
nostre sapiẽce a bõne vie ⁊ bõnes meurs/ ⁊ ꝑ crainte nul ne se desuoye/ non fait il Sapien. vi.
pas de honte/ car cest celle q̃ doubte tout mal. Probite/ cõstance ⁊ v̄tus/ font louer
les gens en ieunesse ⁊ en vieillesse clarifier. Paix aussy pareillemẽt reconfort de Psal. cx.
tous les humains en leurs viez: leur fait auoir bonne mort.

¶ De lesion damitie.

¶ Qui fait iustice ⁊ greuance
Contre vertu ⁊ equite
Et exerce force ⁊ puissance
En lhomme plain dhumilite
Par sa mauluaise iniquite
La fosse du tombeau compose
Et de bien faire ne dispose

Sicut noxi us est q̃ mit tit sagittas et lãceas in mortez Ita vir q̃ frau dulẽter no cet amico suo Puer. xxvi.

E soyes point ignorans de mes ditz mondains q̃ gouuernes iustice in-
n corporez ceste matiere/ affin que quãt vo⁹ vouldrez aulcun iuger q̃ vo⁹
ayes souuenãce de mes enseignemens. Celluy q̃ tousiours met peine a sapien. v.
destaindre ꝑ sa puissance ses subiectz/ ⁊ opprimer les innocens a tort ⁊ sans raison
est repute fol/ cruel/ felon/ malin. o iuge erige tes oreilles entẽs icy se tu ne veulx Eccle. xi
estre mauldit/ bien ne fault pas q̃ le iuste ꝑ ton faulx iugemẽt a tort tu trauailles/
cõ drois orgueilleux ꝓnũce cõtre luy/ car ie te ꝓmes q̃ tu feroys ton dãnemẽt. O q̃ Prouer. iij et xi
celluy est mauluais qui quiert les moyens de faire dõmaiges a son amy. O quel
desplaisir/ q̃l oultraige/ car le vray degre damitie est dauoir pitie lung de lautre/ Eccle. xxv
en aimant sans adulation ⁊ sans en rien dissimuler. Et faire prouffit ⁊ plaisir/ et Luce xi
desirer dentretenir ceste acoīntãce. Hellas maintenãt telle aliance ⁊ telles hõnestes amours ne sont plus entre les hõmes. Tout est corrumpu/ car il nest plus de patroclus
telz folz mis quil y auoit en grece au temps passe. Contẽples humains ie vous Hector
prie cõment patroclus fut occis par hector/ pource que prises auoit les guisarmes Achiles Bocati⁹ de
de achilles lequel auoit voulu iouster contre les troyens/ mais achilles vint en genc. deo. l.
conflict de bataille pour le bon ⁊ vaillant cheualier patroclus venger ⁊ cõtre he- xij. c. lij.

ctor se vint aborder et iousta sy tres fierement quil le tua dung coup de lance/puis le lya a la queue de son cheual ⁊ le traina par derision ⁊ moquerie deuant le chasteau dylion pñt son pere priam/puis autõ beau de patroclus il tint son corps lespace de. vij. iours en ceste maniere venga la mort de son amy

Pilades Horrestes Hec narrat theodosius vt refert bocati⁹ de genealo. de. li. xij. c xx.

Cõsideres oultre plus listoire dorrestes q̃ fut filz dagamenon/apres q̃ egisteus par le moyen de sa mere eust tue son pere. Par electra sa seur fut deliure lors a strophille pour le entretenir/car on leust fait morir.

Hanc historiã pont valeri⁹. li. iiij. capi. vi.

Horrestes congnoissant la chose estre telle ⁊ soy voulant venger tua sa mere clitemestra ⁊ egisteus. Et quãt il fut venge de la mort de son pere il deuint cõe enrage: car tousiours luy estoit aduis que il veoit sa mere toute emflambee ⁊ toute plaine ⁊ couuerte de serpẽs/laquelle le vouloit tuer.

Valeri⁹. li. iiij. ca. vi.

Quãt pilades q̃ estoit son bon amy le veit en telle facon/il luy promist que tant quil fut en son bon sens/il ne labãdõneroit. Tant cheminerẽt q̃lz vindrẽt en colchos ⁊ la trouuerẽt le tẽple de la deesse dyane/quãt leurs prieres furent faites horrestes receut guerison/⁊ oncq̃s despuis ne veit ce q̃ par auãt il veoit/⁊ fut par son cõpaignon pylades q̃ luy tint loyale promesse.

Demades pithias. Scipio Lelius. Valeri⁹. li. ⁊c. supdict.

Nous lisons encores damon ⁊ du bon pithias aussy qui furẽt bons amys: car denis le cruel tirant voulut faire morir lung deulx ilz furẽt en differẽt/car lung pour lautre estoit cõtent de prẽdre mort Pareillemẽt de scipion tresbelliqueux/dominateur de sodomie ⁊ de libye superateur qui sy fort Lelius ayma q̃ la memoire en est encores redondãt.

Hercules Ouidi⁹ ⁊ lactãtius narrãt vt refert boca. de ge. deo. li. ix. c. xxxiij.

Regardons de rechief la grant amour q̃ eust theseus a perithous qui pour rauir proserpine la deesse denfer se trãsporterẽt en la cauerne/⁊ quãt cerbere portier dẽfer veit perithous soudainemẽt le tua. Theseus prins prisonnier pluto dieu dẽfer ⁊ le fit lier en la spelunque.

puer. xiij. et xxix.

Hercules sachant la chose descendit es enfers/lequel vainqt tout ⁊ lia cerbere de troys cheisnes/puis deslia theseus ⁊ le mist hors maulgre to⁹ les habitãs de dedãs. par ce no⁹ pouõs entẽdre lamitie de theseus ⁊ la pitie de hercules q̃ le secourut. Telz amys ne sont plus en cours/le tẽps damours est descõfy car chũn a son pfit entẽt/il ny a plus foy ne loy en ce mõde. au moyẽ d ce ie pclus q̃ nostre courage ⁊ vouloir est pire q̃ vne lance trauersant le corps de quelcun: car nous nauons felicite namour: mais plustost crudelite cest auãce a no⁹/dont no/stre cause q̃ voyons cõtre nous venir ne se scauroit cõtenir en demy cours.

¶ De contempner lescripture.

¶ Qui veult croire eloquacite
Et aux folz quant voit lescripture
Monstrant nostre felicite
Et a lame viure en droicture
Fol est sans raison ⁊ mesure
Et a noz folz plains de discordes
De la nef prepare les cordes

d

D pfond du cueur
ie vo⁹ prie crestiẽs
entendes ⁊ retenes
ce q̃ cy apres sera dit: car veri
tablemẽt ceci no⁹ est trespour
fitable. Ceulx q̃ p cuider ne
veullent point adiouster foy — i. ad thy/
es anciẽnes escriptures sont — mo. iiij.
folz/veu q̃ les paroles des p/
phetes q̃ sont paroles diuines
mesprisent. Mais plustost
quierẽt mẽsonges/farceries
fictiõs/⁊ fables/q̃ les ensei/
gnemẽs ⁊ doctrines des bons
q̃ ont tousiours reuere dieu/⁊
honore le ciel. Ilz fuient les
escriptures sainctes q̃ sont les — Eccle. ij.
armes des esperitz ⁊ la force — Marci. xvi.
de la loy/ p lesq̃lz la poure a/ — Iohã. iij.
me pecheresse peult estre deli
uree. Telz folz nont point en
uie de viure cõme creatures
hõnestes/mais ainsy cõe pou
ures bestes/cuident q̃l ne soit — Psal. xiij.
point de dieu/⁊ q̃l ne soit habitacion plus noble q̃ ce mõde miserable/⁊ ne crainẽt nullemẽt les faitz de dieu sy merueilleux/⁊ perd on peine de leur rien remõstrer ne cõmẽt ilz se doiuẽt gouuerner/car de tout ilz nen ferõt rien/si nõ q̃lz sen despite/ront/quãt on leur parle des biens des cieulx/des tresors pcieulx/des benoitz an/ges/des archãges/des cherubins/des potestes/des puissãces/des thrones/des or/dres/⁊ des sainctz siegez aornez des sainctz ⁊ sainctes/tant martirs/cõfes/q̃ vier/ges. Et q̃ plus est/quãt on leur parle des chemins denfer/maulditz tresors tres/puãs rẽplis de plaintes/⁊ de maulx infinitz/enuirõnez de fleuues to⁹ enuenimez certes cest peine pdue/car leur cueur endurcy ⁊ obstine en dieu ne se peult amollir.

Psalm⁹.xci. Que vault aux folz le menasser qui veult lasser son corps ⁊ cueur a lire parmy
ses poulpitres. Leur reciter chapitres/loix/sainctes escriptures/les enseignemēs
pver.xxiij. des pphetes/ne leur vault rien/car ilz sont sy tresmal amolis/sy obfusques ⁊ en
durcis/q̄ hault braire/ne hault crier/ne veullent croire ne tenir les escriptures de
prouer.xij. la foy/ne les cōmādemēs de la loy Les pouures folz nont point craincte daler en
linfernal palus dēfer/endurer peines intollerables/durs cris/⁊ choses inhumai
Luce.xvi. nes. O poure fol tu vois bien se tu nes endormy deuāt tes piedz les mouuemēs
les doctrines dorees de nostre foy/les loix antiq̄s/les triūphes de nostre seigneur
Et toutesfois son fol esperit nentēt point q̄ dit la pagine dont vient le salut eter/
De cogna. nel. Cuide tu que ton ignorāce excuse tes erreurs/nō: mais te font submerger au
spiri.c.cum puis infernal auec les dānez. Puis q̄ ainsy est q̄ chm̄ estudie a mal viure. Ilz peu
vir.in anti. uēt bien scauoir q̄ dieu tout puissant q les mauditz ⁊ criminelz iugez/lesquelz nōt
voulu amāder leur vie en ce mōde mortel/leur baillera terrible peine au feu den
fer inextinguible ou sans fin tourmente seront/⁊ iamais clarte ne verront.

Ecclesia.iij

Des folz impourueuz.

Qui ne scet la selle atacher
Bien apoint dessus le cheual
Et veult en apres cheuaucher
Sans en endurer quelque mal

Sil tumbe dedans quelque val
Pourront lors dire les passans
En riant que ce nest pas sens.

puer.xxiiij.

Esueilles vo⁹ gēs
īproueuz q̄ estez en/
dormis sy fort aux
choses presentes/q̄ vo⁹ ne pen
ses point aux futures. Pour
ce q̄ ie cognoy q̄ p le mōde des
aultres folz y a plusieurs/les
quelz iay grant voulente de
les cōseillier/affin q̄lz laissent
leurs grās erreurs ⁊ pensees
nebuleuses qui les mettēt en
grāt dāgier Le fol ignare im
prouueu de sens q̄ ne pense ia
mais aux choses aduenir/ se
dauenture q̄lque fortune luy
Seneca vient/il dira: helas pas ie ne
pēsoye q̄ telle fortūe me deut
aduenir. Et quāt la fortune
est passee pour y pourueoir se
Eccle.xxxij. met a pēser/ affin de rapaiser
son dueil. Il ne fault pas tous
iours pēser aux choses p̄ntes
mais aux futurez: car le sage
voit les choses aduenir/ et le

folz pleins dimpourueance/quant les cheuaulx sen sont fouyz ferme lhuys de le/
stable. Celluy na pas son sens perdu q scet bien cosulter son cas aduenir/car tous
pas dangereux euiter il pourra/& sera seur en tous teps & de malheur cotregarder Salusti⁹
bien se scaura. Sy adam eust bien regarde le deshonent & le diffame ql aduint a Adam
luy & a eue auat ql eust mege du fruit le createur q tout cognoist ne les eust point Eua
desloge de padis terrestre Par legl noz peres ancies mors en ont pleure p maintes
ans. Pareillemet se Jonathas eust creu triphon quat il arriua en bethsan & eust Jonathas
pourpese son malheur q come son subiect ppice le fit habandon de ses biens/dont i. macha/
Jonathas print de grans dons/sil neust laisse sa multitude de ses gens/& ql neust beorum. xj.
pas este soubz couleur daliace auec triphon a sa fiace acopaigne petitemet en la ci
te ptolomaide/ou p traison fut Jonathas auec ses gens occis en durs regretz p le Triphon.
peuple de la cite. Nous trouuos aussy de cesar q ptout estoit sy fort craint/pource
q en tous estrages lieux il estoit craint & home de tresgrat cosel. Mais quant il Juli⁹ cesar
estoit a repos & trasquilite sa calidite le laissoit/car sil eust leu la charte quon vint imperator.
mettre deuat le senat p bon sens racis ne fut ppere linterit/car apres luy morir co
uiet. Si nichanor eust bien son oeuure baty il neust pas este destruit p iudas & les
gens disrael/le iugemet en fut bien fier:car la teste luy fut trechee & sa faulce lan nichanor.
gue arrachee q les oiseaulx mengerot/puis luy on la main dextre couppee/ de la i. mac. vij
quelle il auoit menasse la maison de dieu. Il auoit voulu soubz vmbre de amitie
occire iudas en traison A quoy dieu a voulu pourueoir/car luy & to⁹ ses gens fu/
rent occis/q nous est exeple de tousiours peser a la fin auat q le mal no⁹ aduiegne
Celluy q a beaucoup veu du teps passe/& au teps aduenir a prouueu les dispositi
ons du createur ioyeusemet prent en to⁹ lieux. Et le pourpesemet ql a fait en soy/
mesmes luy peult beaucoup valoir/car no⁹ voyos de iour en iour maintes gens Prouer.
plains dauersites/pource q a leurs negoces nont point cogite. O pouures folz pe ij. & viij.
ses au temps aduenir sy vous voulez viure sans malheur.

¶ Damour venerieuse.

¶ Les folz liez de ceste corde	Jay receu plusieurs par mes tours
Je tire en mes chasteaulx & tours	Et blesse iusques au morir
Car en mes rethz celluy sencorde	Sans trouuer q les sceust guerir.
Qui veult suiuir le train damours	

Oures voz yeulx & voz entendemes gens libidineux/vieulx/ieunes
homes/femes/de quelque estat q ce soit lises icy & vous cognoistres le
dangier ou vous estes. ¶ Venus q suit les mandemes fraudeleux/&
veult tepter les arcz cruelz de son filz cupido/est celle q tiet en ses liens les amou Eccle. xi.
reux. Celluy est fol q se desuoye & se met au chemin de pleurs/lametatios/de mi
seres/& de douleurs/& se submet au seruice de ceste dame. O quates citez illustrez Ouidi⁹ de
et nobles/venus par cocupisceces amoureuses a mis au bas & prosterne. Elle a re. amoris
maintes gens reculle & empesche de bien auoir. Maintes en lisons du teps passe
q ont este p elle naurez des dars de cupido son doulx enfant. Par elle sont mains Troia.
maulx venus/les troyens ont este pouures meschas & douloureux/ & leur cite sy Priamus
bien munie par les grecz a este mise en feu & toute destruicte. Le ceptre du roy pri/ Paris.
an sy triuphant fut rue ius/& tout fut pour la luxure du beau paris qui rauit he/ Helena.

leyne. O dure morsure/pour
plaisance mõdaine en a souf/
fert telle ruyne. Nest ce pas
grãt pitie quant sy noble cite
pour vng tel cas sy fut des/
truicte. Aussy aps q̃ marcus
Marcus anthoni⁹. cleopatra — anthoni⁹ eust vaincu les per/
ses ⁊ ql eust emporte les pris
au retour il fut rauy en la/
mour de cleopatra ql luy pro
mist dõner lempire de rõme/
leql fit ses gens darmes ar/
mer/⁊ preparer deux cens na
uires guarniez de fleschessez
et de dars pour cõquerre lem
pire. mais cesar fit enquester
le vouloir de cest amoureux.
Puis ses amours il descõfit
et tous ses gens/dont il se des
fit dedãs la cite dalexãdre/ ꝑ
ce quon ne le vouloit poĩt prẽ
dre a mercy. Et tãtost aps en
tresgrãs ⁊ piteux regretz cleo
patra se fit mener pres mar/
cus anthonius ꝑ deux serpens quelle mist a ses deux mamelles/⁊ son sang respã
dit excessiuemẽt ⁊ sans auoir cõfort de ꝑsonne mourut aupres de son amy. Sy ces
deux amoureux eussent maintenu chastete/ilz ne fussent pas mors sy miserable/
ment. Celluy q̃ employe son tẽps en amours na point de raison/il est sans loy/⁊
Ouidius — tout mal luy redonde. La puissance de venus est telle q̃ ceulx qui a elle saseruẽ ꝑ
amour tousiours opprime de douleur ⁊ damer rage. Celluy nest pas tenu prudẽt
puer. v. — qui ne veult le dart euiter de quoy il doit estre ꝑsecute. Jamais ne se mõstre con/
stant celluy q̃ tout son support ⁊ recours a venus ⁊ a cupido. Et q̃ ꝑ elle est frappe
ne scauroit dissimuler sa fereur ne sa rage q̃ au visaige on ne le cõgneust. Quãt
theseus fut es enfers phedra fut rauie en lamour de ypolitus/leql ne veult point
Theseus. — telle dame aymer. Elle du refus marie laccusa vers son mary disant q̃ ypolitus
Phedra. — lauoit voulu a force prendre. Finablemẽt cestuy ypolitus fut escartelle par che/
Ypolitus — uaulx/elle cõfessa apres sa mort quon lauoit fait morir a tort/dont de grant descõ
fort se pendit de melencolie. De pasiphe no⁹ lisons laquelle eut cõcupiscẽce dung
Pasipha. — taureau/mais dedalus en cõposa vne vache de bois couuerte dune peau ⁊ bouta
Dedalus — pasiphe dedans/puis le fit cheminer ꝑ le pre ⁊ le taureau se eschauffa tellement q̃
minotau/ — ledit pasiphe engẽdra vng monstre demy hõme ⁊ demy taureau nõme minothau
rus. — re. Neron aussy le cruel hõme ouurit le ventre naturel ⁊ fit de sa bõne noble me/
Nero — re par crudelite bien villaine sa sensuelle voulente pource quil vouloit veoir le

lieu de sa naissance. Messalina pour sa plaisance & libidinosite alloit secretement messalina
du soir au bordeau tellemẽt que ꝗlque lasse q̃lle fut/tousiours elle estoit embrasee
en telle facon q̃ iamais assasiee elle nen vint. Et quãt le matin venoit elle ptoit et lassata
secretemẽt en vne ardeur vehemẽte. Venus la tenoit en ses las: p ce q̃ long tẽps viris nũq̃
auoit seruy amours q̃ luy estoit grant deshõneur. Pource retenes en voz cueurs saciata re
ses exẽples/& ne suyues plus les escolles de dieu/Vous voulles viure sans mise mansit
re/cest mort & destruction de biens autant a lhõme q̃ a la fẽme. Je adiousteray cy
les infames bougerons pecheurs cõtre dieu & nature Toute psonne en doit auoir In auc. vt
horreur/car la vindication requierẽt les loix/& le feu tous les iours deuãt le crea non lupu.
teur qui les veulle pugnir cõme il fit iadis sodomme & gomorre. cõtra na.

colla. vi.
sodoma
gomorra.

¶ De ceulx qui pechent sur la misericorde de dieu.

¶ Qui cuide que dieu soit esmeu
Par seulle pitie seullement
Nous pardonner est impourueu
De raison & dentendement
Et qui cuide que promptement
Nous face de noz maulx pardon
Na pas merite tel guerdon

Vous mondains q̃
peches souuent sur
la misericorde de
dieu/arestes vo⁹ a faire ceste
lecture/car grãdemẽt vous y
prouffiteres Car maintenãt
ie racõteray des folz desquelz Danie. in .
leur arrogance & folye tient de pe. dis.
leurs ames & honneurs sou/ q2 diuini/
liees/ toutes choses vilaines tatis
maculent ce pouure monde/
car ilz sont sy folz & peruers &
de pechez si trescouuers quilz
desprisent les sainctez loix et
les secretz sans auoir peur d
estre pugnis. Mais sont de peiii. dis.
maulx & pechez garnis/ & di/ dia. de pe.
sent que dieu est misericors a distĩ. vii.
tous & ne fait pas grãt iuge
ment des pechez de ce monde Eccle. v.
ains sont facillement remis/ Ps. lxxxv
mais quil est doulx & piteux
et que en tous faitz mõdains Psal. c v.
ne pense/ne met sa cure/ & ql
suffit dauoir tousiours bonne esperance. Aussy que cest humaine chose que de pe/ Eccle. i.
cher & que noz parens ont cõuoitie delitz/ & que cela vient de nature/& q̃ nen pour/

roit venir/ ⁊ disoyent encores que noz peres furent entachez cōme nous sommes
de maulx ⁊ pechez/ ⁊ que la chose nest point nouuelle de cōmettre tant de maulx.
exodi. xx. Mais mieulx vauldroit qlz fussent animaulx q̄ tenir telles ꝑpositions/ car les
sodoma maulx de noz peres ont este griefuemēt par foys plus mordās q̄ viperes en cruel
le pugnition Nul ne scauroit cecy nyer/ car tousiours suit la peine les vices. Car
Roma sodome fut par luxure mise au feu/ ⁊ rōme aussi ꝑ orgueil. Aussy fut pharaon pu
pharaon gny pour les grās molestations ql fit aux enfans disrael. Saches q̄ le iuge eter
Sapi. v. nel soutient qlque maulx q̄ lon face/ dōne bien espace de se amender/ et ne pugnist
Iob. xxi. pas tousiours les pechez/ mais auec les esperitz litigieulx en enfer les pugnira
Eccle. ix. cruellemēt. Et cōbien q̄ la grace de dieu soit innumerable ⁊ imense/ toutesfoys il
Luce. x. exerce iustice/ ⁊ fait a chascun iuste raison/ ⁊ sil nous pugnist durāt noz vices et
Ps. xl vij. pechez/ saches q̄ nous no⁹ verrōs apres noz deces empeschez aux infernaulx pa-
Sapiē. i. lus denfer. O peuple q̄ vous cōfiez trop es choses predictes. Notes ces motz ⁊ cō
Esaye. i. gnoisses q̄ le roy des roys regnāt en leternel demaine q̄ iamais ne fauldra/ ⁊ que
deu. xxiij. chūn selon son peche il iugera/ ⁊ se vo⁹ tenes voz erreurs: auec les dyables il vo⁹
Eccle. i. enuoyera.

¶ Des folz faisans les edifices.

¶ Qui veult chasteaulx edifier
Ou bastir logis ou maison
Ne se doit en mon sens fier
Mais penser le temps ⁊ saison
Et sy dargent il a foison
Pour telz edifices parfaire
Austrement ne scauroit bien faire

Je vous prie notes ces motz qui sont couchez icy apres folz edifieurs q̄
ꝑ vaine gloire faictes battir belles maisons/ ⁊ demeurēt ꝑ faulte dar-
xxij. q. ij. gent imꝑfaictez/ car qui grant oeuure veult entreprēdre sans a son cas
sit ar. regarder est fol. mais cōme vng hōme plain de folie es grās fraitz ⁊ grans laps
eccle. xxi. de tēps aulcunemēt il ne pense Lhōme q̄ est bien instruit edifie ⁊ batist ce ql peult
et sy ne sefforce point de bastir par douleur ne par force plus q̄ sa puissance peult
hiere. xxij porter. Mais considere ses biens ⁊ rentes sil a assez pour tout bien parfaire. Au-
moyen de ce il se trouue bien/ car ꝑ les anciēs ie trouue que gueres nont fait maisons ne palais quilz nen fussent quasi destruitz deuant quil se fut acheue. Et se re
pentoyent dauoir cōmence ne esleuz sy grans edificez cōme fit Nabuchodonosor
Nabucho qui despēdit tout son vaillant a bastir la cite de Babilone. Apres luy en vint grāt
donosor mal/ cōme daniel luy recita deuāt sa mort/ dont en fust bien doulant quāt il souf-
danie. iiij. frit grant tourmēt pour auoir fait tel edifice. Aussy nembroth voulut bastir ius-
Nēbroth. ques aux cieulx la grant tour de cōfusion/ ou furent faictez diuersitez de languez
Gen. x. au moyen de quoy demoura son oeuure a parfaire. Qui veult faire grans edifi-
ces/ de beaulx chasteaux/ ⁊ de logis/ doit auoir/ or/ argent/ pour ce faire: ou austre
ment son logis demoure imꝑfait/ et chascun sen truffera se on ne le voit pacheue
Pource vous deuez eschcuer de vous mettre en telle folie/ car cela met ⁊ cōduit
lhōme a pouurete cōme on voit bien euidāment. Peu y eut anciēnemēt de gens
qui de peur de despendre ne voulurēt entreprendre de faire sy grās bastimens/ ce

que peult faire lucullus sy excellent. Aussy crassus le plus riche quon peust trou- Lucullus
uer q̃ pour approuuer sa richesse arrousa le chars assiriēs de sang ꝑ grãs faitz mi Crassus.
rifiques. Cõme aux liures est note q̃ a voulente de faire grans operations / doit
estre cault / ⁊ conter cõbien ledifice luy pourra couster / ⁊ combien il a dor ⁊ dargẽt Salusti⁹
car aultrement on se mocquera / ⁊ demourra ledifice impfaict / ⁊ les despens qui
serõt faictz seroyẽt perdus follemẽt q̃ est pour destruire vng hõme. mieulx vaul
droit iamais cõmẽcer q̃ on ne fit la fin: car lhõme vit en desplaisance. Qui edifi- Eccle. iij.
ces fait par volupte en ceste facon: est mocque de plusieurs. Et aussy ce q̃ lon con In auc. de
trouue de nouueau / est apres se treuue ꝑ vieillesse est mis a ꝑdition piteuse / ⁊ par nõ alieñ.
leurs eages cõsume / cõme il est dit en lecclesiastique au tiers chapitre: ⁊ aussi aux aut pinu.
auctentiques. colla. ij.

¶ Des yurongnes ⁊ gloutons.

¶ De pouurete le faiz ⁊ charge
Ne peult le licharre euader
Qui nuit ⁊ iour de vin se charge
Et ne cesse de gormander

Sa lecherie truander
Celluy fera puis damner lame
Et son corps gesir soubz la lame

n E failles point de vous trouuer folz yurõgnes ⁊ glou- tons q̃ nuyt ⁊ iour gormãdes sans remission venez ouyr ce que ie dis / et vo⁹ y pourres proufiter. Car celluy fol qui monte ou nauire ne tire si nõ aux voirres ⁊ bõs morceaux c. crapula en son estomac il engloutist de vita et de plusieurs viãdes / il se soul honesta. le ⁊ aṗs se desemplist son esto cle. extra mac point ne repose. Et brief aultre chose ne fait si nõ rin- ser potz ⁊ vaisseaulx. Telles Esaye. v gens boyuẽt cõme espõges ⁊ Ec. xxxi. cõme vieilles bottes / ilz gar- dent les seaulx de bacchus / force de vin les fait tomber cõme pourceaulx Ilz sont sou uent malades / en nulle rien ne mettẽt differẽce. La mort De cõ. di. en ꝓcede souuẽt ꝑ trop estre re v. natales plet Les grans repas retirẽt Osee. iiij.
les nerfz du corps / ⁊ se font plusieurs noises ⁊ debas / quãt on a la teste esmute le luce. xxi.
sang ⁊ lesperit / lengin est moleste. Les biens se despendẽt oultrageusemẽt / ⁊ nest xxx v. di.
entendemẽt ne vertu q̃ ne se corrũpe. Plusieurs en sont mors deuant leurs iours vinolẽtũ.
par trop a ymer la gormandise. Ebriete tout mal engendre / grant deshonneur en pro. xxiij

xmier. xx. Vient aux gens. On vit sans loy en coustumes desordonnees ⁊ salletz immondicitez/ ⁊
xxxv. di. paillardise ⁊ debat/tuer lung/frapper lautre se delectent mauluais yurongnes/les/
luxuria in quelz quant ilz ont bien beu sont tous replis de chaleur/⁊ puis commettent le peche de lu/
puer. v. xure ⁊ sont furieux ⁊ prestz a tous maulx faire sans mettre fin a nulle chose/ebrie
xxx. vii. te les meurs corrumpt/⁊ si fait les gens detracteurs/⁊ fait reueler toutes choses
ca. ulti. secretez/dont viennent maulx innumerables. Chose plus execrable nest que gloutonnie
Harodotus Telles choses rendent les hommes fastigieulx. Cirus neust pas vaincu thomirus
Cirus. sil neust trop beu/ledit enfant qui fut fendu/ ⁊ aussy le grant alexandre quant il fut de
Thomirus vin entrepris/sans vertus ⁊ sans entendement/⁊ mettoit a mort ses amis/⁊ luy fai
Justi. li. i. soit le vin ce mal faire. Non pas que ie vueille dire mal du vin/mais de ceulx qui en
Q. curcius prenent trop excessiuement. Car il y a mode en toutes choses sans estre glout/car le
alexander. vin quon prent moderement ne nuit iamais/ains aguise les esperitz. Pource celluy
Ec. xi. c. x. qui boit sans compas ⁊ menge oultrageusement/est ort villain. Il aura les repas lesquelz
et si xxx d on baille aux gormans ⁊ gormandes en enfer eternellement. O folz yurongnes ⁊ gor/
incenira. mans qui vous delectes es vins ⁊ viandes de ce monde/⁊ qui en prenes oultrageusement/ne
extra. consideres vous point les pouures qui en ont faulte/⁊ les pechez qui par telles choses
xxxv. di. se font.

luxuriam

Des richesses inutiles.

Qui les richesses inutiles
Encloses dedans coffres garde
Et les pouures de dieu despouillez
Sans deulx auoir pitie regarde
Ne leur aide quoy quil tarde
Cestuy riche demandera
Apres sa mort ce quil aura.

Onne doctrine vous pouuez aprendre riches folz qui aymes mieulx vo
b stre tresor quasi que vostre dieu/venes icy cde la baucque/car vous y pour
res prouffiter. Car cest grant folie que de tant aymer ses richesses ⁊ tresors
Lu. xvi. et dauoir si grant solicitude de amasser ⁊ de y auoir si fort son cueur. mais au iour
p. xx viii. dhuy on fait plus grant compte de amasser cheuanche que science/⁊ sont les biens plus
Bo. ii. ser. prisez que les sainctz ne les bonnes meurs/vertu nest plus aymee de nul/car habon/
dance de biens confont tous vertueulx courages. Celluy est repute saige seulement
comme sil scauoit tous les droitz qui a des coffres remplis dor ⁊ dargent Il aura en court
aliance/le grant senat luy est ouuert/⁊ fait on honneur seulement a luy: car chascun
desire son amitie pour cause de sa grant cheuance. La grant habondance de richesse con
fond les amis. Jamais les pouures ne sont honorez/⁊ qui plus est/on ne demande
oui. i. fa. iamais de quel art ne mestier on est/mais se on est riche ⁊ se on a grant reuenu/se
puer. xiii lon est sage/on ne le demande point/car fust on sage comme sainct pol/se on a argent
Juuena. on ney tient compte Car se il iuroit ou maulgreoit dieu ⁊ les sainctz/on ne le croiroit
Ec. xiii. pas tant que vng riche pour vng seul mot/⁊ de vng pouure encores moins. Il sem
ble a telz folz/que pouures sont contempnemens des faictz de dieu/et que leurs pechez
puer. xix. leurs sont plustost pardonnez que aux pouures. La saincte maieste souffre que le fol mon
ps. xxx vi dain amasse ⁊ quil ait bruit sur terre. Aux richessez on enuoye lieures/ poissons/
sengliers/oyseaulx estranges. Et en la maison dung pouure homme iamais on ny
porte rien. Ha famine dor enragee de voulente ⁊ de bonnes meurs. Conuoitise
dauoir cruelle qui est vng des chemins denfer chascun la doit euiter. Helas que peult
prouffiter aux conuoiteux qui tousiours prent ⁊ non plus que vne bouche affamee

il ne se tient iamais cōtēt/lar Eccle. iiii
gēt q̄ tu as amasse ne sauluer/ p̄. xxx viii
ra point/mais apres ta mort Amos. ii.
tes heritiers en seront en pro/ puer. xi.
ces. Combien que ie vueille Mat. xix
pas dire q̄ largēt soit nuisant Math. x.
car aux bons il est bien ppre q̄
en font des biens dōnāt pour
dieu aux pouures/ aux egli/
ses/ ⁊ aux vefues et filles a
marier. Mais a celluy q̄ ne
le scet cōduire qui nen veult
en bōnes oeuures rien distri/
buer aux poures/ ains a son
fol appetit ne peult rien prou
fiter. Hellas quāt le trespas
viendra ⁊ quil fauldra rēdre Luce. xii.
cōpte deuāt dieu. Le createur Thob. iiii
luy dira pource que nas poit
voulu aux pouures donner
de tes biens/ tu en iras en pei
ne eternelle. Et celluy qui en
mon nom aux pouures dōne/
ra il viēdra aux cieulx ou re/
nera auec moy sans auoir fin.

¶ Du seruice de deux maistres.

¶ Celluy veult en vng cōflit prendre
Deux lieures quung chien seulement
Chasse par les boys que veult tendre
A seruir bien loyallement
Deux maistres: mais certainemēt
Ne fera pas ce que vouldra
Ains a lung bien seruir fauldra.

Vous seruiteurs fault parler/ qui deux maistres voules seruir/ cer/
a taincmēt vous vous abuses/ car se deux maistres vo⁹ auez/ vous au/
res plus grāt affection ⁊ amour a lung q̄ a lautre/ vostre fol entēdemēt
vo⁹ decoit/ car on ne peult pas en vng instāt seruir dieu ⁊ le dyable. Venes chas/
ser en ceste forest ou vo⁹ pourres prēdre q̄lque bōne doctrine ⁊ vr̄e corps assasier.
Car celluy est bien rēply de folie q̄ cuide bien iustemēt seruir dieu ⁊ le mōde/ cōe Mat. vi.
celluy q̄ met grant peine cuidāt deux maistres a gre seruir ⁊ leur estre agreable. Luc. xvi.
Aussy le chasseur q̄ sefforce en vng mesme instāt dung chien seulemēt prēdre deux Eccle. iii.
lieures/ perd bien sa peine/ ⁊ le plus souuēt ne prent rien/ cōme le seruiteur q̄ cuide Cōpatio.
deux maistres seruir ⁊ leur estre agreable/ ⁊ il ne plaist a lung ny a lautre. Aussi Glo. ii. l
a tard celluy frappe la bute q̄ tend plusieurs arcz. Pareillemēt celluy q̄ se charge i. c. i e as.
de plusieurs offices/ ⁊ veult tout seul auoir le gouuernemēt/ luy est il difficile sil xi. q. i.
veult garder le droit/ ⁊ ne faire chose q̄ ne soit hōneste/ certes il se ront la teste/ car p. sitte.
il pense en vng lieu puis en lautre/ dung coste puis daultre. Il ne scauoit a tout
pēser/ ne auoir vne bōne heure de repos/ soit a la messe/ beuuāt/ mēgāt/ tousiours

pense a ses affaires. Il ne sca
uroit a ses pensees mettre fin
sy sage fut il prudent ny habi
le/car il fault q̄l aille ꝑ mer/
ꝑ terre/de lieu en aultre/ tra/
uersāt plusieurs pais/ a grāt
peine bien faict celluy q̄ deux
negoces entreprēt/car celluy
qui veult mettre fin a plusi/
eurs choses ne scauroit estre
c. diuersis cōstāt/ & sy veult a plusieurs
d cle. cōiu. gens plaire/ il luy conuient
estre humble & vser de doulx
Eccle. v. langaigez. Et se quelque ad/
uersite luy suruient/ il faul/
dra quil le porte paciemment
c. cū singu sans se esbahir. Aux nobles
la. de pre/ doit vser de langage eloquēt
ben. li. vi. que ce quil dira plaise a cel/
lxxxix. di luy a qui il parlera. Saluer
stin. c. i. doit les gens humblement/&
Ec. i. & .n. point a nul ne se doit courrou
Jacobi. i. cer/sil veult estre de tous ay/
c. qr in tm̄ me. Car pour la grant char/
de preben. ge quil a il se doit faire de plusieurs aymer. Il naura repos nullement/ pensant
et digni. tousiours a ses biens & a ses offices prent grant peine en se damnant/ & na seiour/
repos/ne soulas/ tellement quil ne pense a dieu ne a le seruir/tant a de pensees en
la teste. Touchant de telz folz ie men deporte: & men tairay pour le present. Mais
xxi. q. i. mieulx seroit de seruir bien & loyallemēt vng bon maistre & se faire de luy aymer
clericum. que de se vouloir a plusieurs asseruir/& en la fin estre en malle grasse dungchm̄/
Eccle. ix. et perdre son temps en esperance de vouloir trop acquerre.

¶ De trop parler.

¶ Qui scet sa langue refrener
Et de trop parler la restraindre
Ne se doit a mal prosterner
Par tristesse que lon doit craindre
Mais qui parle trop sans se faindre
Se deshonneure com fait la pie
Par trop garruler quon lespie.

Deurs ebetes ⁊ lā
gues dragonicques
qui a trop parler et
blasmer aultruy vous arrestes toute nature de bestes /
doyseaulx/⁊ de serpens/⁊ aul
tres ꝺ nature humaine se peu
uent chastier Mais la lāgue
de lhōme ne se peult chastier/
car elle est plaine de mal ⁊ de
venin mortifere/elle macule
tout le corps: q̇ garde sa bouche garde son ame Pource lā
gues arcenicqs et mortiferes
brides vo⁹ de ceste doctrine /
car on dit cōmunement q̄ pis
vault vng coup de langue puer. xiii.
que vng coup de lance. Cel- Ps. cxxxix
luy q̇ parle trop ⁊ vainemēt Eccle. ix.
en to⁹ tēps q̄ ne viēt il a nostre Jacob. iii.
folle nef. Venes y tost pour Eccle. v.
gouverner sez voilles /auan
ces vo⁹ folz q̇ trop parles ⁊ ra
uales voz langaiges. Plusi-
eurs y a q̇ se delectēt ⁊ ne pensent q̄ tousiours mal parler ⁊ mesdire daultruy/quāt
ilz disent ce q̄ nul ne vouldroit dire/mieulx leur vouldroit auoir la bouche close a
iamais/q̄ du dart dēuie blessier aulcun ꝑ mal parler/en plant sans restraindre la pro. xvii.
langue q̇ ꝑ luy vient en court souuēt diuision/discēsion/noisez/molestatiōs/mise Digito cō
res ⁊ calamitez. Telles gens ont fait souuēt guerrez entre les empereurs/roys/ pesce la-
ducz/⁊ contez/⁊ ont esmeut les cueurs des nobles a tyrannie ⁊ crudelite. O tāt de bellum
perilz viēnēt ꝑ telles langues/q̄ de leurs grc sans estre priez respōdēt. Ilz sont plu
sieurs folz q̇ se delectēt a mal ꝑler ꝑ la vaine ioye de leur langue eulx esiouissant Juuenalis
de leur babil ⁊ quaquet. Telles gens ont souuēt dueil ⁊ de grās maulx/mais nō-
obstāt leur mauldite langue les ꝯtraict souuēt supporter mains accidēs ⁊ maulx Job. xv.
de rage cōfite. Dictes moy donc folz dāgereux q̄ vo⁹ sert ce langaige/ce quaquet/ pro. xviii.
ce babil: de rien certes. Quāt telles gens se ꝯfessent la parolle leur fault ⁊ ne peu Hie. xviii.
uent ouurir la bouche pour dire leurs pechez/⁊ souuēt quāt ilz vouldroyēt parler Osee. vii
dieu leur ferme la bouche. Plusieurs folz sont q̄ silz neussēt trop ꝑle q̇ fussent sages ⁊ prudēs. Hellas prenes exēple a la pie qui ꝑ trop garruler ⁊ crier notifie ou Pica
sont ses petis. Refrenōs noz langues/car mieulx vault sobremēt parler q̄ respō- Eccle. v.
dre a to⁹/a to⁹ ꝑpos ⁊ choses deshōnestes: ⁊ en auoir aps reproche Peu ꝑler plait a pro. xxv.
toutes gēs quāt le langaige est modere. Cest grant vertus a la bouche quāt elle
tient sa ꝑole. Et aussy quāt seuremēt son ꝑler couche/cōbien q̄ de necessite il fault Eccle. ix.
ꝑler selon droicture

¶ De ceulx q̇ corrigēt les aultres ⁊ eulx mesme pechēt.

¶ Qui peult aller par bõne voye
Que de monstre la dextre main
Et toutessfoys il se desuoye
Prenant chemin ort ꝛ villain.

Celluy na pas lespcrit sain
Ains de sens ꝛ raison default
Puis que ainsy visiblement fault

Homme ignorãt fol es/tourdi q̃ veult reprẽdre et corriger les malfaicteurs/ ꝛ toymesmes tu pesche/ cõgnois tu point q̃ cellup qui bien enseigne ꝛ vit mal/instruit dieu cõmẽt il se doit cõdẽpner. Aussy cellup q̃ voit chose vtile ꝛ fait chose inutile il se absente de la clarte du vray soleil. Quãt vo⁹ estes vieulx ne corriges poĩt les aultres/mais venes corriger voz faultez. Grant turbe de folz volle a nostre nef q̃ ne se sceuent endoctriner/ ꝛ veullẽt corriger les aultres. Ilz nõt poĩt hõte de cõmettre tel mal. Ilz cachẽt leurs vilz pechez secretemẽt. Mais ilz sont tousiours prestz a pugnir les pechez des aultres Helas to⁹ les faitz des humaĩs sont cõuertis en cõuis/ ꝛ rẽplis dordure ꝛ macule. Le nez ridicule portẽt/ ꝛ rient des oreilles/sans pẽser aux maulx enormes q̃lz fõt/ne aux griefues maladiez terriblez ꝛ cõtagieusez q̃ sont dedãs leurs estomacz. Ceste main q̃ est au chãp fichee mõstre le droit chemin ꝛ vray sentier / ꝛ demeure tousiours en vng lieu Ainsy font ceulx q̃ notẽt les maulx des aultres/ ꝛ ne corrigẽt poĩt leurs vicez.mais sont enclins a to⁹ maulx faire. Telles gẽs voyẽt bien vne espine en loeil de leur voisin/mais ilz ne voyẽt poĩt vne traisme en leur oeil. Les vngz se diẽt curieulx ꝛ bõs cõe fabrici⁹.les aultres les durs cathonistes ou les bõs ꝛ saintz metellistes desq̃lz ie me tais pour le p̃nt. Plusieurs sont q̃ veullent mõstrer la cõtenãce de socrates ꝛ nont point de sciẽce. Mais deulx ist trespiteuse vie/ ꝛ sont du tout habãdõnez a peche. De telles gens noises p̃cedẽt. Au moyen de ce ie applicq̃ le dit de tulle q̃ dit/q̃ nul ne doit corriger aultruy q̃ premieremẽt ne se purge ꝛ nettoye de peche. Je pourroye alleguer maintes doctrines des peres anciẽs/car ainsi que p̃ medecine le medecin se efforce de guerir aultruy: ꝛ soy mesme ne se scet pas guerir. Ainsy veult vng fol reprẽdre des aultres les meurs/mais en leurs affaires ne sont iamais bien cõseillez.les aultres cõseillent bien/mais ilz ne sceuẽt pas faire le conseil. Prescheurs qui au peuple la saincte escripture preschez/ ꝛ q̃ repre/

xl.di. isti.
q̃ cũ eo ce
terum.
glo.i.c.ea
q̃ de sta.re
gu.
iij. q. vij.
iudicet et
c.in grani
bus

iij. q. vij.
Tria.
math. vij
Luce. vi.
Juuenalis
Fabricius

Esaye. ix
socrates
Juuena.
Tullius
Luce. iiij.
xxvi. di.
Vna tm̃
i.q.i.multi
pliij.disti.
sit rector
xxv.dist.
primum in
xl vi.di.i.
necesse.

nes les pecheurs/mũdifiez voz cõsciẽces/affin que on ne vous trouue entaches
de vilennie/mais soyes plains de vertus/affin que on ne vous puist reprendre

¶ De trouuer les biens daultruy ⁊ ne les rendre.

¶ Celluy qui trouue aulcune chose
Quil cõuertist a son vsaige
Et cõment du sien en dispose
Ne fait pas comme vng homme saige.

Car lennemy dhumain lignaige
Qui les pecheurs de dieu deslie
Celluy grant fol decoit ⁊ lie.

e Ntre vous folz et
follez qui voꝰ res-
iouysses quãt vous
trouues quelque chose vous
scaues bien que ce nest pas a
voꝰ/sy voꝰ ne le rẽdes/ certes
voꝰ le rauissez/ venes veoir
se voꝰ trouueres en ceste nef
ꝗlque chose q voꝰ puist proffi xiiij. q. v.
ter. Car la grant ferueur da si quid in-
uarice ne veult point q̃ ie me uenisti.
taise descripre vne satire des
folz qui ne sont point cõtẽs de l. cũ quere
leurs biens/ mais par grans batur. C.
cautelles detiẽnent les biens vnde. vi.
daultruy Aulcũs sont q detiẽ
nent les grãs tresors/⁊ tiẽnẽt Augusti.
cõe leur ꝓpre bien/⁊ les met-
tẽt a leur proffit cõe se le crea
teur leur auoit enuoye Et ne i. petri. iiij
sont curieulx de scauoir dont deut. vij.
ilz sont venus/ne q les a ꝑdu
Escoutes folz mondains cõ- Angelus
uoiteux ne soyes poĩt hõteux insti. de re
dapprendre mes enseignemẽs. Si dauẽture tu trouues ꝗlque chose estrãge/or ou diui. in fi.
argẽt ne pẽse poĩt q̃ ce soit a toy/car tu ny as part ne denier Sy vng seigneur ou
de maison ou espargne cheuãce ꝑ ses labeurs ⁊ peines acquiert les biens a grant xxij. di. c-
sueur ⁊ vexatiõ de son corps/toy q nas mis aulcũe peine ne labeur a les acquerir rubescant
ilz ne sont pas tiens/⁊ saches q̃ se tu trouue chose q ne soit tiẽne/tu le dois hastiue Hieremie.
ment rendre. Et sy tu ne cõgnois celluy a q est ce q̃ tu trouues ne ses heritiers/ tu xvij.
le dois dõner pour dieu au prouffit de celluy a q cest/car celluy q lautruy retiẽt de- psal. vij.
struit son ame. Pẽses y dõc ⁊ se voꝰ auez de lautruy ꝗlque chose voꝰ estes larrõs
reprouuez ꝑ les loix ⁊ les decretz. O pouures gẽs folz indiscretz rẽplis de fureur petm non
et dãgoisse/ne cuides voꝰ poĩt q̃ dieu cõgnoisse vostre courage/ saches q̃ dieu voꝰ dimittitur
pugnira. Celluy donc q trouuera chose q ne sera a luy ⁊ le retiendra/⁊ ne le voul- ec. d re iu.
dra rendre/iamais en paradis ne entrera. li. vi.

¶ De concione sapience.

¶ Qui se delecte en sapience
Diuins ⁊ sainctz documens prise
Est digne dauoir preference
A tous sans ce que nul le desprise.
Reuerence luy est acquise
Es cieulx luy est donnee couronne
Qui de vertus tout lenuironne

Laisses toute mōdanite folz nauigans par tout le monde/ habādōnes voz plaisāces terriēnez/ ⁊ acoures en la grant nef stultifere/ ⁊ voꝰ orres sapiēce tant hūble qui fait vng general sermon cōmencāt en ceste maniere Gens endormis resueillez voz esperitz et escoutes que ie vueil dire. O genre humain aprouchez ma cheere qui porte nom de verite. Aprenes ce que iustement ie voꝰ enseigne/ ⁊ separes du droit le tort. O voꝰ mortelz aprenes les enseignemens de minerue pcedāt de langue sacree/ ostez toute folie de voz pensees Queres doctrine qui donne vie ⁊ salut. Serches philosophie ⁊ laymes/ affin q̄ saiges soyes ⁊ q̄ fuyez le desir damasser pecunes. mais ioingnes vous a sapiēce qui excede. Pierres rubis/ saphirs/ balais/ or/ argent/ ⁊ pierres precieuses tant sont vertueuses ses oeuures. Et pour voꝰ dire vrayement la grant excellence sans doubte de sapience elle est de plusgrāt estandue q̄ ne fut ⁊ q̄ nest le monde/ et nest chose tant bōne qui se puist a sapiēce equiparer/ ne q̄ soit a elle equiualant/ tāt est son nom doulx ⁊ glorieulx. Car cōe princesse sur tout le monde domine en dignite triūphante/ ⁊ par cōseil ⁊ auctorite toute chose en bien dispence/ ⁊ p attrēpance gouuerne/ villes/ chasteaux/ citez/ palays/ senat/ ⁊ tout le peuple. Abolis sont les maulx p elle/ ⁊ les corps rēplis de vertus. Vng chascun elle prie de bien viure. Par moy dit elle les roys tiēnēt ceptres ⁊ courōnes/ ie leur baille bōnes meurs/ loix/ ⁊ decretz/ dont ilz dominēt en grant hōneur. Par moy sont gardez les royaulmes ⁊ iustemēt regiz toutes gens. Je fay a chascun sa demeure Celluy qui me ayme ie luy fay euader folie ⁊ fureur. Je lensuy ⁊ loue. Sainctes richessez et grās tresors sont en moy. Les remuneratiōs de vie euree sont en moy Je vins iadis de paradis ou ie fus obumbree ⁊ cree du diuin cerebre. Puis p moy

puer. i. et viij.
Persiꝰ. in saty.
minerua.
puer. xiij.
Plautus in amphi.
Ecclesia. xxxvij.
puer. viij
Ec. xxi.
puer. iij.

furent auirõnes par grant ⁊ admirable facon de les airs le monde auec les estoilles. Jadis par moy dieu le monde forma ⁊ mist toute chose en estre/⁊ ne fut es cieulx ny au mõde rien fait que de par moy. Doncques folz mõdains q̄ cõgnoissez mes grans ouuragez celluy de vous qui prent ma doctrine est bien despourueu de bon sens/car a tout faire suis prest/⁊ a toute heure q̄ on me demande. Pource celluy sera bien fol ⁊ bien auant dedans la nef/⁊ en la fin mal luy en prendra qui ma doctrine ne retiendra.

De iactance ⁊ confiance de fortune.

Qui se repute fortune
Disant que onc neut infortune
Despuis quil est sur terre ne
Et se loue fort de fortune
Il est sot ⁊ non oportune
Car quelque iour il sentira
Sa maison qui tresbuchera

Ieunes folz vieulx et mediocres qui dites q̄ vo⁹ ne fustes iamais fortunez/⁊ vous vantes en plusieurs choses/ venes entendre q̄ ie dis/ ⁊ vous scaures quelz gens sont fortunez. Celluy doit en la nef venir auec les aultres folz/leq̄l se vante de fortune disant q̄lle luy rit en tout tẽps ⁊ quelle luy est tousiours egale/⁊ q̄ iamais ne luy varie/⁊ que tout luy vient cõme il espere. O folz ebetes/folz ignarez/folz sans loy incensez sans norme quelle folie vous tourmente dont te tiennẽt les fantasies pourquoy tu es sy fol de te fier es choses qui vont ⁊ viennent/ veu q̄ tu ne puis ignorer que les biens de dame fortune q̄ sont mobiles/⁊ retournent sans nulle faulte/ dont ilz ont prins leur naissance sans faire bien aulcunement. Tu te vantes bien vainement des biens de fortune q̄ sont a chascun incertains. Et qui demeurẽt ou elle veult/dont sy lung rit/lautre pleure/ sy lung est pouure lautre est riche/ sy lung perd lautre recouure. A lung tu oste a lautre donne. Et a culx tu te habandonne/ lesquelz apres subitement fait trebucher/cest cas piteux/ tu luy toult ses biens q̄ sont siens/dont ie cõclus ⁊ dictz q̄ celluy est bien heureux q̄ en ses biens ne saplicq̄ et met auãt/dont souuent maleur procede. Tu te vante de la richesse disant q̄ nul

Augusti.
p. xx viii.
Eccle. v.
Vale. li. i.
Esa. lxv

Augusti.

ne te fait tort. Tu cuides q̃ les biens te rēdēt heureux. Tu te vante de ta chevāce disant q̃ les biens te viēnēt en dormāt/ & q̃ tout va a ton plaisir/ q̃ tu as chasteaux tours/ maisons/ or/ argēt/ a grās tas. Fortune rit souvēt & tient lhōme en prosperite mais en ung clin doeil elle leur tourne son faulx visaige en tournant ung tour a sa roue/ dont tomber les fait en douleur/ & finer leurs iours en larmez/ vela cō-

Senecca ĩ Hercule furente.

mēt fortune entretiēt ses subiectz. Parquoy ie dy q̃ celluy est fol parfait q̀ met son espoir es biēs de fortūe & q̀l est filz du dyable/ car pour obtēperer aux biēs il laisse a honorer dieu & les saintz. Cestuy dyable sy fort le tēpte q̀l met tout son cueur es biens mōdains sy tresdivers/ & par fas ou par nefas luy baille des biēs largemēt qui es enfers/ avec pluto le cōduirōt sans nulle faulte. O fol ie te requiers escoute q̀ te vante des grans prouffitz de fortune. Sy au lieu de stabilite tu as prou biens pour cela ne ten esiouys/ car se tu as au iourdhuy des biens/ demain alaventure point rien auras. Pource donc ne mettes espoir en telles choses/ car dame fortūe na pas les biens/ mais dieu a q̀ luy plaist sy les dōne/ cest donc bien grant folie de louer sy hault fortune qui favorise a qui bon luy plaist & qui iamais ne fut sans varier.

prover. xxi.
Luce. v.
Pluto.
prover. i.

De trop grant curiosite.

Celluy qui procure labeure
Les affaires de tous les hommes
Et laisse son fait en demeure
Tout son cas ne vault pas troys pōmes
Et soit passient sy des sommes
Et grant faiz du monde est presse
Car luymesmes cest empresse

De renū. c. i. in pri. li. vi.
pro. xxv.
Eccle. iii.
Persi⁹. i.
Terētius ad ro. xii.
pro. xxv.
Ec. i. & . xiii
Iuvenalis
Alexāder

c Ntendes a ceste satyre gens curieulx q̀ entreprenes tant de choses & q̀ portes sy grant charge/ q̃ aulcunesfoys le dos en casse par trop entreprendre Vous qui portez plus que ne poves/ vo⁹ estes cause de vostre mal & peril evident. Et nest pas celluy repute saige q̃ par courage oultrecuide son cerveau tous les iours apreste a porter faitz & molestations. Cōbien q̃ la chose soit pondereuse & q̀l luy soit necessaire q̃ plusieurs gens en ce labeur mettēt les mains. car q̀ veult des cieulx prendre le faiz dessus son dos & se veult charger de ce quil ne scauroit porter/ dessoubz le faiz tūber luy conviendra/ fors folie le remordera/ davoir ceste folie emprise. Nous trouvōs es histoires q̃ combien q̃ le grant alexādre

ait veilie a cōquette ꝑ coups despeez les grās regiōs dasie ꝛ deurope. Toutessfois
il ne fut pas cōtent de acquerir ꝑ le mōde/mais sil eust peu il eust cōquis plus lar
gemēt. Apres ql fut roy pacifiq̄ de tout le mōde. La mort q̄ nul nespgne le picqua
de son dart mortel/puis fut en petite sepulture cōbien ql fut roy. Ainsy la mort sy
nous mōstre q̄ no⁹ deuōs estre cōtens de ce q̄ no⁹ auōs ꝛ pēser a quelle fin viēnēt Eccle. vij.
les corps. Cinycus moult grāt philosophe estāt en grece ne fut iamais du nōbre Dyogenes
de telz gens/car oncq̄s ne cōsentist a edifier chasteaux ne maisons/ mais totalle- philosoph⁹
mēt desprisoit telz edificez/ꝛ fut ɔtent de soy tenir en vng tōneau plain de pertuis Horatius.
auq̄l il cōgneut les mouuemēs des cieulx/des astrez/ꝛ des elemēs/ꝛ estoit cellup
cinycus plus ioyeulx q̄ ne sont ceulx q̄ ont les beaulx ꝛ sumptueux edificez. Nest
ce donc pas grāt trāsquilite a vng hōme q̄ ne se charge point oultre raison/ꝛ nen-
treprēt chose ql ne puist porter Nest ce pas grāt folie a cestuy q̄ entreprēt les grās
faiz a porter/ꝛ q̄ veult cōprēdre chose ql ne scauroit mettre a fin/ ꝛ cōgnoist bien
ql ne scauroit pas venir a bout d ce ql entreprēt/ꝛ fault ql porte sur son dos la char
ge q̄ luy est bien dure. O pouures aueuglez mōdains q̄ estes tant estreprenās/ꝛ q̄ Iuuenalis.
sy mal regardes q̄lle chose vo⁹ entreprenes cuides vous vaincre le mōde sy diffici Pro. xvii.
le. Que vo⁹ vault prendre chagrin/soussy/peine/melencolie/traueil/angoisses ꝛ Sapien. v.
douleurs en ce mōde pour entreprēdre plus q̄ ne pouues. Et quāt dieu vo⁹ separe Math. xvij.
le corps de lame vous estes en grāt dāgier de descendre en la speluncq̄ denfer. Cel
luy vit en grāt soussy q̄ veult scauoir q̄ fait le mōde/ꝛ ou cesar maine la guerre ꝛ
q̄ prent charge de ce ql ne scauroit faire iamais il na vne heure de trāsquilite. A Sapiē. viij.
telz folz mieulx leur vauldroit regarder la fin de leur entreprise/affin q̄lz nen fus
sent point deceuz/car on dit cōmunemēt/lhōme propose ꝛ dieu dispose.

De prendre a credit.

Celluy ne fait pas bien son cas	Il est auquel nest agreable
Et en fin sera miserable	Terme ne donne ꝛ pour tous tiltre
Lequel emprunte or ducas	Lasne de son pied le calcitre
Car a laffame loup semblable	

Omines en ceste satyre entre vous folz q̄ prenes a credit ꝛ cōgnoisses
r le dāger ou vo⁹ estes ꝛ le soussy q̄ vo⁹ auez/ aussy cōgnoisses q̄ celluy q̄
prent a credit est serf a celluy q̄ le baille ou preste au pecheur ꝛ il ne rend
point/mais le iuste ꝛ misericors retribue. Entendes cy ie vo⁹ supplie pouures et
riches/ꝛ vo⁹ cōgnoistres le bien ꝛ prouffit q̄ vient demprūter a aultruy. Celluy
qui emprūte ꝛ prent a credit or argent ou marchādise multipliāt ses mains peult Deutro. xv.
estre appelle fol. car ce pouure meschāt debteur emprūte a lung pour payer laul- Prouer. xxij
tre/et de largent q̄ on luy preste/le pouure fol promet payer en brief tēps q̄ luy est Psal. xxv.
bien grief pource q̄ le tēps se passe de legier. Durant lespace du tēps lusure court/ Eccle. iij.
dont il voit q̄ en peu de tēps apres la debte en doublera de la moitie/car se on luy a Esaye. xxiiij
preste cent escuz / il luy en fauldra rēdre deux cens Et sil a maisons ou rēte il luy
cōuiēdra vendre a lauēture a petit pris/pource ql sera a lauēture en dāger destre
mis en prison/ou cōdēpne de ce payer/ꝛ quāt il aura tout vendu on ne tiendra cōte Psal. lxxi.
de luy / ꝛ demoura le pouure fol nud ꝛ spolie de tous biens/puis luy cōuient fai- Pro. xxvi
re cession et habādōner ses biens/ou fouyr hors du pays. Et souuēt les presteurs Luce. vi.

perdēt tout/ qui mieulx leur
Ecclesia.xvij vauldroit vēdre a iuste pris ⁊
et.viij. auoit argent cōtant. Oultre
voꝰ ne pēses point entre voꝰ
empruteurs q̄ vous offenses
dieu en prenant a vsure/q̄ est
du createur defendu/ pource
q̄ on vēd lespace du tēps voꝰ
q̄ prestes voꝰ vēdes le tēps q̄
nest pas a voꝰ mais est a dieu
le createur q̄ le dōne a toꝰ He
las noꝰ ne voulons faire ce q̄
dieu noꝰ cōmāde/ mais plus/
tost desirōs aller cōtre son cō/
mādemēt. Et en ce faisant il
noꝰ emple de maulx ⁊ male/
dictiōs q̄ noꝰ est bien difficille
a porter/tāt q̄ toꝰ noz mēbres
trāblēt. Notes lecteurs q̄ sou
uēt dieu noꝰ baille viure pour
noꝰ amēder de maulx ⁊ vil/
Eccle.xii.c lains pechez/ dont le dyable
xviii.q.iiii. Nabucho/ nous tient en ses liens. Il ne
donosor nous laisse point en ce monde

Sodoma pour pecher/mais pour faire penitēce ⁊ noꝰ amender. Car quāt on ne se doubtera
Deu.xxviii. la mort noꝰ prēdra ⁊ nostre fol entendemēt a grāt peine se repētira dauoir tant de
iiii.reg.xvi. thobie.xiii. mal cōmis. Helas pēses a sodome ⁊ a gomorre ou il perit tant de psonnes/⁊ en la
Nilcolas. cite de sobime/lesq̄lles villes p leurs grās ⁊ enormes pechez/moult piteusement
Johelis.iii trebucherēt cōme fist nilicolas cōbien q̄ ceste gent de nilicolas fut de dieu benoist.
Amos.ix. Pource q̄ prent a credit a chascun ⁊ ne peult payer au fol semblable au loup q̄ de/
Esaye.i. nouure tout a vng coup. Et rien ny a q̄ tant hayst q̄ trouuer chose q̄ luy plaise quāt
prouer.xxii. Thobi.xiii des chāps fait separemēt Aussy le debteur ne vouldroit iamais q̄ le tēps de payer
Ezec.xviii. vint/car le prest q̄ on fait/fait lhōme pouure. Aussy dieu le createur noꝰ laisse en
ce mōde/nō pas pour mal viure/mais affin q̄ facions des biens/car quāt le tēps
viendra q̄ noꝰ naurōs pour faire quelque bien/il nous pugnira cōme le crediteur
quāt au terme nest paye du debteur.

¶ Des petitiōs ⁊ veux inutiles.

¶ Qui les mains tendans a dieu prie
Par veux en simulation
Et ny a que la voix qui crie
Sans y auoir deuotion

Ce qui requiert en fiction
De dieu ne de ses sainctz naura
Ains plusieurs gens rire fera

Entre vous folz q̄ faictes veux ⁊ prierez a dieu des cieulx/entēdes ceste
satyre q̄ voꝰ corrige ⁊ instruit a bien viure. Deuāt q̄ faciez oraisons/pre
pares voz amez (car le iuste) dieu excusera/⁊ le pecheur ne sera mille/

ment oy Pource affin q̄ tous Eccle.xviij.
puissent cōprēdre en ceste ꝑtie Joh. ix.
ie vueil ꝑler des veuz reprou Prouer.xvi
uez. Cellluy qui requiert dieu Ecclevij.
sans raison dune chose q̄ nest Lu.xx.i fine
pas bonne ⁊ luy prometz q̄ se
dieu luy permet ql fera vng
voyage/auql il donnera de
ses biens aux poures. Apres
aduiēt q̄ se sa requeste ⁊ orai/
son nest iuste ⁊ a dieu agrea/
ble/il luy viēdra qlque male
fortune/cōme il aduint a my Mydas rex
das roy de phrige cōe les poe/ phrigum.
tes racōtēt/pource ql requist Ouidi⁹. xi.
aux dieux ql eust grāt habon
dāce dor fin/les dieux luy ot/ Persius sa/
troyerēt facillemēt. parquoy tyra. i.
luy cōuint iusner/car tout ce Pro. xvij.
ql touchoit se ꝯuertissoit en or
fin. Et pource q̄ mal il fit sa Sapiē. viij
demāde il luy vint deux oreil
les dasne. Plusieurs en ya q̄
desirēt q̄ ne priēt a dieu si nō q̄
leur enuoye plaine maison de biens ⁊ richesses. Hellas ouures voz cōsciēces/ le/
uez voz cueurs q̄ sont empressez/⁊ cōgnoisses q̄ richesse iadis a fait maintz malcu
reux ⁊ morir de mort amere. Que ont valu les richesses ⁊ possessions a licinus.
Les rentes de crassus. Le tresor de cresus ⁊ de sarnadapalus sont finitz en grant Licinus
destresse. Celluy q̄ est en ieunesse demāde viure longuemēt en sa force ⁊ ioyeuse/ Crassus
te/cōbien q̄ ꝑ gormādise ⁊ exces soit debilite/sans ꝯsiderer q̄ en vieillesse plusieurs Cresus
ont eu iadis peine ⁊ angoisse/dur chagrin ⁊ mal accidēt q̄ en leur ieunesse estoyēt Sarnada/
clercz autētiqs ⁊ bien renōmez. Cōme il appert de nestor/de lacertes ⁊ peleus/les/ palus
quelz vesquirēt plus q̄ besoing ne leur estoit/car ilz eurent beaucoup daccidens ⁊ Juuenalis.
doultrages quāt ilz furēt vieulx. Pource ql aduiēt q̄ vieilles gens sont voulen/ Ad he. viii.
tiers debilitez ⁊ font souuēt fin miserable. Aulcūs sont q̄ desirēt auoir belle fem Pro. xvii.
me/lesqlz quāt ilz ont experimēte le train se repētēt toute leur vie. A ce dit le phi Nestor
losophe sy tu as fēme garde la/sy tu nen as nen prent point: car plusieurs maulx Lacertes
en sont venus. Les vngz desirēt puissance mōdaine q̄ est cause de leur ruyne. Les Peleus
aultres desirēt beaulte d corps q̄ ꝑ ce font aller leurs ames au feu dēfer. O folz q̄ horatius in arte.
forges en vo⁹ tēpestez ⁊ grādes maledictiōs/ꝑ voz veuz de fictiōs plains. Demā philosoph⁹
des a dieu sante de corps/⁊ vie a lame/bōne vie/foy/bon regnon/⁊ habonder en Sapien. v.
vertus/affin q̄ vo⁹ puisses veoir face a face celluy q̄ mourut en la croix pour rache Eccle. xi.
ter le genre humain.

¶ De lestude inutile.

Qui ne veult exercer lestude
Mais court par chascun lieu publique
Et na nulle solicitude
Avec laquelle il sapplique
De la turbe est vng follatique
Et doit venir sur toute rien
Pour voir quil na fait aulcun bien

Eccle. xliiii
Ad he. v.
Ad rom̄. i.
ii. ad thi. iii.
Eccle. xxv.
xvi. q. i. sic
viue

Aillez en place folz estudians & ieunes escoliers qui passes vostre tēps a folier p les villes & vniuersitez despendant sans rien estudier & viure cōe bestes sans pēser au tēps aduenir/ny a recouurer le tēps q̄ vo⁹ pdes. Estudies ceste satyre sans aller batre le paue/car ceste lecture vo⁹ prouffitera. Vous estudians q̄ portes robes longues/& aussy chaperons pour dire q̄ vo⁹ estes saiges/& vo⁹ estez folz insciens: car quant vous deues estre a voz lecons & en voz estudes/vous suiues mōdanites/vostre ieunesse se passe sans faire fruit. Ilz ont leurs raisons cōtrouuees/disant q̄lz ne sont a raisons decens/mais sont a ce inutiles. Ilz vont de rue en rue babillāt charchāt la nuit et ne veullent rien scauoir ne ensuiuir les doctrines des saiges. Ilz ne resemblent pas aux saiges & ceulx q̄ sont leurs maistres/lesq̄lz pour sciēce acquerre om̄ pnocte & print grāt solicitude. Encores plus/ilz sont aulcūs folz q̄ veullēt acquerre quatre ou cinq sciēces sans premier cōprēdre grāmaire q̄ est fondemēt de sciēce. Ilz vont courāt iusques a logiq̄ et font vng grāt tas dargumēs & de sillogismes cornus/& ont tousiours en la bouche fortes ou plato. Cōbien q̄ p logiq̄ & subtilz argumēs la chose obstinee se peult clarifier. Neautmoins sont q̄ y mettēt leur estude sans veoir aultre enseignemēt resemblent aux grenoillez iargōnans p leurs murmuratiōs/car a beaulx ditz et belles auctoritez ne se arrestēt point/& ce pēdāt ieunesse se passe/& prēt cours sans auoir gouste rien delectable/mais est demouree de vice violee. Folz legistes & decretistes/q̄ en code/digeste vieille/noue/infortia/volume/istitutes/& es docteurs auez lecons vo⁹ cuides plus scauoir q̄ vng grāt aduocat/& pource ne scaues rien pour la grāt vaine gloire q̄ vo⁹ prent p la teste. Ceulx cy courēt p maintes villes a viēne/erfonde/orleās/paris/poitiers/pauie/padoue/toulouse/louuain/monpellier/en basilee furēt nourritz. De barbarie sceuēt dire aulcune chose de la mer et la gaule/& ont veu la cite de rōme/de londre/de naples/de milan/& daignon.

Sene. epl'a. xviii.
c. nisi. cum pridē de remune.
xxxvij. dist. nōue.
Eccle. xvi.
xxxvij. dist. legimus
Eccle. viii.

Et quãt au pays sont retournez sont mal acoustrez ⁊ ne sceuẽt rien/on ne tient de eulx cõte pource q̃lz nont ensuiuy doctrine. Mais nonobstãt ilz ont grãdes robes cornettez/ou chaperõs/⁊ semblẽt grãs clercz/mais ne sont q̃ bestes. Ilz vont aux digners ⁊ bancquetz des plus auãt/cuidãt q̃lz soyẽt litterez. Les aultres sont iou-eurs de paulme/de cartez/de dez/bordeliers ⁊ pilliers de tauernes/ courãt iour et nuyt/rõpre portez ⁊ fenestrez faisant des maulx infinitz. Et les parẽs damasser ont grãt peine/cuidãt q̃ telz gaudisseurs soyẽt bons estudiãs/mais vendẽt robes/ et liures pour mieulx gaudir. xij.q.ij.glia episcopi. Glo.iii.c.cũ ex. lrm de i integ. resti. prouer.xiij.

❡ De ceulx q̃ parlent cõtre dieu folement.

❡ Sy dieu exaulsoit la priere
Dung chascun ainsy quil demande
Lhõme la feroit singuliere
En pleurs pour auoir sa demande
Et dung grant mal auoir amende
Pour folie auoir loyer
Chascun exercceroit ce mestier.

Lunatiquez folz es-tourdis q̃ ptre dieu follemẽt parlez/ve-nes prendre ceste doctrine ⁊ y estudiez souuẽt/affin q̃ cõtre la diuine maieste vo⁹ ne plez plus folemẽt. Car lhõme est bien fol q̃ fait flãboyer vng grant feu pour donner plus grãt clarte au soleil. Aussy q̃ veult dire q̃ le createur aist mal fait ⁊ corriger ses haul-taines oeuures/ surmõte to⁹ les folz. Car cest le createur tant sage/plain de vtus vray insticier/en toutes choses re-fulgẽt/⁊ plain de sy grãt gloi re. Sa maieste/ sa puissance sa magnificẽce est tant grãde Il na besoing de nostre aide/ car il est seigneur ⁊ createur de toutes choses/du ciel/de la terre/⁊ des estoilles. Sa di-uinite est tant grande q̃l nest chose q̃ la puist diminuer/cest le vray dieu q̃ tout dispẽse. Il cõgnoist tout/il scet ⁊ voit le courage de lhõme. Luy seul regist sur tous aultres ⁊ dispose a sa voulente. Chũ viue selon sa loy/car il nest rien si apparãt: ⁊ iamais ne fait rien sans cause. Il fait plouuoir/il fait tõner nesger/gresler/vẽter/geler/fouldroyer/ q̃ souuẽt les gens tue. Il enuoye doulce rousee du ciel/il nappȝtiẽt pas a hõme de en cõtredire/de to⁹ il est le saluateur. Et saigemẽt tout il dispose. Veulx tu corriger linfracteur de ton cueur matin ⁊ vil-lain/ veulx tu cõtredire en parlant de son diuin empire/veulx tu mal inurer con-tre luy q̃ ta crce/fait/⁊ forme te pourroit en brief parler prosterner/tuer/⁊ brusler

vi.q.i.c.et si omnia Eccle.iii. Pro.xxv. Ad rom.x. xxxii. disti. erubescant. Sapien.i. Psal.ciii. Sap.xi.⁊ xij

Eccle.xxiij. Tu demãdes dauoir la peine & vengãce de ton peche/car follemẽt tu veulx remõ
strer a dieu/il nest pas licite de murmurer cõtre luy/ne en polles le blaspheme/
Nũeri.xiij mais le aymer pfaictemẽt. No⁹ lisons disrael pour le murmure & iniure q̃ le peu
ple fit cõtre dieu ql les pugnist griefuemẽt. Pource corriges vo⁹ folz ebetes/car
Josue ix cest celluy q̃ crea ciel & terre:& toutes choses pareillemẽt. Retournes vo⁹ a luy &
i.corinth.x. luy demãdes pdon affin q̃ vo⁹ puisses cõgnoistre la sus au ciel sa puissãce infinie.

¶ Daultruy dire iugement.

¶ Aulcun pense bien estre iuste
Qui chascun iuge estre entache
Mais luy mesme il est iniuste
Quant cest regarde & cerche

De iugement il a marche
Aultruy qua mort le determine
Et ne voit sa grande ruyne

Ezechie.xi.
Mathei.vi.
Luce.vi.
Glo.i.c.ea q̃ discri. reg.iii iij.q.vij.iu dicet
prouer.xxiij xxxvi.
Eccle.x.l
Horatius in epistolis
Mathei.vij
Ad rom.ij.

O R entendes a mes escriptz folz q̃ iugez les autres pour louenge acquerir, Ne iuges poĩt sy vo⁹ ne voules estre iugez/ Vous voyes bien vng festu en loeil de vr̃e frere/& vo⁹ ne voyes pas vng cheueron qui vo⁹ creue loeil. O q̃ telz folz sont remplis de folie/& leurs cueurs de vices plains d tourmẽs & obscure mort. Neantmoins d viure ont espoir & de ensuiure leur vie maleureuse/& prenẽt cours cõe le fleuue. Cestuy pẽse estre bon/iuste/vtueulx/ puissant & fort/ et ne doubte iamais mal auoir/& ne craint la mort nullemẽt/car il est plain de vain espoir/& desprise toutes vert⁹ pour soy louer. A chũ dit iniure en desprisant leurs vices mais il est pire la moitie & ne voit iamais son malfait. sil est de peche entache aultruy il blasmera/en ses vices a esperãce soubz vain espoir et tousiours cuide viure en paix. Et sil voit la mort de son pchain il ne pense iamais morir/mais tousiours viure aps. Et se dauẽture son voisin meurt il dira q̃ cest p luy/car trop souuẽt il alloit au vent/au chault/ou il prenoit trop grãt peine/& q̃ iamais il nestoit sain/& tout plain estoit de melencolie Ou il dira q̃ ce nest pas dõmage/car il estoit trop mauluais trõpeur & decepueur/p quoy dieu la voulu prendre/et pour les maulx ql a fait est en dãgier de perdre lame/car ce fol dit q̃ iamais le trespasse neust merite en ce mõde Et celluy sur leql a enuye & d quoy il dist tãt d maulx est hors des peines du mõde/a lauẽture saulue la hault au ciel

Eccle.xi.
Ec.xxxviij.

Et ce fol se met au nõbre des pfaitz/⁊ il est a lauẽture plain de vices q̃ ne sont pro
pices. Helas pouures folz ne faites plus telz iugemẽs de mort daultruy. Nauez
vo⁹ peur q̃ la mort ne vo⁹ tue. Et lathesis le fil de vie rõpe dõt to⁹ les iours atten
dons leure incertaine en terme ⁊ en iour licite/ ou gist mẽ diffinitie q̃ aulcũesfois
court plus vite q̃ le vent. Lhõe iuste doubte tousiours estre en peche. mais iesus
le seul scrutateur cõgnoist sa vie vrayemẽt. Pource celluy q̃ vouldra iuger aul/
truy sil nest de veritable vie/ne se doit iamais ingerer de ce faire/car on pourroit
presumer ql le feroit p enuie.

Sapien.iiii. Eccle.xxi. Eccle.vij. Seneca Lathesis Apoc.xviii iii.q.vii. inducie c.tua de sy/monia.ex.

De ceulx q̃ se chargẽt de plusieurs bñfices.

Quicũques appetent beneficez
En sy grant nombre/⁊ acquerir
Veult acquerir charge doffices
Et ne peult porter sans querir
Semble lasne qui va querir
Le fol qui tousiours le propine
Changer pour le mettre en ruyne

Insaciables folz q̃ estes plains de be/
nefices nestes vo⁹
poĩt en ceste nef ny tenes vo⁹
nul benefice/ sy faictes dea/
car iour ⁊ nuit dedãs vo⁹ estes
le dos si charge/que iay grãt
peur q̃ les espalles ne vo⁹ rõ/
pent les rains/ vo⁹ corrũpes
les sainctz decretz Grãt mul
titude de prebẽdes est ẽnemie
aux chanoines/⁊ moult inui
ste ⁊ iniq̃/les sages sont sans
benefices mourãt de fain/ et
les folz sont au siege cathe/
dral. Plusieurs ont vouloir
dacquerir beneficez/ q̃ prenẽt
les biens ⁊ ꝯsumẽt en haste ⁊
ne les peuuẽt ne veullent de/
seruir/⁊ tãt en ont ⁊ a plains
sacz q̃ lasne ne peult tout por/
ter/dont fault la charge ail/
leur mettre/q̃ ne veult lasne
tuer. Vng benefice notable
souffisant pour la vie ne souffit pas au temps de maintenant. Mais pour auoir
pecunes q̃ nous aymons/nous contraint auoir beaucoup de benefices ⁊ amasser
a grans mõceaulx. Telles gens ne sont iamais saoullez/⁊ leurs amez blessent/
et to⁹ aueugles cheẽt es tenebres infernales/ car ilz en sont sy treschargez qlz nen
scauroyẽt dire le nõbre/ ⁊ iour ⁊ nuyt sont en pensee den acquerir plus largement
en appetãt tousiours de plus en plus ⁊ fussent ilz vieulx plus q̃ helyas/iamais de
amasser nauroit cesse. En leurs mais ilz portẽt le sacq ⁊ demãdẽt tousiours a prẽ

De preben. et digni. c. q2 in tm̃ r.c. de multa. De cleri.nõ reser. q2 nõ mulli. i.ad co.xi. Eccle.xxiii

c.auaricia de prebẽdis lxvij. di.sic.

dre cõme gens q̃ sont affamez de couoitise plains/plus vilz q̃ lasne q̃ son faiz porte et nen peult estre blasme/mais le maistre q̃ tãt le charge ⁊ q̃ duremẽt le cõtraint de le porter se dire ie ose lon vo⁹ deueroit de dieu mauldire/car vo⁹ nestes pas con trainctz de prẽdre faiz/mais ꝑ vostre grãt couoitise ne hõnores dieu nullemẽt/ ⁊ ꝑ luy vo⁹ viues sans vser de ses droitz. Vous estes obligez a dõner aux pouures aux maladez ⁊ indigẽs/vo⁹ deues faire le diuin seruice/⁊ couertir largent en be/ aulx vsages/mais nõ en oyseaulx/chiens/cheuaulx/⁊ robez cõme seculiers/vo⁹ faites voz voulentez sans cõsiderer ce ql vo⁹ peust aduenir. O pouures folz insa ciablez cõsideres voz desirs ⁊ mauldits vouloirs/sy vous scauies les grans dou

xvi.q.i.c.vl. leurs q̃ pour ces chargez souffertes/iamais ne vouldries soustenir sy pesant faiz

xxiij.q.viij. conuenit cõbien q̃ les pouez tenir ꝺ fait ca bas porter au mõde. mais vo⁹ mettes lame en dã ger q̃ perist quasi de foiblesse pour le grãt faiz q̃ le corps porte. Messeigneurs les archeuesques/euesques/abbez/prieurs/q̃ vo⁹ vault ainsy cõferer voz benefices et offices a gens q̃ ne sont point ꝑprez/cõme a vng tas de ieunes gens q̃ nont sciẽ/ ce ne q̃ vne beste/cest mieulx leur charge q̃ a lasne q̃ est tant charge. Ilz ne sceuent cest deshõneur ⁊ vo⁹ en rendre cõte/⁊ ny a ne sy ne qua/silz font mal leur cas: vo⁹ en estes ꝑticipãs. Dõnes vo⁹ beneficez aux gaudisseurs q̃ auãt q̃ leur reuenu soit escheu est mẽge. Et quãt ilz nõt plus q̃ viure ilz sont entretenãt symonie/faisant des couẽtiõs/pactions/ꝑmutations/dessoubz fiction/faisant maniere de chãger/ moyẽnãt q̃lque pris/leurs beneficez ainsy baillent/⁊ cest bien fait sans nul mal/ heur se dict ilz. Tout ce vent a brief dire/pour entretenir les grãs estatz / ieux/et pour leurs paillardes maintenir/⁊ aultres maulx font sans cõparaison. Toute male foy en eulx regne ⁊ infidelite/despuis q̃ symonie les tient en bride en ceste vie q̃ sy peu dure/se sont quasi dõnez aux dyables/car ilz ne se peuuẽt repẽtir tant sont acoustumez de ce faire. Hellas le tẽps iadis des sainctz euesq̃s q̃ ne vouloyẽt prẽdre la charge nestoyẽt pas telz/car le plus sainct estoit eslut/⁊ maintenãt q̃ est le plus ignare quãt il a benefices pour en donner a chũn vng lopin. Encores pis sans election veullent auoir mittre ⁊ baston pastoral. O symoniacle se tu auois vne maison pour congreger tes cõpaignons tu en aurois beaucop en nombre En ce faisant plusieurs au mõde attendẽt les prebẽdes viles de pluto dieu des infer/

Actuũ.viij. naulx/car telz gens sont pour le seruir.

i.q.i.petrus. De ceulx qui desirent de iour en iour eulx amender.

xc.q̃ studet. Qui du corbeau ensuit les chans
iiij. regũ.v. Et dit ie mamendray demain
Scet en luy des vices meschans
Et toutesfoys est nice ⁊ vain
De samender soit bien certain
Que ces vices le meneront
A malheur ⁊ le dampneront.

Ans tarder ne crier cras cras venes acouster ma lecon folz endurcis et

s ostinez en voz malices/ne tardes point vo⁹ ꝯuertir a dieu sans differer de iour en iour/car son ire viẽdra soudain ⁊ te enuoyera au feu denfer/

Eccle.v. tu fais au iourdhuy bõne chere ⁊ tu pourras demain morir. Le createur dõne gra

Psal.xciiij. ce a celluy ⁊ ꝑdõne ses pechez q̃ se delibere damẽder sa vie ⁊ nettoyer sa cõscience.

Ad heb.iij. Toutesfois il est ostine ⁊ a le cueur tout endurci ⁊ ne peult issir ꝺ son erreur/mais

Luce.xii. le temps brief luy vient si mal que a grãnt peine puist il viure iustement. Car

il a vescu en felicite/⁊ main/tenãt faire le ɔtraire est diffi/cile selon nature. Soit bien ou mal/coustũe ne prent nou/ueaulx ritz. Chascun dit de/main demain ie me amende/ray/⁊ iamais mal ie ne feray Mais male ꝑseuerance q̃ les ensuit de ce corbeau q̃ dit cras cras ie feray mieulx. Hellas ainsy est il du fol cuidant vi/ure cõme deuãt La mort est a sa porte a toute heure/la vie est briefue quant il plaist a dieu/car tu ne sces pouure pe/cheur se tu as terme iusques a demain pour te cõuertir. Cõ/uertis toy au iourdhuy ⁊ te purge de ton peche sans attẽ/dre a demain. Au iourdhuy no⁹ cõmettõs tant de maulx et gardõs/⁊ diceulx sommes seruiteurs ⁊ ne les poũs enga/der. Et vertus que deuons hõnorer/mesprisons par nostre folie ⁊ ꝑ les vices dont sõmes plains. Et sy vng grant peche no⁹ viẽt deuãt les yeulx/⁊ apres en souuiẽt aulcunesfoys le cõfessons mais differõs no⁹ repẽtir chãtãt cõe fait le corbeau. Ainsy no⁹ ꝑdons nostre tẽps et ou on nest poĩt cõuerti la mort no⁹ prent/q̃l desplaisir/car aller fault en ce gouf/fre infernal ⁊ a iamais endurer mal. Quãt on cõgnoist quon est blece/on voul/droit bien auoir mieulx fait/mais a lheure on ne pourra. O pouure fol q̃ na fait nulz biens/⁊ q̃ vois ton cours aller plus vite q̃ le pas sans auoir fait nul fruit en ce monde. Se la mort ta prins ⁊ destruit/cest tresbien fait: car debõnaire na vou/lu estre en ce monde/ne seruir dieu le createur. Et toy q̃ vis encore nayes la vou/lente si vile au tẽps passe ou tu as mal vescu ⁊ ten repẽs querãt ꝑdon a ihesucrist car il est tãt misericors q̃ voulentiers le te dõnera si de bon cueur le requiers ⁊ ne attens pas iusq̃s a demain/puis q̃ au iourdhuy tu le peuz faire. Et si ainsi fais tu peus acquerre le royaulme de ꝑadis. Mais se tu chãtes cõe fait ce corbeau disant cras cras. Saches de vray q̃ la mort est soudaine/⁊ q̃ le tẽps de tamender tu nau/ras pas/parquoy aller il te fauldra au puãt habitable auec les dyables denfer.

cõsuetudo est altera natura. no. glo. ff. de libe. ⁊ post hu. l. si q̃s suꝑ vso cõsuetudo. l. nulli. ff. q̃dõ q̃s q̃z in. i aste. sta.

Eccle. v. v. xxvij. Ouidius Esa. lvi. Jaco. iiij.

Eccle. x. Mat. vi. Luce. xii. Esa. xxii. i. corit. xv.

puer. ix.

¶ De ceulx qui veullent garder femmes.

¶ Du fol beaucoup ie me merueil
Qui gette au puys vuydant de leau
Et qui au soleil sappareil
Garder pulcez/or est plus beau

Cellup ⁊ treuue non pareil
Qui tousiours doubte de sa fẽme
La gardant/quel ne chee en blasme

e Vader ne pouuez
folz ialoux que ne
soyes en la nauire
des plus auant/ pource lisez
ceste escripture qui cõprẽt vo
stre passion/ car il nest chose
quasi plus difficile a parler q̃
mauldicte ialousie. Car se y
faulse suspectiõ elle prẽt lõde
en la teste/ il est pis q̃ a pdre
le sens/ a bien le iugemẽt doit
remettre. Il est plus facile
garder les pulcez au souleil/
q̃ garder vne femme de mal
faire Celluy est fol & plus fu
Juuenalis rieulx q̃ borrestes qui prẽt la
garde de sa fẽme(car la gar/
de en est bien vaine) et qui en
saty. vi. est sy fort ialoux quil en perd
Eccle. vii le boire & le mẽger & tremble
Nũeri. v de peur q̃lle ne face chose vi/
laine. O fol tu pers ton tẽps
Ec. xix. et ton estude/ car en la fin pis
Juuenalis en fera. Ferme la porte a bon
puer. xxx ne clef/ restrain son mauluais courage/ ne la laisse point aller en plusieurs lieux.
Aye bon chien qui la nuyt veille/ iappãt criant a tous costez/ & aultre garde en ta
maison. Mais aulcunesfois il aduient quãt les gardes sont dehors/ q̃ la gardera
Ec. xxvi. de saillir(toy) non/ car vrayemẽt elle sabandõnera/ cela vient de nature/ & ny a sy
bõne fermeture q̃ la puist tenir leans pour tenir q̃ sa chastete ne macule Mais la
puer. xx. femme qui veult tenir hõnestete delle mesme/ gardera tousiours foy & loyaulte
en mariage/ telle fẽme on ne doit enfermer/ mais tousiours bailler bonne doctri
Danes ne. Danes estoit pucelle & pour la garder elle fut mise en vne tour q̃ nul ny pou/
Ovi. iii. noit aller. Jupiter ce cõgnoissant fit plouuoir & se mua en vne goutte de pluye de
micha. fin or/ & cõme ceste belle danes estoit a la fenestre/ ceste goute dor cheut en son gi/
Penelo. ron/ puis iupiter se mua en forme humaine/ & fut p iupiter ceste pucelle desfloree
Horatius en ceste tour. Penelopes femme de vlixes neust oncques copulation dhõme aul/
in odissea. tre q̃ de son mary. Et quãt vlixes fut en bataille/ elle fut tellemẽt en adultere q̃
Ovidius son mal ne pouoit taire. Mauluaise fẽme na que faire de partir de sa maison/ af/
i eplis his. fin quelle ne voye en la fange. Mais ce quon luy cõmande/ elle fera tout le con/
traire. Et certes il est villain a vne femme quãt elle nobeist a son mary. O fem
Ec. xxvi mes ensuyues bõne vie & chastete auec bõne renõmee. Des hõmes fuyez la com/
Seneca paignie/ & de ses vieilles macquerelles quon en doit faire du feu/ & pleines sont de
in decla. mensonges pour decepuoir fẽme de bien. Fuyes les occasions de mal parler sur

+ vous/⁊ vous autres tousiours bon los ⁊ pris. Jamais helene neust este raupe se
elle neust creu ce q̄ paris luy dist/car elle creut ses parolles deceptables/ mieulx
luy eust valu fermer ses oreilles q̄ de croire telles polles. Pource fēmes iamais
ne vo⁹ abuses aux polles des hōmes/mais resembles au serpent/q̄ quāt lenchā/
teur le veult prendre il mest son oreille ꝯtre terre/⁊ du bout de sa queue il estoupe
lautre/affin ql ne oye les enchātemēs:⁊ par ce eschape. Mires vous y femmes
q̄ desires bien viure ⁊ vo⁹ en acquerres bon bruit. ¶ De adultere.

Helena.
Ouidius in eplis hiere.

¶ Lhōme est fol q̄ sans dormir veille
Et deuant sa face ⁊ ses yeulx
Met ses doigtz faignāt qui sōmeille
Et voit sa femme en plusieurs lieux
Dabandonner/daultre le mieulx
Et de la chaste ayme lacueil
Jeu fraudeleux deuant son oeil.

t oute la nef est qua/
si plaine de adulte/
rez ⁊ cōcoquus pour
ce sans seiourner venes icy
hastiuement ⁊ vous verres
vne satire q̄ vous sera moult
proffitable. Pouures maris
qui cōgnoisses le mal de voz
fēmes ⁊ le souffres/ vo⁹ des/
prises bien mariage:on vous
doit lapider. Et vous adulte
res tāt hōmes q̄ fēmes q̄ vio
les le sainct sacremēt de ma/
riage ouures voz oreilles ⁊ a
coustes ce q̄ ie dis. La chose
est vile miserable ⁊ infame
dauoir prins lordre de maria/
ge ⁊ faulcer sa foy puis apres
La chose est digne de grāt re/
prehension. O loy dadultere
tu es ia bien habandōnee/car
iadis on te maintenoit cōe on
trouue en lescripture. Mais
maintenāt helas on fait tout
le ꝯtraire. Tu es chasse ⁊ deboute/dieu quel scādale. Lhōme ne tient sa foy/aussy
ne fait la fēme ceste loy/cōbien q̄ ensemble soyēt liez de diuin lien. Ce nonostant
la grāt misere dadultere suyuent ce vice. Et q̄ est chose trop a reprendre de la fem
me daultruy/on fait a son plaisir sans en auoir honte nullemēt/car iustice ne pu/
gnist de pierre ne despee/⁊ pour ce faire nont nul tourmēt Hellas hellas ⁊ plus q̄
hellas. O pouure loy iulye defaillye est bien ta vertu. En vigueur tu estois ia
dis ⁊ par le bon cesar maintenue. Or es tu maintenāt brisee ⁊ forclose (quel hor/
reur) Je te prie viens cy sans fiction estendre ta fortune viue/ affin q̄ chm̄ puisse

xxxij. q. vij. quid i olb⁹.
Sapiē. iiij
Ad rom̄. ij.
Hiere. xxix.
Sene. de ira valeri. li. iiij
prouer. xxij
Jacobi. i.
Eccle. xxx.

Juuenalis vi. saty.
Leuiti. xx.
Deuter. xxij
ff. ad. l. iulia de adulte.

e

boire a les ruceaulx amenieulx ⁊ diceulx daulcuns ont la fosse/ou inmodicite seuffre/⁊ la soustiennēt ou mains paillars sengloutissent/⁊ quāt ilz sont dedās/de fain et soif perissent/⁊ celluy q en a le gouuernemēt cōbien q assez voit ⁊ regarde ⁊ q y veille souuēt/neautmoins eslargist ses doigz deuāt ses yeulx faignant quil ne voit hōme ne fēme. O pouurez maris insensez q cognoisses la vie d voz fēmes ⁊ cōmēt elle est osee maculer sa vtu pudique/pouure follastre q telle chose souffre sans en faire mention tu participe au mal fait. De listoire atreus lisons q fit tāt de maulx a son frere/lequel apres ql eust pille le expulsa du royaulme/⁊ luy fit menger en exil ses troys nepueuz/⁊ fut pource ql auoit cōmis adultere. O quel douleur fut quant tarquinus viola lucresse/⁊ puis aps elle se tua/⁊ fut tarquinus et son pere de rōme expulse. Et aussy de virginius q voulut garder sa fille de stupration/⁊ lesnader de Dalpius entre ses mains le tua deuant les rommains lequel aimoit mieulx lhōneur de sa fille q chose qui fust en ce mōde. De semblables a claudius alpius a plusieurs p le mōde. Ha adultere nul ne se doit fier en toy/de toy procedēt tous maulx. Tu nourris ire ⁊ dampne lame/ostāt du mōde la vie. O pouurez viuans ne soyes telz/mais viues hōnestement/et gardez vostre foy sans maculer la digne ordre de mariage Et p ainsi vo' seres louez du monde ⁊ de dieu aymez/⁊ acquerres la vie eternelle.

Juuenalis c. quēadmodū de iu. iu.

De adul. et stup. c. si vir ettra.

Atreus xxxij. q. v. c. si qs vxorē. qz patron9 est turpitudinis q crimen celat vxoris. xxxij. q. i. c. s ⁊ d iu. iurā. quēadmodū ⁊ d adul. lxj.

Pro. xviij.

Sene. i ethimologia

ff. ad. l. iuli. de adulte. l. stupor

xxxij. q. v. c. lucretia.

Virginius

Claudi9 alpius

Va. vanus ad nutū tra his oia: tu fera, tu ceca cecis, tu ianua leti corpora tu maculas aias i tartara mergis.

C. d adul. l. gracchus

Prouer. vi.

De celluy qui est fol en tous temps.

Vng pouure fol est inscauant
Qui pense auoir grant richesse
Et daulcun bien il nest scauant
Ne des bonnes meurs ne sappresse
Et dicelles ne vault ladresse
La maleureuse voye demeure
En lestat ou tousiours labeure

Sueilles voz esperitz gens ignares ⁊ folz en tous tēps. Sy vo' voules cheminer p la voye vtile/il vous fault laisser le chemin inutile/affin q puisses laisser le grant horreur la ou vous estes. Telz folz cōe vo' estes voyent beaucoup de biens/⁊ oyent beaucoup de nobles sciēces. Tant la sacree theologie comme loix ⁊ decretz sainctz/⁊ des peres les sainctez viez/ lestude

Prouer. xv. et. xvi.

Ora. i eplis

de vraye fontaine plaine de sciẽce (beaus faine) ⁊ cõbien q̃ plusieurs disciplines et doctrines voyent/ ⁊ nonobstãt ne la veullent prẽdre/ car ilz voyẽt trop au specta/cule du monde suiuãt les grans ieux/ en ensuiuã plusieurs lieux ⁊ placez deshõne/stes/ ilz ne veullent scauoir nulz beaulx enseignemẽs q̃ leurs soyẽt bons ⁊ prouf/fitables. Ilz ont les courages sy folz q̃ quãt ilz vont en q̃lque riche maison ilz sou/haitẽt les biens estre a eulx: tãt sont rẽplis de vanitez. Cest le plaisir des folz de desirer ce q̃lz voyent beau/ ⁊ leurs plaisent choses nouuelles/ cõme gens de pays estrãge/ car ilz courrẽt tousiours apres. Ilz vont en plusieurs pelerinages/ cõe a cõme pour veoir les miracles/ en solyme/ assyre/ lybie/ aux royaulmes mẽphili/

Seneca pe/grinatio nõ facit medicũ et nulla pars discit loco.

tiques/ piramides/ attiques. Touteffois de tous ces lieux estrãges naportent rien pour leur hõneur ne louẽge/ mais reuiẽnent plus folz que quãt ilz partirent. Puis que ainsy est que ne scauons cõprendre quelque chose hors noz mai/sons/ ilz nous fault mettre de apprendre q̃lque chose en icel/le/ ou faire cõme platon qui fist querir en plusieurs lieux hõmes saiges ⁊ prudẽs/ pour acquerir deulx grant science. Telz folz sont cõme loye qui volle en plusieurs pais/ ⁊ re/tournent tous insensez/ plus folz quilz nestoyent deuant. Pource folz ostinez q̃ toute vr̃e vie auez estez vicieulx pensez au moins de vous a/mender/ affin que vous puis/sez acquerir la gloire ⁊ le roy/aulme de paradis.

Eccle xxix. Ad he. xiij. hora. i. eplis

plato v̄ quo hiero. in p̄logo biblie. Pro. xxxvi. Luce. xv.

¶ De courroux qui procede de petite cause.

¶ Qui poing son asne sans mesure
Sans fin ⁊ tant que cest merueilles
Et le faire courir labeure
Est digne porter grans oreilles

Des indignations pareilles
Doit auoir lame dispensee
Car brisent vertus de pensee

Ne faillez point vous presenter en nostre nef folz q̃ vo⁹ courroucez de
n petite chose/ vostre ire vous empesche le courage tellement q̃ vous ne
pouuez regarder chose vraye ⁊ ne parlez si non de crime. Entendez a ce Sen̄. de ira.
q̃ ie dis/ ⁊ vous pourrez cõgnoistre la follie q̃ vo⁹ tient. Le fol sur cest asne mõte Vale. li. iiij
⁊ se courrouce pource q̃ son asne ne chemine vitemẽt/ il en crie ⁊ se tẽpeste/ ⁊ sy est Pro. xxij. Iacob. i.

xxxij.q.vij. bien petite chose/car chescun cõgnoist bien que lasne est parceulx. Il crie & brait &
ouid i oib⁹. ne dit pas vng mot ou il y aist raison. Il est plus fumeux q̃ nest vne grasse chemi
Sapiẽ.viii. Ad rom.ii. nee. Il ne mitigue point son ire. Il sesiouist en son cueur de se veoir ainsy courrou
Hier.xxix. ce/pource q̃ le peuple le doubte/& nonobstãt il luy semble ql est tenu sage/cõbien
Persius. ql soit fol parfait & foible du cerueau/plus estourdy q̃ vne mulle saulnaige. Il a
Prouer.xx. mauluaitie cõfite/& pense quon ne veit iamais daultres folz/& desire auoir oreil/
les dasnes. Le sage fuist ceste ire mauldite de dieu bãnye. car elle tue lentẽdemẽt
Archias et lhõme q̃ est bien legier le rend pesant cõme vng asne. Nous lisons darchias le
sage qui fut de noble parente/de la cite de tarentine/cõbien ql fut fort trouble en
son cueur pour son seruãt quauoit peche/neautmoins sa grande cõstance le refre/
plato. gnist cõtre son serf/& luy pardõna sans luy faire aulcun mal. Semblablemẽt de
Socrates platon/de socrates/& daultres anciens clercz/q̃ leurs mauluaises voulentes tour
noyẽt en bõtes/ & ceste ire trop oultrageuse mettoyent hors de leurs courages. Ilz
prouer.xxi. auoyẽt bõne raison/car ire fait souffrir tant de maulx/miseres/& peines. Et par
eccle.xix. ceste ire quãt deux psonnes sont courroucez qui par auãt estoyẽt amys/seront en/
nemis/q̃ est asses pour les destruire/tant des biens q̃ du corps/car le sens naturel
xi.q.iii.c. macule. O peche tu es trop cruel/car tu fais perdre le sens cõe p ire lon se desbri/
ira. de/& sil vient quelque malheur ou passion dolente/les sages le portent pacifique
v.q.ii.re/ ment/car ilz sont garnis de vertus. Mais les ireux q̃ ont la voulente sy fiere/&
latũ.&.c. ne se chastient ne corrigent/desquelz p leur oultrecuidãce ont leur enfer au mõde
seruetur. cõmunemẽt pretendãt venir a malheur. Le sage & pacient en cueur prenant tout
puer.xxii mal en paciẽce corrigant son mauluais courage. Amendes vous ireux sy vous
et.xvii. voules acquerir gloire. Et vous aultres prudẽs & sages laisses les asnes pesans
Job.xxx et prenes les legiers & mõtes dessus affin q̃ mieulx les induises. Et vo⁹ folz lais/
vi. sez ces bestes paresseuses/lesquelles vous sont/ ire/ peine/ & courroux en toutes
Pro.xii. saisons.

¶ De la mutabilite de fortune.

Ecclé.vii

¶ Celluy q̃ espoire hault monter
Sur la roue dame fortune
La veult tourner & remonter
Pource quil a trouue opportune.
Sy en tout temps forte vne
Elle est/ il doit auoir grãt doubte
Que soubz la roue ne le boute.

Esriglez folz q̃ estes au plus hault de la roue de fortune/ cuides vous
tousiours dominer. Et toy fol q̃ descens/& laultre q̃ cuide mõter/ estrai/
Eccle.x. gnes ceste main tant soudaine q̃ fait mõter/puis soudain descẽdre. Arre
i.math.ii. stes vous & lises tout au long la description de fortune. De ces folz en ya par le
puer.xiii monde/lesquelz ont des biens largemẽt/par ce qlz sont haultz en la roue de fortu/
Sene.ii ne q̃ les vire soudainemẽt & les fait chepir en vne fosse. Les aultres ont veu de
Her.fur. monter pour acquerir mondanite/& sont cõme escurieulx grippãs pour venir au
claudinus plus hault/ceulx cy veullent auoir grãt hõneur/affin qlz soyẽt plus notables/et
de pen.di. ne pensent point a la mort/q̃ a vng coup iette a bas fort & foible. Il aduient souuẽt
ergo i glo que quãt fortune les a nourris/quelle les laisse en grant moleste/cest son final &
Pro.xvii dernier reste/car la mort les assault de pres. Sil a tresor en son coffre/las q̃ luy
vault il/car apres la mort on ne scet ou on doit aller. Deuãt ses yeulx vient scien
Horatius ce qui lexamine des vices miserables luy remõstrãt la peine denfer. Cõsidere q̃

par fortune toutes choses perissent sur terre/et prenēt fin
par droicte nature/q̄ furēt sy
belles & bien formees/& par
vieille qui sur chūn domine.
Qui est celluy q̄ a voulu don Seneca in her.fur.
ner a la grant/affin q̄ delle a-
seure certain tēps Qui est cel
luy sy grant seigneur a q̄ fortune veulle promettre q̄ ne la
laissera cheoir en dāger. Il ny
a celluy/car elle est muable.
Noz poures vicez sont entre Martialis.
les mains des furieux. Cōe
Lathesis de ses mains file
vng fil ou la vie nous est ten
due/affin q̄ viuons longue- Cloto
ment/Cloto tient la quelon-
gne/mais Atropos messagie Atropos
re d̄ la mort trop infidele rōpt
le fil. Lathesis nous paist de Lathesis
miel & fait tumber la pourre
ame es enfers auec les damp
nez Aussy cesar fut prins sou Iuliuscesar
dain de la mort estant en son palays present les seigneurs petis & grans. Il estoit
moult puissant quāt il regnoist a rōme fortūe luy fauorisoit. Mais en la fin luy
fut sy tresdure q̄ luy qui estoit sy tressage/sa cheuāce luy fut ostee/& desuetu de son Tulius in of.
empire. Ha fortūe tu es la plus diuerse de toutes aultres/car tu dōne regne a aul Eccle. xx.
cuns/lesquelz vont tremblant de peur q̄ tu ne leur face chose cōtraire. Tu viens
amieller soubz couleur de bien dung ongnemēt de traison dōnāt a aultruy de tes
biens q̄ les as ostez & nont rien/ainsy chūn sers de tes metz/les plus grans sont
les maindrez/& les maindres sont les plus grans. Et quāt les biens elle a oste cel Sapien. vi
luy pouure nest de nul ayme. Ce sont les retributions q̄ tu dōnes dame fortune. Eccle. xxi.
O mes amys ne soyes point sy abusez de prendre les biens de fortune/car se vo9
auez des biens delle & vous estes en sa roue le plus hault/quant dieu plaira ferez
le sault/beaucoup plus bas q̄ ne vouldres/& vous seres de tout point desmontez.

¶ De limpascient en maladie.

¶ Sy le malade est opprime
De maladie en son corps
Et dangoisse asses fort prime
Qui encore ensuit les recors
Du bon medecin et accors
Ne veult/sy apres a douleur
Cest bien fait/car cest bien son eur

e Ntre vous folz im
paciens q̃ ne croyez
les opiniõs des me
decins mires vo⁹ cy ⁊ vous
pourres cõgnoistre q̃lle fosye
souuẽt vo⁹ tient. Qui gist en
maladie ⁊ est fort decheut/ et
ne veult croire le ↄseil du bon
medecin/ q̃ sont pour ↄtregar
der/moyẽnãt lesq̃lz il auroit
sante/ ⁊ veult faire a sa vou/
lente. cõme quãt on luy ordõ/
ne boire bon vin/ il veult boi
re de leaue q̃ luy engrege la
maladie/ ⁊ prent aultres cho/
ses q̃ on luy deffẽd ⁊ ne veult
faire chose quon luy dye/ ne
de p̃sõne endurer Et tout fait
affin q̃ plustost soit en terre/ ⁊
pour le vo⁹ bailler a entẽdre
il veult retourner tost en cen
drez/ dont il vint p̃mieremẽt
Et ne fera plus d̃ molestatiõ
pour medeciner sa teste. Dõc
sy tu veulx estre guery fais ce q̃ est necessaire/ affin q̃ ap̃s tu nayes maladie q̃ soit
forte. Car le scintible q̃ se part du feu au p̃mier lieu se prent/ aulcũesfoys flam/
boye q̃ estoit petite au p̃mier. Pareillemẽt vng fleuue croit pour plusieurs petis
ruisseaulx q̃ sassemblent ensemble. Ainsy est il de maladie quãt elle cõmẽce a re/
gner p̃ petis croyssemẽs/ ⁊ pour euiter grãt tormẽt/ mõstrer fault la playe au me/
decin/ affin q̃ plutost on soit sain/ car on oste toute pourriture p̃ tost y remedier/ et
quãt viẽdras au medecin ton mal luy diras sans celer rien tãt te soit le mal aspre
et cruel/ affin q̃ ta playe guerisse/ ⁊ de ton mal nen scelle rien/ car tu serois en grãt
dãger ⁊ peril de mort. Pareillemẽt se tu vas a vng prestre pour toy ↄfesser ⁊ luy
desclairer ⁊ dire mains gros pechez lesq̃lz tu as fait. Sy tu veulx absolution q̃ te
puist valoir dis tout sans rien garder/ car tu mettrois ton ame en dãger. Aussi est
ce grãt hõte de demãder vng medecin expert/ ⁊ tu nas aulcune voulente de croire
ses raisons ⁊ cõmãdemẽs Tu croiras plustost vne vieille enchãteresse ou sorciere
q̃ dõne vng breuet/ ou tout son fait est en herbe vine/ ⁊ cõe il te plaist tu taste d̃ son
doig poulceux dessus ton corps ⁊ ta poictrine q̃ alauẽture tengendre male sante se
tu la crois ce nest pas signe q̃ tu veulles estre guery Et metz ta vie en grãt dãger
p̃ croire telles vieilles. Pource sy vo⁹ voules guerir/ ne croyez q̃ le bon medecin
Car sy vous faictes aultremẽt vous seres en danger de perdre le corps ⁊ lame.

Hol. in. c. ad aures. d̃ era. ⁊ q̃li. ⁊ q̃ or.

Ecclesia. x. ⁊ xxxviij.

Boetius Iuuenalis Persius.

Ec. xxxviij. Eccle. xviij. Oui. de re. amoris.

Eccle. xxxi. Boeti⁹ d̃ cõsolatiõe philie. Ec. xxxviij.

i. thimo. iiij

¶ Des consultations trop apertes.

¶ Qui dit en publiq son vouloir
Tend ses rethz deuant ses oyseaulx
Et fait a chescun assauoir
Son secret/ & ses faictz nouueaulx

De telz gens nomplus q̄ de veaulx
Destre deceuz vous nauez garde
Car dicculx on se contregarde

Veurs endormys
c folz/ metz/ bien es/
tez abusez de vou/ Esop⁹ i epo
loir dire vostre pẽsee a ceulx Prouer. ii.
q̄ vo⁹ voulles trõper/ entẽdes Ouidi⁹ de
q̄ est escript cy aps̄ sy voules re. amoris
bien viure. Qui pretend pré/
dre oyseaulx aux chãps/ sur
leaue ou au pres/ & tend ses
rethz euidãmẽt sans les ofu/
squer/ nul oyseau ne prendra/
car iamais loyseau ne se met
tra dedans la rethz pourtãt q̄
la voye Aussy celluy q̄ publi Glo. in cle.
quemẽt menasse de tuer & ba pastoralis
tre/ ne ouseroit assaillir vng de re iudi.
chien & naq̄ le plait/ dõt il tou
che lhõneur de chm̃/ & voulen Prouer. x.
tier parle trop & dit son secret
incõtinẽt & manifeste son cou
rage/ tel hõme est pour fol re Pro. xviij. &
prouue/ car de luy on se garde xxvi.
ra de peur destre deceu. Mais
celluy est sage repute qui ne
met poĩt son vouloir au vent
et ne declaire son secret a aultruy. Et ne se vante iamais de ce ql̃ a afaire/ mais
tient son secret ꝑticulier/ & ne dit mot iusq̃s au fait de ce ql̃ veult faire/ touchãt le
salut d son ame/ ou aultres choses d ses affaires. plusieurs gẽs sont souuẽt deceuz
dung grãt tas adulateurs q̄ ꝑ belles polles tirẽt le secret des gens. Par fort flater hora. ĩ eplis
ilz ont blãdiz maintz seruiteurs/ affin ql̃z puissent scauoir les secretz de leurs mai
stres. Dont il en vient souuẽt grãt mal. Au moyen de quoy ie veulx dire q̄ celluy Prouer. xi.
q̄ cele son secret est sage/ & est digne dauoir hõneur. Quatre choses sont q̄ iamais Eccle. viij.
on ne doit celer/ le chemin/ le secret dung hõme sans sens/ vne cite sur mont ꝯstrui Ma. h. v.
cte/ & la folle ꝯduicte dũg hõme q̄ est prins damours. Mais laboureurs & poures
gens q̄ sont to⁹ nudz peuuẽt celer leur cas/ mieulx q̄ ne font ces riches bourgois & Ouidius.
marchãs/ desq̃lz volle la renõmee/ desq̃lz quãt on scet leurs faitz/ leurs maisons Juuenalis.
sont mal nõmeez/ car on cõgnoist patẽtemẽt q̄ leurs biens viẽnẽt ꝑ trõperies. Au Virgi. iiij
moyen de quoy on ne doit dire son secret iusq̃s a ce quon le veulle mettre en effect eneí.
Et iamais a seruiteur on ne doit dire son affaire/ car aps̄ on se tient subiect a cel/
luy a q̄ on la dist. Qui veult viure sans doubte/ a aultruy ne doit dire sa pensee.

¶ Cõmẽt on doit estre sage par lesperiẽce du mal quon voit faire aux folz.

Felix quē faciunt aliena pĉcl'a cautū casus documētis correctio sit sapientis.

Qui voit des folz la grant ruyne
Et leur tumbement tout soudain
A lexemple de ses folz/sil ne
Se donne garde ⁊ a dedain.

Mettant son corps ⁊ ame en vain
Chemminant la voye non droicte
Sen follye choit cest sa boite

x

Egir se doit lhōme sage ꝑ la ruyne des folz/pource sages ⁊ folz venez ouyr cest enseignemēt q̇ voꝰ peult estre prouffitable. noꝰ voyōs toꝰ les iours le cas des cheutes ⁊ tūbemēs des folz/⁊ en cheāt ilz se blessent/⁊ noꝰ en riōs/ aussy font ilz eulx mesmes. En toꝰ tēps ilz se iouent ⁊ rien nappienēt

Pro. iiij. ⁊ xv
Pie. vi. ⁊ vij.

Telz folz sont desprisez des sages. Car ilz veullent trop hault mōter/⁊ sy portēt chappellet sur le frōc. Lūg accuse lautre de vice/ cōbien ql soit tout plain d̄ crimes disant parolles iniurieuses plaines dopprobres sortant de son ventre ⁊ cueur/sans pēser q̇ a la fin luy doit restituer son honneur/ou aultremēt il sera expulse du hault regne cōe infame sans espoir auoir de ꝑdon

Eccle. xxv.
Eccle. x.

Qui dixerit fratri suo fatue reꝰ erit gehēne ignis. c. cū ex iniuncto de here. extra.

ne. Hellas toy q̇ dis telles polles/tu ne regarde pas ql en peult venir. Se tu lisoys ta cōsciēce/tu cognoistrois ton oultrecuidāce. Et ꝑ ainsy tu cōtinues en grās erreurs/tu te metz en la cognoissance de ruyne. Se tu scauoys lorde bruyne q̇ te attent/tu te garderois de mal dire/en ceste bruyne cheent plusieurs/on voit lexēple ꝑ les folz/q̃ lon voit peritz ⁊ mors/pourtāt vueille toy chastier. Or me dis fol pourquoy tu chez quāt tu voys de bien ⁊ de mal le choys/⁊ les exēples des mauluais/⁊ tu vas leur chemin ou tu fais ta destruction. Toy q̇ veux viure ꝑ exēple corrige toy ꝑ aultruy ⁊ tu seras tenu pour sage Vng aueugle ne peult aymer lautre/mais le diffamēt/⁊ aulcuneffoys ilz meynēt lung lautre ⁊ cheent toꝰ deux en vne fosse/pource qlz nōt aulcūe guide Hellas q̃ la chose est amere quāt on ne suit point bons enseignemēs de sa mere. Et sy voꝰ faictes le ꝯtraire ie voꝰ dis q̃ voꝰ eslisies droicture/puis q̃ voꝰ estes de sy mal affaire/certes voꝰ aures vne marrastre dure ⁊ cruelle Et q̇ ne suyt aussy son pere en ses cōmādemēs/⁊ mal luy prent cest bien fait/car il ne prēt poīt le droit chemin q̃ tient le pere. cōe pheton q̇ menoit le char du soleil/ꝑ ce ql ne accepta point le ꝯseil de son pere/fit brusler vne ꝑtie du ciel ⁊ d̄ la terre. Et fut ꝑ son oultrecuidāce/pareillemēt dedalus cōposa vnes helles

Johā. xvij.
Ecclesia. j.

Math. xv.
Luce. v.
Esopus in apo.
Ec. iij. ⁊ xli.

Pheton.
Tuliꝰ in of.
Oui. ij. met.
Dedalus

pour luy & pour son filz Icarꝰ/puis luy dist la haulteur quil deuoit voler/cest assauoir ne hault ne bas/& quil ensuyuit son pere. Et quãt icarius se trouua sy legier/il volla hault/tellemẽt que le soleil fondit la cire des heles/& cheust en la mer. Mais ensuyuirẽt le cõseil de leurs peres. Car ieunesse ny pouuoit obeir. Soyes sages entre vous aultres & croyez bon conseil. Et vous voyes quelcun cheoir en dãger euites la ruyne affin que voꝰ soyes de bõnaire. Le sage iamais ne passera par vng dãgereux pessage. Se on voit cheoir vne beste dauẽture en vng mauluais passage iamais on ny doit passer. Se nous voyõs vng sot qui se baigne/& dauẽture il se noye/ne lensuyuõs pas pour tant/mais prenõs exẽple de point faire cõe il a fait Car bel le doctrine prent en luy qui se chastie par aultruy. Pecheurs chasties voz courages en ensuyuãt les sainctez gens/affin que au royaulme de dieu puissons auoir vraye demourance.

Icarius. Ouidi.viii. metha.
Prouer.xv. et.xxviii.
Eccle.xi. Esopus. hora.i eplis

¶ De nõ auoir cure des detractions & vaines parolles dung chescun.

¶ Sen lieu du dur & fort batail
Aulcun met queue de renard
En la cloche & de ce mol mail
La face sonner au regard
Cest vng fol & est plus sotard
Dauoir cure a toute parolle
Que chascun dit vaine & friuolle.

ENtẽdez en folz fantastiquez qui vous fondes en voz opinions & qui penses plus faire que ne poues. Saches que celluy qui appete bien viure en tout soulas & vie mondaine: en bon espoir sans cure de toutes parolles vaines/mensonges & friuolles soit de sa bonne renõmee quon dit quil na point ayme/ou de plusieurs aultres parolles nen tient cõte/mais il exaulce ceulx qui dient telles parolles. Celluy qui veult par orgueil surmõter aultruy/ne sera a nul agreable. Mais doit souffrir ce quil oyt dire sans en prendre courroux en soy. Aulcũs ont voulu despriser le monde qui aloyent les voyez cherchant des lieux estranges. Ceulx en furẽt les haultz sages qui eslirent les plus seures voyes du monde/lequel ord est vil/& nya ne foy ne loy/par quoy plusieurs ont laisse les villes & citez/cõpagniez fierez/mondani

Psal.cviii. Pro.xxiii. Sapien.ij.
Ad phi.ij. Prouer.xiij et.xviij.
Ad heb.xi.

Jona. xv. tez haultainez/biens ꝛ richessez/lesquelz ne vouloyẽt ceste chose entretenir/mais
Sapien. xi. mener vie solitaire. Ce furent les sainctz/pource vous aultres se voulez mener
vie saincte ꝛ iuste ensuyues les/ꝛ vous acquerrez le royaulme des cieulx. Et ne
ayes point en souuenance sy pour vostre bien le monde vous blasme ꝛ dit main-
tez iniures/ne ayes en desdain leurs molestations ꝛ tẽpestez. Sy les anciẽs noz
haultz peres neussent souffert les vituperes ꝛ grandes molestations/suyuir les
Suyri pphe bons ꝛ iustes documẽs de dieu/leurs tiltres ne fussent escriptz de grans louẽges
Psal. lxij cõme ilz sont. Se on vous dit q̃ vo⁹ estes aussy vertueulx q̃ les sainctz sy ne plai
Sapien. vi. res vous point a vng fol. Et sy vous voulez bien seruir vous serez preferez et
Eccle. viij. aymez ꝛ reclamez en noblesse/ꝛ pour bien ce seruice faire il cõuient estre de bõnai
re/doulx ꝛ pacifique sans cõtre aulcun murmurer ꝛ esueiller vostre cueur/ꝛ se
Ec. xxxvij. ainsy faictes des saiges vo⁹ serez aymez sans cõtredit. Ne laissez point pour telles gens q̃ dient mal des biens seruans ꝛ tousiours bien faire quelque chose q̃ le
i. corin. iij. fol contredie/car le mal disant souuẽt se repent dauoir mal dit. Au monde ny a q̃
toutes parolles ordes ꝛ vilaines dung chr̃n iuste pacient ꝛ sage/ pour le vouloir
cõtaminer ꝛ diminuer ses belles vertus/les sages ne pretendẽt iamais auoir aulcun bien mondain/car puis q̃lz sont bieneureulx/maleur ne les scauroit charger/
et q̃ vertu ne soit tousiours en eulx ꝛ q̃ a bien faire ne semploiẽt/par laquelle chose
nous acquerons la grace du createur.

¶ Des subsannateurs calumpniateurs ꝛ detracteurs.

¶ Le grant fol ruant mainte pierre
Le sage fuye de bien loing
Car celluy en vil peche erre
Et de correction na soing

Cõme il dit quil ne na besoing
Et ainsy nulles meurs comprent
Vertus ne probite napzent.

Tresparfaictz folz q̃ ruez grossez pierres/venez ruez voz deux yeulx sur
ma lettre/ꝛ se vostre veue est trouble/mettez acoup sans sõgier voz lu-
nettes/car bien enseignez vous serez en peu descript ie vous prometz.
Eccle. xxij. Noz peres anciens q̃ ont regne sans deshõneur nous ont mõstre le bon chemin et
Pro. xxxiij. voye/prenons le donc/car cest celle en verite ou gist vertu ꝛ sapience/elle nous
et. xxix. rend poliz de prosperite a aymer dieu. O folz peruers cõgnoissez q̃ cest de sciẽce ꝛ
Sapien. x. vertus/laissez la chose vile ꝛ folle/ꝛ vo⁹ verrez de vertus les hõmes atournez
Prouer. vi. ou chr̃n prent robe de paciẽce ꝛ nourriture. En ce lieu la/les bons hõmes sont to⁹
Baruch. iii. en ordre sans ordure vile ne imode. Et na celluy q̃ bien scauãt ne soit deuãt q̃l en-
Ad titũ. iij tre en la cõpagnie des aultres. Plusieurs folz doultrecuidãce nous appetons cor
Sapien. vi. riger pour venir auec les sages/nous leurs remõstrõs leurs malignez faultes/ꝛ
Eccle. xv. silz nont ne foy ne loy/tant plus grant peine en prent on en leurs enseignãt bõnes
Job. xii. meurs. Ilz ne vienẽt point ꝛ nen font conte/on leur remõstre de deuotion cordiale
prouer. xiiij les bons dieu prent ꝛ sy les ayme. Les aultres sont de sy tres dure affaire/q̃ pour
ceste correction/diront q̃lz font des biens plusieurs/vng tas de flateurs q̃ ont les
testes fantastiq̃s ꝛ le cerueau cõtamine dirõt ainsy. Ainsy le fol baille a entendre
a celluy qui le veult corriger/pource quil a le cerueau trop tendre. Mais le sage
Prouer. ix. et le prudent ne oeuure pas selon le chemin des folz. Mais se il se met dedans la
Eccle. xix. voye de douleur benignemẽt. Affin que quant la doulce correction on luy donne

ait grant vertu moyenant icelle. Lequel aps sera du nõbre des iustes/lesquelz quant correction on leur dõne/ceste bõne ⁊ saincte ꝑsõne la recoit dung bon franc cueur/laq̃lle apres len va doulloir du peche et souuẽt y pẽse/⁊ le met hors de sa cõscience ꝑ dure penitẽce qui pas ne veult cheoir en misere daulcũ vice ou crime ort et vilain. Mais les iniustes diffamẽt ceulx q̃ leurs remõstrent/car ilz sont sy tres vili pẽdeurs/cõbien q̃ le iuste leur monstre ce quil leur est vil ⁊ infect ort peche qui les diffame/ilz ont la voulente sy cruelle q̃lz ne souffrent ce quon leur dist. O fol infect ne doubte point la grant ire de dieu qui te peult confondre. Amy ie te prie pẽses y/⁊ endure correction faicte ꝑ le iuste ⁊ la recois bñ noiste ⁊ digne remerciãt celluy qui te la dõne/⁊ ce sera signe que tu auras grãt vertus en toy ⁊ q̃ tu plaira a ton dieu. Plusieurs aultres folz sont qui entre eulx se mocquent dung chũ. Et de eulx mesmes pareillement. Le boiteux bossu vil ⁊ cõtrefait se mocque de lethiopien. Nabal auoit grãt felicite au mõde pour ses biens/auquel dauid manda q̃ luy en dõnast/mais mesdire voulut cõtre le roy dont fut moult courrouce. Et cõme il est escript sa femme porta des biens a grãs faiz au roy dauid pour faire la paix entre le roy ⁊ son mary. Que dirõs noꝰ de ses enfans plus durs q̃ ne sont grosses pierres a prendre correction/les voyons tous les iours en noises/ieux/⁊ moqueries. Hellas que diray ie plus sy non que fuiez tous ses malingz couragez/tous ces folz qui nappetent si non que nuyre a linnocent ⁊ tout homme destruire.

Prouer.xxv

Prouer.xix.

Juuenalis iij.q.vij.qui sine.

Nabal Dauid.i.reg. xxv

iiii.reg.ii. Femina abigail.

¶ Du contẽpnement de la ioye eternelle.

¶ He dieu quauons pouure pensee
Deshonneste ⁊ meschant vouloir
Et que nostre ame est dispensee
Mettre les cieulx a nonchaloir
Nostre cueur sy doit bien douloir
De mespriser les souuerains cieulx
Veu que ne pouons auoir mieulx.

Eccle. xiiij.
Psal. xli.
Marci. viij.
Math. xvi.

On cõsiderãt aux
n folz speculatifz q
cogitent le ciel ⁊ la
terre/ie ne pẽsoye plus escrip
re. Mais vne grant turbe est
venue la plus folle q̃ oncq̃s
ie veis/⁊ quãt ceste cõpagnie
ie veis/ie me mys a escripre
ce q̃ ie sceu/ car ie nauoye re/
pos tant me pressoyent de fai
re quelque chose Or escoutez
donc que ce fut Ces folz sont
en vne grant turbe tous rem
plis de vicez infectz/dorgueil
de vanitez ⁊ daultres pechez
vng grant tas/⁊ leurs parol
les sont pleines de prudence.
Dieu tout puissant createur
souuerain/des cieulx le gu/
bernateur reluisant sur tou/
tes operatiõs/la cõmẽt auõs
nous la nature plus appeter
mõdanitez q̃ les grãs cieulx/
et plustost cy bas estre que vi
ure a tousiamais auec toy. Hellas sil aduient q̃ ie regne vne espace de tẽps/mes
iours appetent tousiours viure en vie mondayne iusques a ma periode/⁊ que ie
nay obserue les cõmãdemens de iesucrist. Jay passe ma vie en grans delictz auec
ceulx qui estoyent auec moy sans penser q̃ ie mettoye en danger ma pouure ame
Luce. vi. dallet au gouffre infernal dedans le fleuue dachiron. O pouurez folz ie ne scay
cõment vous pouez tant appeter la mondaine ioye/ vous cheminez en chemins
mielllez. Mais prins serez dung gros glup dur ⁊ amer/celluy q̃ vous prendra est
Tuli⁹ de se/ le dyable. Or me dis fol que prouffitent tant de richessez/quel prouffit te peult ve
nectute nir de ces tresors inutilz. Hellas tu vois quon les perd tant souuent/ ⁊ q̃lz fondẽt
Johã. xviii. cõme la nesge. Habandõnes ioye mõdaine qui nest plaine q̃ de fiel/⁊ est chose qui
point ne dure non plus q̃ la verdure au pre/que quãt lherbe est fauchee/elle perd
toute sa vigueur. Ainsy auons nostre cueur q̃ se tire a mondanitez ⁊ a vicez ors ⁊
infamiez. mais dieu fauchera corps ⁊ ame soudain a lheure q̃ voul dra/ car nostre
Prouer. xi. mort est bien soudaine. Hellas or sont perdus noz iours/nos delictz ⁊ mõdanitez
Job. vi. Ainsy se part de nous le mõde/⁊ apres gouterons choses amerez. Toutes choses
Eccle. iij. qui ont vigueur au monde/aussy fineront. Nous voyons les grans ruynes des
Sap. ij. z. v. empereurs/roys/ducz. comtes/barons/marquis. Des gens deglise pareillemẽt
Jacobi. i. ⁊ brief. grans/petis/moyens/sages/sotz/mecaniques ⁊ aultres. Dieu q̃ cõgnoist
Luce. xij. la pensee de lhõme nous pugnist/ou nous laisse au mõde vilz ⁊ plains de peches/

Sapiẽ. iiii.
Ad rom. ii.
Amos. v.
Ecclesia. ii.
i. iohan. ii.

ou il envoye soudain la mort/cõtre laq̃lle na nul respit. Et toy q̃ veulx passer tes iours en delictz offensant dieu ton createur. Hellas tu es bien aveugle Et cõbien q̃ tu ayes veille au monde/encores ne cõgnois tu pas limmõdicite ou tu es/⁊ q̃ tu laisses la ioye des cieulx pour demourer au palus ort ⁊ abbominable/ou est pluto et proserpine ingurgites aux tenebres denfer. Apoc.xiiij. et.xx. Math.xxv.

¶ Du tumulte ⁊ parlement qui se fait en leglise.

¶ Qui sur son poing porte esprevier
Dedans le temple ⁊ fait bruit
Autant ou plus quen vng cuvier
De ses chiens sonnettes sans fruit
Excercer tumulte construit
Tel qui laisse mains devotz hõmes
Faire devotion en sommes

a coures ouyz ma sa-
tyre folz oultrecui-
dez q̃ estez par les De inu. ec. c.decet.li.vj
eglises tousiours empeschãt
le divin service faisant bruit
et perturbemẽt. Le service de
dieu se doit faire en paix et en
repos/sans crier/pler ne faire chose deshõneste. Entẽdes
donc ⁊ acoutes mes ditz. Car
plusieurs sont en ceste cohorte ou cõpagnie d diuers estas
qui vont a leglise p maniere
de devotiõ/⁊ quãt les prestrez
chantent le divin service q̃ ses
malingz cõplices murmurẽt l.vnũciam⁹
sans fin/⁊ nont point de hõte C.de his q̃
ilz leurs semble q̃ ce nest rien ad ec.ꝯfugi.
de faire grant bruit/cest trop
cõtẽpne dieu ⁊ son tẽple. Telz
folz entrẽt dedãs leglise plus
estourdis q̃ vng oyson portãt
vng grãt esprevier ou lanier
sur le poing/ leurs oyseaux a
tout leurs sonnettez/les chiens haboyãs ⁊ hulans font terrible bruit/tout ce q̃ est
licite en leglise ne feront point/car paix y est requise/ mais y sont apuyez sur les Prouer.v.
aultiez devisant de leurs affaires. Cest trop mesprise le createur ⁊ ses cõmande- Treno.i.
mens. Ilz parlent de leurs proces/de leurs marchãdises/de la vẽte du ble/du vin
des draps/⁊ de plusieurs aultres negoces sans faire priere ne oraison. Les vngz Iobis.xiii.
y vont pour regarder les fẽmes/ieunes/pucelles/ou aultres/faire signe daiour-
nemẽt/⁊ se mõstrer bien acoustre. Lautre ny va sy non par coustume/trainãt les In aucẽ.vt
piedz a tout pãtouflez ou pattins ⁊ les souliers carrez devant. O durs courages lice.matri.⁊
plains de fureur cõmẽt povez vo⁹ ainsy cheminer en leglise. Hellas vo⁹ devries auẽ. in fine colla.viii.

f

Eccle.xxii. Joelis.ii. Psalmus.i. Marci.xi. Luce.xix.

penser q̃ dieu nous a dõne exẽple par escript/q̃ en ce lieu chose villaine ny desplaisante au createur ne doit estre faicte en saincte eglise. Mais luy prier ql no⁹ doint noz necessites/en luy priant moult humblemẽt q̃ en la fin il nous dõne le royaulme de padis Allons donc en sa maison pour luy faire hũble priere/car pour ce faire est le lieu ordõne. Jesucrist no⁹ dõne bel exẽple/quãt il getta les marchans hors du sainct tẽple/pource qlz vendoyẽt & chãgoyent dedãs & ql leur dist. La maison de dieu est maison doraison. Leglise est pour adorer & prier dieu & les sainctz/pour vous q̃ auez puissance/faictes les saillir vitemẽt/affin q̃ les ieunes ne veullent faire cõme eulx. Aux carmes/cordeliers/augustins/& iacopins/& aux patroissez vous trouueres tousiours grant habondãce de gens q̃ ne se font q̃ pourmener/& se on lieue le corpus dñi/ilz ne se daignerõt mettre a genoulx. mais vont deuisant damours et de noisez/leurs prieres ne sont q̃ de caquetter & regarder qui a le plus beau nez. Toutes ses vaines parolles ne plaisent a iesucrist. Mais lensens & aultres sacrifices quant ilz sont faitz deuotement.

Dom⁹ mea est domus orationis. Bernard⁹.

¶ De ceulx q̃ senclinent de leurs vouloirs a souffrir mort.

¶ Qui se iette dedans le puis
Ou leaue a son propre escient
Ou dedans les flammes/& puis
Voit sa mort deuant luy scient
Cest vng fol nice & inscient
Qui est digne dentiere mort
Puis quil a esleu sy dur port.

t Tres vous pres de ma doctrine folz incensez q̃ vo⁹ noyez et bruslez/& queres les perilz ou vous perissez/entendes ce q̃ ie vueil dire Celluy est fol q̃ prie dieu a ioinctez mains/les genoulx flechis en terre/frappãt des mains cõtre son estomac disant. Dieu eternel pardõne moy ma folye/affin que ie puisse acquerir sciẽce/& ma cõsciẽce purger Il pense & cogite se il laissera la robe et chaperon de fol/mais nonobstant il la tient tousiours. Il cuide auoir faict singuliere priere a dieu/lequel le voit & tout ce quil demande ne luy est point octroye. Tousiours ce fol prie. Et sy ne scet son cueur quil demande a dieu. Apres il se laisse cheoir dedãs vng puis de son bon gre

Eccle.iij Math.vii. Luce.vi.

Juuenalis Persius.

Math.xx Marci.x

essant soy prosterner. Apres il crie au murtre je me noye/⁊ q̃ on le secoure hasti/ Ad ro. viij.
uemẽt. Et quãt il est au fons de leaue il prie sainctz ⁊ sainctes q̃lz luy dõnent se/ Horatius.
cours q̃lz de luy ayent souuenãce disant/enuoyes moy vne corde pour me tirer de
ce danger. Le fol q̃ vouloit essayer sil sortiroit de ce dãger/par ce q̃l nest point se/
couru/soy trop fiant en sa folye meurt/⁊ se dãpne lame ⁊ le corps. Empedocles empedocles
mal renõme souffrit mort pour ceste folye/de laq̃lle chose il eust grãt tort. Dõcq̃s
ce se fol se iecte dung vouloir piteux dedans le feu pour se faire morir: fait grãt
folye. Mais apres est le grãt dãger q̃l ne soit iette au feu denfer. Celluy q̃ se iette
en la mõtaigne de aethnas q̃ est toute en feu ardãt/p aduẽture par desconfort/ en
tout il a perdu le sens. Il cognoist bien q̃l est aueugle dincõstãce/ou il se fait a la/
uenture pour scauoir se dieu luy fera ayde/pource q̃l a fait des biens beaucoup/⁊
veult iesucrist essayer. Il a le cueur plain de rigueur/du createur vouloir tenter/
car lescripture nous dit q̃ on ne le doit point tenter/le poure fol ainsy se brusle/et Pro. xxviij.
va son ame en enfer. Plusieurs folz sont suyuãs ceste baniere q̃ iour ⁊ nuit prient Eccle. iij. et
dieu ⁊ ne firent oncq̃s bien/car dieu tousiours auez desprise. Et vous demãdes a xxxv
dieu q̃l vous enuoye en paradis/q̃l vous enuoye grãs richesses/bõnes ãnees ha
bondãtes de ce q̃ vo⁹ auez plante/cõme ble/vin/⁊ aultres biens/hõneur en ce mõ
de/⁊ q̃ fortune vo⁹ soit doulce. De prier en ceste maniere/nest pas la porte de ver/
tus/car par desirer biens on ne va pas en p̃adis/il ne le fault pas ainsy prier. On Esaye. i.
list en lescripture q̃ se on prioit dix ans en ceste facon deuãt q̃ dieu exaulsast la prie
re. Et font pour lame pis que mieulx. Luce. xx.

De la voye de felicite ⁊ peine aduenir/des delitz ⁊ pechez perpetrez.

Plusieurs folz tirent la charrue
Vicieulx en peine ⁊ labeur
Remplis de pechés/que leur rue
La mort son dart/nen ont point peur
Tirer le char ont mis leur cueur
Nun seul peu a dieu sont donnez
Ilz sont mal conditionnez

ssez des boys ⁊ des villages folz chartiers menãs les charruez/⁊ venez
i charrier ce sentier/vous y trouueres bõne terre q̃ porte fruit odorant et
fleur de bõne doctrine. Celluy fol ie noublye pas q̃ tous les iours rõpt
son corps a labourer sa terre. Et tous aultres folz meurent pour leur grant peine prouer. xiiij
en ceste vie terriẽne/car ilz sont cõditiõnes en vicez prenãt grant peine/que ceste ps. lxxxi. et
peine ⁊ labeur rend la mort pour leur fin. Et ainsy dieu voit que les hõmes ne le lxxxxi.
veullent cognoistre/ne de ses seruãs ⁊ amys estre ne garder ses cõmandemens Sapiẽ. xiii.
leur enuoye maladiez/durez tempestez/mort soudaine/ou mortalite. Combien q̃ Prouer. v.
dieu le tout puissant veult ⁊ ordõne/q̃ se lhõme ne veult estre statue/qua bien vi Eccle. ii.
ure il veille selon la droicte norme ou reigle laboure en to⁹ tẽps. Il ne sensuit pas Ec. xii. ⁊. xl.
pourtant au monde quil faille passer sans bien faire en passant tẽps ⁊ a labourer Treno. iiii.
En tirãt le char p enuye ⁊ se molester dauoir des biens/car chũ doit scauoir q̃ au Sapiẽ. xix.
monde ne sõmes q̃ certain tẽps/⁊ se nous faisons q̃lque peche nous serõs griefue
mẽt pugnis en enfer sans iamais p̃tir. Pouure incẽse se tu veux acquerir le roy/ Virgili. vi.
aulme de p̃adis/il ne te fault pas suyure telle voye/le chemin denfer est facile ia eneidos.
ne te sera difficile a trouuer/car plusieurs le penetrẽt q̃ se hatent pour les grans Seneca.
maulx q̃lz sont au monde/ceulx cy mõstrẽt la voye daler ⁊ sont en sy grãt nõbre Math. vij.
Pro. ii. ⁊. iiii

et rytimus. Ec.c.xxiij. Luce.xiij.

q lung empesche lautre/ ⁊ sy est bien/ mais nanobstãt elle est plaine pour la grãt multitude des folz q y vont/ elle est toute foulee des piedz. Pẽsez y folz nõ pas seulemẽt d iour mais de nuit. Car les folz y vont en grant cõfusion Qui couoite noz nauigans sur la mer perilleuse suiuir ⁊ entrer en nostre nauire. Il est beaucop trop plus q grief qlz puissent passer p la voye de padis p ou passerẽt les bieneureulx et sagez q eurẽt moult grant peine en ceste voye/ lesquelz iesus prist a mercy. Ilz trouuerent ceste voye gluineuse/ estroicte/ difficile/ ⁊ espineuse p quoy les folz nen fõt q murmurer ⁊ ne veullent endurer ce mal/ ne essaper dy passer/ ilz voyẽt le chemin ouuert sy espineux ⁊ desert qlz ne veul/

Sapien.v. Psal.vi.

lent dedãs passer. Ha gens puers q deffailles au chemin de vtus vo⁹ estes en mal ostinez. O pouure fol veux tu tenir la voye plaine dimodicite/ abhominable/ infame/ q maine lhõme a pdition dãpnable/ veux tu point prẽdre le bon chemin cõe sil faisoit le plus pcieux chãge/ ⁊ mettre peine dedãs ton cueur dincorporer le bien quon y trouue. Je te cõseille q tu le preignes/ car peu tiẽnẽt ce chemin p mõdanitez q detiẽnẽt leurs cueurs ⁊ ne pẽsent point a bien faire. Ilz eslisent lieux dãpnablez et delaissent les lieux diuins/ ⁊ vont en enfer pour resolution ou iamais voye ne verront.

Pro.xiiii.et xv. Ezech.vii.

¶ Du mauluais exemple des plus grans.

Si dãnosa senẽ iuuat alea ludat et heres.

¶ Sy le pere deuant le filz
Et mere rompt olles ⁊ pos
Par exemple sera assis
Comme le pere ⁊ a propos
Il ensuiura tous leurs despis
Pour les beaulx signes q luy mõstre
Quest vne chose plus que mõstre.

Pro.xxix. Juuenalis. val.li.ii.c.i. Sapien.iii. Eccle.vlii. Eccle.xiii.

Olz peres q dõnes mauluais exẽples a voz enfans/ approchez vous ⁊ vous verres lexẽple q ie vo⁹ dõne. Cest a vous peres/ ⁊ vieulx q auez enfans a corriger q ie adresse ma parolle/ vous auez perdu tout vostre sens. Cõmẽt estes vo⁹ sy hardiez meres dauoir exẽples dõnez a voz filles d mal les gouuerner/ la chose est folle fatue ⁊ ridicule ⁊ en vient de grãs dãgiers/ vous estes de tresmal affaire de ainsi vo⁹ vouloir ɔtrefaire/ de pechez en faictz ⁊ en ditz voz vouloirs sont p trop vilains de parler de choses amoureuses/ vilaines luxurieuses quãt vo⁹ auez ieunes ⁊ tẽdrez filles vo⁹ mettes le feu en leurs courages q

eslisent le plus souuēt mauluais chemin/de ce mal vo⁹ en
estez coulpables/car vous ne
leur aprenez pas bōnes vtus
ne doctrines. Mais plustost
entēdes a voz vicez/⁊ a leur
cōplaire ⁊ mōstrer mauluais
exēple/vo⁹ nauez point de hō
te en voz polles. Les ieunes
filles de maintenāt nappren-
nēt plus nulles meurs/mais
toutes mōdanitez. Pareille- Ecclesia. x.
mēt ne fait la fēme soit pucel
le ou bourgoise ou aultre/ se
elle est belle/elle ne sera poīt
chaste. Ains mōstre signe li-
bidineux pour tirer a elle plu
sieurs iouuēceaulx a sa voulente. Oultre plus le filz na
prēt rien du pere/touchāt vt⁹
⁊ sciēce ne la fēme de son ma
ry sil est paillart ⁊ hors d tou prouer. xix
te raison/ ⁊ ne tient poīt en et. xxix.
sa maison/ains tousiours en Iuuenalis.
paillardise a purongner/⁊ gormander. Et sa fēme qui congnoist bien sa vie par
desespoir veult faire cōe luy ⁊ pis la moytie. Et les enfans semblablemēt voy- Glosa in. §.
ant cōmēt leur pere maine mauluaise vie/ilz le veullent ensuiuir. Sil est men mancipia. l.
teur vāteur/ou ql aist aultre vice/le filz lensuyura. Le filz ensuit la condition du q̄ si nolit de
pere/soit bōne ou mauluaise cōme dit le droit escript. Ou le filz naprint oncques edili. edi. ff.
rien du pere/car oncqs rien ne luy monstra/⁊ est le pere cause q̄ le filz sera maul- Prouer. xix.
uais garnemēt. Mesmes quāt vng abbe est ioueux de dez ou de tables/ses moy- et. xxix.
nes le sont cōe luy. O pouures meschās filz q ensuiues maulvaises oeuures gar Glo. in. c. si.
des q̄ ne soyes puginis/nous voyōs q̄ le filz ensuit le pere/⁊ la fille la mere/⁊ leur de asti. di. v
sont les enfans equipables. Car ruisseau de fontaine issant de luy/leaue ne sera Esop⁹ i apo
plus seyne q̄ de la fōtaine leaue clere. Autāt est il q̄ le loup nengēdre poīt mouton Ecclesi. vij.
car ce seroit chose cōtre nature. Le pere a semblable maniere de lescreuice q mar- Diogenes
che a reculon. On lit au liure de dyogenes q dit ql veit vng enfant yure/lequel re
cita ql estoit engēdre a boire vin (leql nen fut pas repris) car le pere estait yurōgne Ec. xxxvij.
Viues mōdains hōnestemēt soyes de bōnaire ⁊ iustes/quen vo⁹ ne soit mal exē- Proue. xxij.
plaire.

De la voluptuosite corporelle.

Plusieurs par voluptuosite
De ses femmes de maintenant
Ont le sain nud pour a volunte
De la chair tirer mains tenant

Et les lier dung com tenant
Ainsy quon lye ces thoreaux
Oyseaulx ⁊ moutons de corbeaux

Sperne voluptates nocet ēpta dolore voluptas

d

V bon du cueur fol les meretrices et aultres ie vo⁹ prie quil vous plaise venir faire collation en ceste satyre/ et sil est chose q̄ ie puisse faire pour vous ie suis le tout vostre le corps et les biens/car veritablemēt iay grāt voulente de vous bien faire: pource que iay tousiours frequēte voz services. Escoutes doncques fines femes q̄ iay trouve cy ẏ escript. Celles q̄ on voit les mamelles descouvertes/les cheveulx pignez et acoutres a merveilles. Seant en plusieurs lieux sont equiparees aux paillardes voluptueuses q̄ font leurs cheveulx apparoir au front iaunez cōme or/ et faictes passer voz cheveulx q̄ vous appelles trenpletez entre vo⁹ femes pour

Prouer. vij.
Iuuenalis
Eccle. ix.

Ezech. xvi. tirer ieunes hōmes a voz amours. Aulcuns pour leurs biens avoir en leurs presentant leurs litz pour prendre coulpe charnelle/en leurs faisant plumer loignon

Michee. i.

prouer. vij. Et apres qlz ont prins leurs deduitz/elles ne pēsent si non les faire payer de la peine corporelle quelles ont prins avecques leurs mignōs. Lautre pour avoir ses plaisances eslit ceulx q̄lle ayme le mieulx/et affin q̄ la folie puist mieulx faire a son seiour elle prie lhōme/luy signifiāt quelle est amoureuse de luy. mais tu es trop a blasmer fol q̄ ottroye lachoison/nōobstāt (vo⁹) vo⁹ soubmettez cōe fait laigneau ou le veau et vo⁹ lasses tellemēt q̄ vous ne vo⁹ poues deslier. O fol regarde q̄ tu fais densuiuir les desirs charnelz/ta pouure ame metz en grant dāgier pres de dānation. Tu metz tes biens/ton entendement/et ta ioye a pdition doulloureuse. Et

Hiere. xlvi. cōbien q̄ soyes en voyes mōdaines/toutesfois sont mistiōnes de douleur/ou il sensuit peine et misere/chagrin/soussy/melencolie. Je te prie laisse les grans delitz du mōde qlz ne durēt nō plus q̄ lherbe du pre. Sy tu as ioye vng seul momēt tu au-

Prouer. v.

Luce. viij. ras tousiours douleur. On lit de sardinapalus q̄ pour sa libidinosite cheut es en-

pro. vij. xiij fers. Lequel se mettoit en habit dune pouure feme/ses gens voyant son cueur en

Ecclesia. i. durcy le tuerēt. Ainsy luy prist pour ensuiuir sa plaisance. Le souuerain createur

Sardanapallis fut plus puissant q̄ ce pecheur/ne nous y voulons employer puis ql pugnist si as-

Iusti. li. i. premēt enforsons nous de resister cōtre ce peche de luxure/qui nest q̄ infection et

Michee. vj. toute amertume en la fin/q̄ se dōne soubz espece d miel q̄ estaint le cueur de lhōme

De ceulx qui ne peuuent celer leur secret.

Cil qui a en luy des secretz
Les doit en son cueur contenir
Ne reueler que trop aigretz
Ne soyent au temps aduenir
Sil ne peut sa langue tenir
Il est fol/ car apres son cueur
En aura mainte grant douleur.

Entre vous folz q̄ ne pouez celer vostre secret/ approuchez vous & escoutes mes escriptz/ car certes ilz vous seront prouffitables cōe orres cy apres/ Celluy q̄ ne peult celer son secret soit a sa fēme ou a aultre/ il est d̄ nostre nef & ne fut oncques repute sage de reueler son secret car grāt dōmaige luy en peult venir cōme a sanson fortin qui porta grāt angoisse & molestation quāt tous les cheueulx de sa teste luy furent ostez par sa fēme & les yeulx creuez/ affin que les philistins le puissent suppediter. Car sil ne leust dit/ il ne fust poīt cheut en cest inconuenient/ & neust point receu mort pour se venger/ car il rompit le pilier du palays/ parquoy luy & to⁹ les nobles furent tuez qui la estoyent assemblez. Damphiarans reuela a sa femme eriphilus son secret/ lequel se voulust cacher/ lors sa fēme le vint cercher/ & luy demanda pourquoy il se cachoit/ & il luy dit q̄ contre thebes deuoit aller/ & q̄ sil y alloit quil y mourroit/ Le prince qui le queroit pria sa femme quelle luy liurast/ laquelle luy dist ou il estoit. Et quāt il fut trouue il alla en bataille/ en laquelle fut tue. Pource celluy qui en fēme se fye est bien abuse. Encores est il escript en plusieurs lieux de noz peres anciens. De ton secret ne te descouure iamais a femme/ leurs langues sont trop legieres. Et sy tu as aulcun secret que tu doyues celer et tu le reueles/ tu doys estre fouy de chescun/ & ne te doit on rien dire de secret/ car tu ne peuz pas celer ton fait. Le sage doit euiter telles gens/ cōbien quilz soyēt riches & qlz ayēt dnation/ toutesfoys en pēsee ilz ne sont q̄ folz. car on cōgnoist leur folye ia soit ce ql aist beaulx dons d̄ grace sy a il dāgereux secret: mais ceulx q̄ ne sceuēt

Seneca de moribus
Job. xviij.
Eccle. xxix.
Lubo.
iudicū. xiiij et. xvi.

Dāphiara⁹
Eriphilus.
statu⁹ i theba
amphioro⁹.
Eriphilus.

Ecclesia. x.
Eccle. xix.
Prouer. xxij
Natus i epi.
Pro. xxviij.
Seneca.

Achas rex. Naboth. iii.reg.xxi. Pro. xxv. celer leurs secretz en leurs cueurs doiuēt eslire ung bon amy expert sage discret/ et q̄ soit secret a luy dire/en ce faisant son secret peult estre cele. Sy le roy achas neust iamais reuele son secret a sa fēme iezebel/il neust iamais souffert mort par Naboth/lequl fit mēger cestuy Achas aux chiens. Soyes doncqs bien informez a

Esaye.xxiij qui vo⁹ dictez voz secretz/ou les tenez bien secretemēt dedās voz cueurs enclos.

De celluy qui espouse femme pour ses richesses et auoir.

Imperat ergo viro. intolerabilius nihil ē q̄ femina diues

Celluy qui espouse une femme
Pour son tresor et sa richesse
Non pour lignee auoir/infame
Est/toute noyse a luy sadresse

Tousiours elle luy courroux dresse
Patience perdent/courage
Et le prouffit de mariage

Lauez voz yeulx de leaue satyrique q̄ vous poues trouuer en ce present liure. Folz pecunieulx q̄ par auarice et pour auoir bon tēps et mener ioyeuse vie/espousez ses vielles femmes q̄ ont des escutz ung plain sac. Acclercisez cy vostre veue/et vous cōgnoistres quel bien en peult venir/quelle ioye et quel esbatemēt. Aulcuns se sont habandonnez damasser fumier et fian qui sault du cul de leur asne pour tousiours y trouuer gresse/cest grāt folye en verite. Mais plus est fol le ieune cōpaignon qui espouse une vieille pour auoir son or et son argent. Je dis q̄ celluy doit estre blasme qui espouse vieille fēme pour sa richesse Ceulx q̄ ainsy font/tous les

Juuenalis. l.orōne.ff.d. ritu nup.

i.ad cori vij maulx luy viennēt. Auec elle il na point de ioye/recreation/ne repos Il nourrist
Sapiē.xiii. noises et grans debas/soussy/chagrin et melencolie. Et sil veult acōplir les des/
Prouer. xix duitz de mariage il ne peult/car elle est trop debilitee/froide/improperāte/inatu/
Juuenalis. relle/indiscurāte/pour la feigidite delle. De ceste vieille le mary nespoire iamais
Prouer. xi. auoir lignee. Car iamais ne layma. Lhōme est bien incense de se arrester a tel ouurage. Quāt il pēse aulcunesfoys a telles choses/il perd le sens/soy mauldissant
Pro.v.in fi. plus de mille foys/auec lor/largent/et le mauldit hasard de fortune. Et quant il
Prouer.ix voit ainsy sa pouure vie/son cueur est tout transy de melencolie/de tristesse et langueur. Et quant le malheureulx voit q̄l fault q̄l aist pacience cōtraincte il/mest

sa cure a tirer vers luy les pecunes de la vieille ridee/en luy faisant ioyeuse mine
Et quāt il a les pecunes ⁊ se scet aux estaz/dieu scet ꝗlle chere on en fera sans pen
ser q̄ les a amassez. Et quāt le mignon a tout despēdu il est plus maleureux q̄ de
uāt. Sy le pouure fol est meschāt/cest bien fait/car il a espouse auarice q̄ est me/
re de toꝰ maulx. Sil eust prins fēme a luy cōsonāte belle ⁊ de eage cōpetāt/point
ne fust cheust en tel incōueniēt. Il est escript es liures anciēs q̄ celluy q̄ espouse fem/
me ꝑ auarice/⁊ nō pas pour auoir lignee/na cure de hōnestete de mariage/⁊ mal
pēse a sa cōsciēce. Lunyon de mariage est debouter/⁊ soubz couleur de bon ⁊ loyal
mariage/on espouse auarice lon voit tous les iours au mōde lexperiēce. Sy lon Prouer.ix
veult auoir vne feme ⁊ q̄ on la demāde a mariage il estimera sa sciēce ⁊ son auoir Iuuenalis
Puis selon son ymagination il demādera grāt richesse pour la nourrir. Et sy son prouer.xvij
pere a probite son prouue/sa mere ou lignee/il nen fait point de question/mais sil Eccle.x.
est riche/daultre chose on ne demāde. Il est escript q̄ mieulx vauldroit auoir son Iuuenalis
domicille ⁊ maison au desert sans ql fust mētion de luy/q̄ demourer auecq̄s telles prouer.xxi.
fēmes/car elles sont fieres ⁊ mēsongieres Le pouure son cueur y rōpt/il perd son
ame/il corrōpt ses forces. Celluy vend a la vieille sa ieunesse ql espouse ꝑ auari prouer.xxv.
ce/⁊ na q̄ chagrin/noise ⁊ discēsion/⁊ vser ainsy sa vie en peche. O vous folz qui Eccle.xxv.
voꝰ maries pour auoir argēt/cōsideres la seruitude ou voꝰ estez liez des liens de Ecclesi.xij.
la vieille. Je voꝰ prie soyes chastez si voꝰ ne voules viure sans maleur. O amys
ꝯsideres en voz cueurs/⁊ voꝰ aultres q̄ ne fustes oncq̄s en ce lieu/⁊ iamais ne beu
stes ⁊ de ce breuuaige nen beuues point ⁊ voꝰ seres les bien heureux Nonobstāt q̄
ie ne vueil pas neffendre de soy marier/mais ie ꝯseille q̄ se mariera/prigne fem
me auec laquelle il puist bien viure en ioye de corps ⁊ de ame ⁊ acquerir la gloire
de paradis.

De enuye.

Les dars de la mauldite enuie
Sans eulx ne fut oncques le monde
Auec hayne vole ⁊ desuie
Tristesse douleur y habonde
En enuye chascun se fonde
Les enuieux ne sont marris
Du mal daultruy/ains sont ris.

Proches voꝰ folz enuieux q̄ ne poues dire nul bien de ceulx q̄ voꝰ hay/
a es/venes veoir en ceste satyre ⁊ voꝰ cōgnoistres le mal ou vous estes
O enuie q̄ deuore les meurs des hōmes/dissipatresse dhōneur Tu fais
auoir rauissans cueurs enragez/tu brusles les desirs ⁊ tue lame en la fin. Tu en/ Eccle.xliij.
gendres le dart auirōne de meschief q̄ trauaille plusieurs gens O mauldit hōme hora.i epl'a
fol cōmēt as tu sy mauluais cueur/si iay des biēs tu en auras enuye/ou se ie scay xlvi.di.cle.
besongner ⁊ q̄ ie mapliq̄ a plusieurs chōses hōnestes. Et iay chasteaux/ maisons Eccle.xiij
terres/vignez/⁊ prez. Sy ꝑ sciēce ⁊ hōneur ie suys haulte ⁊ esleue ꝑ ma hardiesse Ad roma.i.
iaye des biens ⁊ honneurs acquestez ꝑ iuste droit. Ou ie suis ayme daulcuns qui Salustius.
mont reclame vertueux ⁊ sage/noble en courage/tu me vilipēde ꝑ tes parolles/ Pro.xxviij.
tu ne sces cōmēt mon hōneur anichiler. Ton cueur maling est blece de playe mor Cicero
telle tellemēt q̄ tu nas nulle ioye en ce mōde/le dart te penetre cōe lance. Tu as si Audaces
quent saulnaige/caue ardāte q̄ ton estomac enflāme. Il nya medecin q̄ puist rien fortuna iu
cōprēdre a la maladie. Estāt en lieu ou mon hōneur estoit/⁊ ie cuidoye auoir aliā uat timidos
ce dune fleur/⁊ ie fuz du dart denuie naure/en vng instāt ceulx q̄ estoyēt de ma ꝑtie q̄ repellit
me tournerēt le dos pour cōplaire a vng seruiteur de venꝰ disant ꝑoles dissolues Eccle.xxiij.
oui.i.meta.

procedãt de cueur ennenymẽ
Pro.xxiij.
denuie. Pource ie vous racõ
teray les cõdicions de lenuieux
Qui se tient des subiectz den
uye elle constitue devorer et
mordre chũ dõnãt maleure/
tez chetiues a ses seruãs. Tel
les gens contre linnocẽt font
mille obiectz. Ilz sont tant de
traisons plainz qlz ne dormẽt
en lit/ilz nõt nulz cãtiques ne
Descriptio inuidie ex ouidio
doulx chãtz Ilz ont leurs bou
ches ⁊ langues ẽmiellees de
doulces polles soubz couuer/
ture damytie / maisgres ilz
sont/⁊ infectz de rigueur: cest
enuieulx est plus amer q̃ le
Glauca
fiel du poisson. Glauca auec
ses yeulx regardãt ẽ trauers
lestomac eschauffe sintillule
⁊ dehors ses bouches cõme la
vigne nouuelle taillee auirõ
nee de rage ⁊ grãt douleur re
gardãt tousiours a destruire

quelcun. Exẽples de ioseph listoire q̃ auoit sept frerez q̃ furẽt enuieux cõtre luy
estoit le plus ieune le vendirẽt aux marchãs p enuie ⁊ le trairẽt/lesquelz auoyẽ
Joseph Gen.xxxvij
desliberé de long tẽps de le destruire. Ces enuieux iamais ne rient/si non quãt l
nauire de q̃lque bon ⁊ riche marc hãt perit en la mer/ou quãt il voit quelcun ma
fortune. Il boit son sang cõe lect. Toutesfois il a le cueur embrase/⁊ tãt q̃l viur
tousiours enuye luy rõgera le cueur. Il semble Ethna q̃ tousiours brusle. Cõm
Virgi.de li uore
auõs de romulus ⁊ de remus son frere/leq̃l romulus edifia p̃mier rõme/⁊ luy im
posa nom Rome. Toutesfoys ilz estoyent pasteurs/leq̃l fist les loix de la cite. I
Eccle.xlviij Alanus.
faisoit pugnir chũ egalemẽt. Il institua limites entour de la cite/⁊ celluy q̃ pass
Ethna
roit les dites limites seroit mis a mort Son frere les passa/leq̃l fut tue incõtinẽ
Lucanus
et au mesme lieu. Nous auons cõmẽt cayn p enuie tua abel son frere. Aussy da
Romulus
treus lisons duq̃l son frere occupa le parc/cõbien q̃lz fussent au royaulme fors e
Remus
puissans pour eulx deffendre. Theseus fut q̃ plus getta son frere hors du royaul
Gene.iiij
me p enuie ⁊ fut repris pource q̃l auoit prins ce parc/⁊ finablemẽt fut bãny/⁊ p e
Atreus.
nuie/⁊ soubz couleur de paix lenuoya querir/⁊ quãt il fut venu a vng banquet/il
Boca.de ge nea.deo.xij.
fit rostir ses deux enfans ⁊ leur sang leur fit boire. O quel horeur de veoir mori
Theseus
ses deux enfans sy discretz. Pareillemẽt ethiocles receut p ses freres grãde cnõ
Stat? i the.
mete p ceste mauldite enuie. O toy sage q̃ veux estre bon discret ⁊ sage fuys en
Ethcodus.
uye ⁊ tu te trouueras sain de ame ⁊ de corps.
i.petri.vi.

¶ De limpascience de correction.

¶ Cil qui eslist vil instrument
Dung fol & se y veult instruire
A harpe / leuz aulcunement
Ne se veult employer & duire
Des aultres folz il nest le pire
Pour gouuerner & de sa main
La nef ainsi plus que demain. Nõ patitur' iust⁹ sua verba aut facta reprehendi.

v
Enez folz impaci-
ens iouans des in-
strumens / aportes
harpez / leuz / fleustez / psalte-
rios / simbalez / trõpettez / clai
rons / & aultres instrumẽs / et
accordez voz sons melodieux
a ma satyre q̃ vo⁹ poues bou
ter en note. Qui le saige ne
oist & escoute parler / & nentẽt
les bons enseignemẽs est fol
car il ne veult prendre correction / ce sont les signes dung
fol / le saige escoute voulentiers vng aultre saige accep- prouer.xxiij
tant ses correctiõs remerciãt Eccle.xxij.
de son pouoir Ainsy il ensuyt
saigesse / laquelle croit en luy pro.i.& xviij
de iour en iour. Ce fol q̃ iay
nõme sesbat a iouer de la har Prouer.xl
pe qui bien accorde. Du leuz Ecclesi.xv.
est son melodieux / lequel il laisse & prent la flute qui est plus
sotte & vng instrumẽt rustiq̃
de quoy les pastours iouent aux chãps. Il est impascient q̃ on luy mõstre de doulx
et armonieux instrumẽs / car ilz luy semblent trop estrãgez. Aussy / se on luy mõstre bons enseignemẽs pour le retourner d̃ folye ou il est / & le esmouuoir a bien fai Pro.xxiij.&
re. Il nendurera pas q̃ le saige aist acheue sa yole / q̃l ne luy soit cõtredisant / & a sa xxvi.
bonne correction. O fol ie te prie q̃l te souuiẽgne / q̃ de toy est petite chose / cõme de
la rose flourie / qui peu dure. Aduises doncq̃s sy tu es hõme mortel / ymagine en Sapiẽ.vij.&
toymesmes q̃ tu es fait d̃ lymon de terre mains q̃ neant / & cõbien q̃ tu soyes cõpose et.xv.ad ro-
de telle chose / tu es pour auoir sciẽce & raison p̃ nature q̃ le te dõne. Les bestes bru manos.vi.
stez nont pas ce hault don de dieu Pourquoy portes tu doncques ces folyes de ses
mauldictes passions & mauluaises inclinations. Dieu ne ta il pas dõne / vouloir
sens / raison / entendemẽt / & discretion naturelle & acquisitiue. Veulx tu estre des-
raisonne / veulx tu estre infame cõme les bestes. Je te prie dis moy qui te meust / Ecclesi.xv.
allegue moy quelque raison. Ignores tu la grant malediction de folye. Or as tu Psal.cxv.ij.
beaulte corporelle / ieunesse / noblesse de sang & aussy de meurs / les bons de fortune

puissance de ton corps/cheuâce/chasteaux/villes/palays/citez/maisons/⁊ quasi le meilleur du mõde/dois tu pourtãt estre infructifere. Cuides tu estre bien heureux(non)mais maleureux.

Eccle. iij. et xvij. Tul. i para. Eccle. vij.

Ains le sage qui veult bonnes vertus ⁊ science/et ne demãde aultre auoir/cest le riche de toꝰ les riches/⁊ neust il pas vaillant deux noix/nul ne luy demãde son bien/car il ne possede rien. Je te prie amy ensuys celluy sage opes le ⁊ entẽs de bon cueur ⁊ prens sa iuste correction/⁊ te corrige aigremẽt/car on a plus grãt auãtage recepuoir bõne correction/q̃ la polle dãgereuse du

Job. ij.

fol flateur au pmier q̃ tu ty appercois/car apẽs ql taura blandy/il se mocquera de toy en derriere.

Pro. i. ⁊. vij. Math. xi. et xxiij

He dieu q̃ celluy est heureux que quãt il veult faire quelque mal il luy souuiẽt des peines denfer/⁊ souffre passiãmẽt les aduersites q̃ dieu luy enuoye. Et ie dis q̃ celluy tient le chemin de paradis/car il fait tout selon le droit.

Des inscauans ⁊ folz medecins

A medico indocto. A cabo biscocto ⁊ praua muliere. libera nos dñe.

Qui vse dart de medecine
Et es champs prent la cõgnoissance
Par experience cest signe
Quil na sagesse ne science
Sil dit par raison oultrecuidance
Congnoistre toutes herbes de lan
Cest vng fol fust il de milan

Justi. de le. acq. §. q ip eritia. ff. de reg. iu. l. im peritia. c. tua de homici.

Incontinent ⁊ sans arrester folz medecins venez icy pour visiter ceste satyre/⁊ scauoir quel mal elle endure/despesches voꝰ ⁊ bien seres cõtẽtez/car vous y pourres cõprẽdre plus q̃ aller batre le paue. Ce fol pourra monster au plus hault de nostre nef/il noꝰ seruira de medecin en ceste dãgereuse cõpaignie. Ce medecin vient visiter maintz malades/de dãgereuses maladies Ce medecin q̃ ny cõgnoist/ne q̃ vng veau/dira ql guerira le pascient:mais premier ses liures verra pour en auoir decision ⁊ veoir la seure opinion des docteurs. Puis il viẽt au pasciẽt plus cueille q̃ vng herisson/⁊ ce pendant le pasciẽt mouroit ⁊ estoit bien pres de la fin ⁊ quãt le medecin arriue en la maison/il trouue le pascient mort. Sa medecine est folle q̃ estoit a tard venue. Plusieurs ignares p oultrecuidãce se mettent a exercer ceste sciẽce ⁊ rien ne sceuẽt/car ilz neurent oncques pa sciẽce de visiter leurs liures/aussy pource qlz

xxix. di. c. si. Seneca de cleme. ad neronem. Ec. x. ⁊. xliij Prouer. vi. Ec. xxxviij.

ny cõgnoissoyent rien ilz nen voulurẽt nulz auoir. Les ars de pollidares/de galy en/& de ypocras ne querent point telz gens/mais vng tas de liures darboliste en frãcoys pour mieulx entẽdre/appareillẽt medecines & ses foles raisons & meurs Au moyen ilz font morir plusieurs gens. Et daultre part ilz font plusieurs fol/les vieilles q̃ vsent de medecinemẽs faulx en abusant plusieurs gens/& mettẽt en grãt dãgier de encourir griefue maladie ou peril de mort/lesquelles pour pres/cher ne se amendẽt point/car elles baillent a chũn a entẽdre soit a debiles ou agrauez de douleurs tous les iours guerir & curer/& baille la medecine du ieune au vieil/& elle du vieil au ieune/sans regarder aux cõplexions/sans differer le chault au froit/& baille telle medecĩe au filz q̃ au pere & a la mere/sans distinguer les femes. Elles guerissent toutes maladiez/cõe tessalla le sage q̃ mesme se ɔtrefaisoit

cuculus cirurgien dy moy q̃ ta apris faire ce bien/& destre sy diot & nastre. Monder chũn dalbastre de cest oignement seullemẽt guerir toutes ma/ladiez. Tu es fol & resemble celluy q̃ auoit nom de mede/cin & nauoit point de science. En cest estat aussi luyen se cõseillant en plusieurs endroits Et les droitz nauoit iamais veu. Pource iamais ne por/tes le nom de bon medecin sy vous nauez veu la science/ pour guerir tous venans/ se tu veulx estre indiscret. soyes fol medecin & maistre. Aul/cuns medecins sont q̃ cõgnoissent aussy bien vne vine au cul de vng mortier/q̃ au fons de vng vrinal. Les aultres dient pareillemẽt quilz se cõgnoistroyẽt bien en lurine dune pouse.

Joħã. aud. de sen. exeõ. c i. li. vi.
Pollidarus
Galien
ypocras
Sapien. xii.
Glosa i. c. fi. xxx. distin.
Seneca
Cuculus Chirurgie
Sapien. i.

Du douloureulx depart de la puissance du cercle.

Jamais homs ne fut sy puissant
De biens/science ou parage
Quen brief iours ne fussent finissant
Voire & vint il iusques a fin daage

Tout chascun passe le passage
La mort prent & ieunes & vieulx
Riches & poures en tous lieux

Ises ma satyre folz orguilleulx q̃ voulles presider tous aultres & vous semble q̃ nulz ne vo⁹ vaille/& entẽdes a ce q̃ ie dis. Poures courages endurcis de vain orgueil farcis & tains/lesquelz la puissance mõdaine

Ad generũ cere⁹ sine ce de & sanguie pauci desceñ dũt reges & sicca morte tyranni

Job. xv. passent trãsitoire ⁊ soudaine dorgueil vous esleues hault. Trop grãdemẽt vous
Ecclesia. ix. deceues q̃ du monde suyues les dons ⁊ grans hõneurs/ainsy cõe sy le mõde vous
ecc. xxi. Juuenalis i fust pardurable ⁊ permanẽt a iamais sans prendre fin/consideres que aussy bien
satyra oib⁹ vous fauldra mourir que plus grant. Cesar mourut leq̃l par sa puissance fut mai-
in terris stre ⁊ seigneur de tout le monde/se neust este ꝑ sa vaillance apres ql eut acquis
Cesar iuli⁹ ses biens/tous ses haultz royaulmes eust cõquis. Il se sentoit puissant ⁊ fort ⁊ en
Darius rex grant hõneur flourissant se y voulut fier. Et se glorifier tourmẽtãt les bourgois
persarum. a rõme ⁊ trop se hasta a les ferir. Mais le peuple cruel en vng momẽt le tua par
i. Mach. i. grant fureur. Que peult on dire sy non que sa haulte puissance cheust en ruyne ⁊
me schãce miserable. Du roy de perses nõme daire q̃ auoit de grãs biens. Il tenoit
la moitie du monde. Et de pensee insanable ne peult estre saoulle de biens qui ꝑ
alexandre sy fut foulle ⁊ sur mõte par son orgueil. Et ꝑ ce quil pretendoit a aultres biens/il fut desuestu de son droit ⁊ perdit tout en peu de tẽps. Xerxes le plus
xerxes ꝺ quo riche des roys qui auoit des biens asses sans vsurper lautruy. Mais luy trop in
heredotus scauant voulut mener guerre aux estrãgiers de danas le royaulme dattique ou
li. v. xerxes perdit tous ses cheualiers/cõbien quil eust grãt cõpaignie/car son orgueil
le deceut/⁊ finablemẽt aussy perdit plusieurs chasteaux ⁊ nef dont il fut fort des-
plaisant. Nabuchodonosor roy de babilonye possedoit vng grant tresor. Et com-
nabuchodo bien ql eust richesse ⁊ se cõfiast en fortune. Neautmoins pource quil tollut les hõ
nosor neurs de dieu/⁊ se vouloit faire haultemẽt decorer ⁊ hõnorer. Dieu ce voyant le
Daniel iiij. mua en forme de beste sans auoir forme humaine. Et fut sept ans en cest estat ꝑ
Alexander son orgueil. Aussy de alexãdre le grãt roy de tout le monde/neautmoins auec ses
Juuenalis acquetz il nẽporta q̃ vng seul fardeau vicieulx es lieux tenebreux ⁊ gouffrez den
fer. Cirus grãt roy des perses/leq̃l en sa vie iamais ne se saoulla de veoir respã
Cirus dre le sang humain: ne de tuer gens En chitare il mena son ost ⁊ chascun mena sa
Heredot⁹ et iustin⁹. li. iij femme lesquelz furẽt tous destruitz. La royne eust grãt douleur/dedãs son sang
Crasus et de ses gens/q̃lle le fit estaindre ⁊ mourir q̃ fut chose dure ⁊ cruelle. Crasus q̃ ne
Heredo. li. j fut pas cõtent de posseder grandes richesses. Fortune la surmontoit tousiours en
sa grace especiale. Mais luy insatiable voulut encores auoir des biens. Finable
mẽt fortune le print en hayne/car il perdit ses royaulmes/cheuãce/⁊ son armee ꝑ
Eccle. xlix. non auoir souffisance. Au moyen de quoy tout royaulme dechet/puissãce/ vaine
Job. iij. mondanite ⁊ richesses. Rõme/carthage/tiros/mitenes/solimes/⁊ toute gresse/
Apo. xviij. sont quasi limes de leurs perditions. Et pour les peches q̃ faisons entre nous la-
Sapiẽ. vij. tins/iay grãt doubte que nous ne fabricons vng marteau pour nous rompre les
membres du corps.

¶ De predestination.

Omẽs q̃dẽ presciuit pau cĩos ad vitã predestinati

¶ Celluy qui demande le pris
Lequel oncques ne deseruit
Met ses bras comme mal apris
Sur la caue ⁊ se deuit
Le dos du cancre en la voye vit
Criant ⁊ volle a son hullement
La colombe ignelle ment.

l Ymatiques ⁊ oul-
trecuidez folz q̇ de-
sires les choses q̃ ia-
mais ne deservites. Laissez
voller la cornille aux chãps
et venes prendre ma satyre.
Cest grant abhomination a
lhomme vouloir scavoir les
grans secretz du createur ⁊ se Ad ephe. i.
enquerir trop avãt de la divi-
nite. Cõment il peult faire De peni. di.
les elemens ⁊ les movemẽs iiij. c. bñdic.
des cieulx Lhõme telle chose ij. thimo. ij.
ne doit enquerir/car a luy ne Ad roma. i.
appartient pas. Ains dieu a Pro. xxvi.
soy seul bailla la cõgnoissance. A ceste cause ie escripray
icy ung tas de folz ediotz qui
aux faitz de dieu ont sonnẽt
cogite/lesquelz ignares ont
la teste plaine de vent disant
avoir goutte des saictes loix
grant boule. Et ꝑ ce moyen Hieroni. p-
ilz võt revolver leurs livres logo biblie.
et cõme gens hors du sens/vont dõner sens a la loy oultre la haulte ⁊ saincte sciẽce ⁊ sapiẽce de dieu ⁊ ce q̃ devons croire/ou gist une histoire divine q̃ nous devons
tous entendre De celluy q̇ cõp.ose les droitz ⁊ en to⁹ passages les veult difformer
et ses gens par lentendemẽt q̇l y met/desraisonnables/faulx/indiscretz/erreurs
et heresies corrũpre ⁊ destruire la haulte pensee divine/ilz senforcent de tourner Gregori⁹ in
le sens. O fol ie te prie entens/toy q̇ vulx cõtre dieu parler/fol estourdy veulx dyalogo
tu inferer cõtre luy q̃ sa puissance nest ꝑfaicte daulcun saulve ⁊ esiut au royaul- xxij. q. iiij.
me tresparfait/⁊ ꝑ tes vouloirs tu vouldrois pretermettre en aultre sens q̃ dit la obtinere
lettre(nẽny)car il nest nul q̇ le peut muer. Et si dieu a fait les cavernes ⁊ enfers Johan. vi.
pour les pecheurs pugnir ꝑdurablemẽt/⁊ q̇l y aist aulcun cõdẽpne/veulx tu dire
q̃ cest mal fait:⁊ q̃ dieu fust impfait ⁊ point iuste/⁊ q̇l navoit parfaicte bonte. Et xx. iij. q. iiij.
ie te dis q̃ iamais dieu na dõne sa vengãce a nul sil ne la en mal deservy ꝑ obeir Nabucho-
au dyable denfer. Aussy ne baille il loyer sy nõ a celluy q̇l a ayme ⁊ servy/⁊ icel- donosor.
luy il dõne le grãt royaulme des cieulx/⁊ aux maulvais les horribes peines den Sapien. x.
fer. Et q̇ sert dieu ⁊ garde ses cõmãdemens na cause de se douloir/car pour son ser Hierem. li.
vice il aura la gloire de paradis. Je te prie fol ne parle plus cõtre la maieste divi- Pro. xxiiij.
ne:oste ceste folye/dieu ta cree en ce mõde/affin q̃ tu soyes pur ⁊ net de peche pour Eccle. xij
acquerir sa gloire il ne veult point q̃ nous soyons dãpnez/mais saulvez. Pource Math. xvi.
tire ta langue polue des ors vices/ne parle sy maulvaisement contre dieu nostre Ad rom. ii.
Apoc. xxii.

Esaye. xlv
Ad rom. ix

createur/ ie te dōne exemple du potier q̄ fait vng beau pot/ aulcunesfois vn laid de mesme terre/ ainsy q̄l luy plaist. Et iesucrist nous fait ainsy de ses mains/ neantmoins sont bien cōposees selon raison. Vous pouures q̄ nestes graduez en la saincte pagine/ ne vous y boutez pas tant q̄ le dyable ne vo⁹ mette plusieurs erreurs en la teste/ & puis cōtre les docteurs arguer/ q̄ est assez pour vous mener au gouffre infernal/ & vous faire cōme heretique en ce monde brusler.

De oublier soy mesme.

Narro tuis sitientibus alie ... irrigādi nō sunt. Ordinata charitas incipit a seipsa.

Celluy qui les femmes daultruy
Maison court pour les estaindre
Et charite ne fait a luy
Sa maison qui brusle en cendre
Il est bien fol a brief lentendre
Et doit auoir la grande trompe
Pour voquer les aultres a sa trōpe

Entre vo⁹ folz ebetez q̄ faictes le proffit daultruy & laissez le vostre/ & laissez brusler vostre maison/ & gardez de brusler celle de vostre voisin/ aprochez vo⁹/ sy ne estes pires/ venez & vo⁹ verrez cy le mal q̄ vous tient. Qui a les cogitatiōs/ peines/ miseres/ labeurs & souffrāces/ pour les seigneurs en gardāt leurs biens & prouffitz/ & na aulcun fruit ne salaire & laisse a faire ses negoces p sa negligence doit en ses affaires Charite bien ordonnee doit cōmēcer a soymesmes. Il ny a rien plus gracieulx/ no⁹ en auons belle doctrine en therence aussy de faire iustice & droit. Aussy est il escript que cest loy & droit/ q̄ celluy qui veult auoir peine & labeur pour aultruy ne soit pas sy fol q̄ au sien ne soit plus propice/ mais mette charite deuāt celluy/ & puis apres a ses amys. Se tu ioues a quelque ieu & q̄ tu gaignes/ ne te faing point pour faire gaigner ton cōpaignon/ car tu seroyes fol & paresseux te laisser perdre a ton escient. Celluy aussy est fol tenu q̄ voit brusler la maison de son voisin/ & laisse la sienne brusler. Celluy q̄ porte peine/ soussy/ chagrin/ & souffrāce pour son amy/ ou estrāgier est fol/ car cellui pour q̄ il endure ne pourroit pas souffrir/ ains demeure a repos & nen scet gre. Celluy q̄ prent la peine est demoque & doit estre au hault de la nef menāt vng asne ludibrieux O poure fol q̄l prouffit te peult il venir d̄ ce faire

In li. culpa est. ff. de reg. iu. & in. c. nō ē sine culpa de reg. iu. li vi Eccle. xxx.

De peni. di. ii. qui vult Therentius l. preses. C de ser. & a qua

Eccle. i epl'is

xxiii. q. v. si placet pro. xi. & xxxi xx q ij c due xiii. di. c p ait pro. v & xxvi

Le faiz tu pour auoir louẽge ou pour estre ayme daultruy. Je te prie penses a tes negoces/ꝛ gardes le tien hõnestemẽt. Entretiẽs ta maison en choses necessaires/ Et quãt a ton cas auras mis ordre/apres a ton amy fais plaisir de ce q̃ tu pourras Car celluy est repute fol q̃ laisse ses besongnes a faire pour cõduire celles daultruy. Je te prie sur toutes choses au moins entretiens bien ta maison deuant q̃ tu te mettes a curer les biens de ton sodal. Oultreplus ꝛ dauãtage pẽse a purger ta cõscience deuãt q̃ tu nettoyes ung aultre/car le crestien est maleureux q̃ met peine de sauluer les aultres/ꝛ il ne tient cõte de se sauluer luymesme.

prouer. xx.

iiij. reg. xx

❡ Du vice dingratitude.

❡ Qui loyer pour daultruy office
Prent exercer ou de lamy
Et dit quil luy sera propice
Toutessoys est ingrat demy

A tel qui se fie ꝛ commys
Pour le loyer delaissent loeuure
Son improbite se descueuure

Oẽs sapientes odere ingratos. igratitudo exsiccat fontẽ bonitatis.

e

Entendes a mes parolles folz ingratz q̃ ne voulez recongnoistre le bien q̃ lon vo⁹ fait scauez vo⁹ pas bien q̃ quãt le bien est fait ꝛ on peut/ on doit rendre le loyer Or donc q̃s entendes a ce q̃ je vous diray ꝛ vo⁹ pourres q̃lque chose cõprẽdre q̃ vo⁹ prouffitera Celluy q̃ prent mainte recepte ꝛ plusieurs offices estrãges pour les gouuerner saigemẽt pource q̃lz en ont bon loyer Toutessois les laisse ꝛ dincure: cest ung grãt deshõneur/ꝛ de ses amis on en fait ses ennemys. Et se dit q̃l na poĩt acoustũe auoir iamais rien de son amy/ꝛ pource q̃l nen tient conte/de ce dire luy est grãt hõte/car imposer ne doit ces trauaulx et labeurs pour apres en faire reproche ou quil y eust prouffit sil ne veult de chascun auoir deshõneur. Sy tu as pris salaires de luy soyes doulx et amiable. Qui veult entreprẽdre q̃lque labeur ou oeuure/son salaire doit demander ꝛ auoir ꝯsidere les mises ꝛ despẽsez/affin q̃ hõnestemẽt on puist faire la chose On ne doit point despẽdre escharcemẽt/car aulcunessoys p̲ auarice de trop despẽdre on fait son dõmage. Sy tu veulx auoir nourrice dhõneur ne soyes ignorant de ces choses. Et se tu quiers auoir hõneur soyes doulx ꝛ amiable. Aussy q̃ baille

C. de liber. ꝛ eo. libe. l. i. et. ij.

xij. q. ij octa Tulli⁹ i. of.

Ad colo. iij Leuit. xix. Thobie. iiij Eccle. xxiiij plaut⁹ i asia

Proue. xxxij

Sapie. xvi. Eccle. xix. Ecclesia. vij Macha. iij.

petit pris & veult quon traueille autāt cōme se on auoit grāt pris est ingrat quāt il la cognoist/de dōner tel salaire meschāt/il a le cueur bien emply de folye & dauarice/& demāde mieulx loeuure estre faicte/q̄ doncques requeuure p salaire ceulx le labouteur de louurier. Ilz sont aulcūs maistres q̄ retiēnēt les salaires de leurs seruiteurs/lesquelz iamais ie ne vis riches/& quāt vient a estre paye/ilz diront q̄ on leur a fait du dōmage ou perdre du tēps/& mētirōt affin de faire perdre les gaiges des seruiteurs Or parlons de cites ingrates/& de rōme la grāt ingratitude q̄ p inimitie chassa chamillus. Hellas rōme il tauoit fait plaisir dauoir chasse tes ēnemis/& neautmoins tu le expulsa Et toy terre de actiq̄ tu as fait grāt crudelite a Solon q̄ fut tāt sage/il te dōna les bōnes loix/lesq̄lles iadis mettoit en exploix et pour remuneration de ton vouloir aigre sans prēdre de nul cōseil tu le mys en exil. O toy sparte q̄ voulies mettre a licurgus p ton estude grāt mal a sus/aps ql te eust dōne droitz & bōnes loix. Scipion pareillemēt q̄ fut sy vaillant q̄ sans moleste garde bien son pays en paix & trāsq̄lite/mais ceulx du pais mescōgnoissans furēt ingratz de ses biens faitz

Camill⁹ de quo iit⁹ li. Solon de quo herodotus

Licurgus de quo iustin⁹ li. iij scipio affri. Titus liui⁹

ℭ De soy mesmes la plaisance.

ℭ Toute la turbe autāt quelle mōte
Soit presente qui la voullie
Fait cuire au pot gras sans nul honte
Et regardent par grant folye
Leur face laide & mal polye
Au miroir pour leur plaisir
Appetent icy leur desir.

Cū sua cuiq̄ placēt facta atq; negotia soli. hinc stultis tota ē terra repleta viris

prouer. iij. c ne imitaris de consti. Ad ro. vij.

t Ous folz oultrecuidez approuchés ceste cuisine sy vo⁹ voullez faire chose plaisante et honneste aux sages/car ie vo⁹ ay fait vng potage de bon goust sy vo⁹ en voullés gouter. Le fol mettāt ses poulx au feu il est sy ediot q̄ la gresse du pot nauise Et en telle facon luy plaisent les poulx cuidant bien faire q̄ ne valurent oncq̄s rien/& cuide estre sage de penser ainsy bien faire. Il regarde sa face plus sale q̄ le cul dung chauderon/plus ridee q̄ la grosse margot/plus rouge de vin boire q̄ les yeulx dūg furet: ou q̄ escarlate. Et brief il est plus lait q̄ maistre pierre du coignet Il a les oreilles pendātes cōme les chiens despaigne. Et si on luy parle de sa face & sagesse/il parlera a la volee/& fust au plus sa/

Prouer. xiij et. xiiii.

Eccle. xx. Job. v. et xxviii.

ge du monde. Il se fait sy delicieulx quil luy semble que nul ne le vaille. Sil ad
uient quon largue il aura la langue poignāt pour respondre a tous. Il cōgnoist sa Pro. xxxi
science/en la maniere oultrecuidee est trop vuide de cerueau ⁊ sagesse/ ⁊ est prest
a detester vng chascun/mesmemēt le nom de dieu de to⁹ les sainctz disant ql nya
au monde semblable a luy plus beau auenāt ⁊ scauāt/ ⁊ quil est cler cōme le iour Ezech. xvi.
combien ql se voit dedans le miroir le cōtraire/ cestuy miroir est tousiours auec Esaye.iii.
luy/soit au lit veillant ou dormant/beuuāt/mengant/ou chemināt. Que diray
ie de Patricius/ ⁊ q̄ diray ie de Otho lequel auoit en ses chasteaulx de grans mi Otho impa
roirs pour veoir sa face qui estoit belle. Tous les iours rasoit sa barbe/ tendāt se tor speculū
faire cōme glabe/affin ql neust plus de poil/ ⁊ se faisoit oindre de laict dasne Pen semper būit Iuuenalis
se que ce la appartiēt aux fēmes/cōme mirouer/beau front/la coustume de soye
les cheueulx lier ⁊ le bouquet dessus loreille/oreillettez/passez ou tremplettes/ la Salustius
poictrine bien ordōnee/ ⁊ robe a lauenāt. Mais maintenāt vng tas de folz vsur/
pent toutes vestures ⁊ habis cōe nouuelles coustumes. Cest a vous ieunes/grāt Ennius.
blasme de porter ce q̄ apptiēt aux dames. Par vostre grāt oultrecuidāce vo⁹ por/
tes ce qui appartient aux hōmes/tout est egal. Jay grāt honte sur ma foy des ha
bis appertenāt aux pucells/aux fēmes/ ⁊ les pucelles portent pareillemēt habis
de fēmes. Lhōme prent labit de la fēme/ ⁊ la fēme celluy de lhōme. Pigmalyon pigmalyon
fit vne fēme de pierre qui estoit sy bien faicte/quelle se mōstroit mieulx viue que de quo oui.
aultremēt/tant le vit ql fut rauy de lamour de ceste fēme. Narcisus aussy pour x.metha.
vng regard fut cruellemēt pugny/car en regardant vne fontaine: il cuida veoir
lampye cho/mais cestoit sa propre face/ il la cuida embrasser ⁊ il cheut en ladicte
fontaine. Pource en mirouer ne vous regardes/ou vo⁹ seres du nombre des folz Prouer. iii.

Des dances ioyeuses ⁊ saltations qui se font.

Qui se esiouist trop en la dance
Auec plusieurs femmes ⁊ hommes
Par folye ⁊ oultrecuidance
Son mal en mal oeuure consomm·

Et offense dieu ⁊ sa somme
Plusieurs se font aultre dōmage
Perdēt leur tēps en leur ieune eage

Nil placz in tota sapiēti b⁹ vsqz chorea qōinuet aut psit pdeceat ve bonos.

Veurs aueuglez/folz danseurs approuchez vous de mon instrumēt et
vous pourres apprēdre aultre dāce/car iay instrumēt doulx ⁊ ioyeulx exodi.xxxii.
Les danceurs tant ieunes que vieulx/sont reputez furieux qui appe/ Psal.xi.
tent les dances/ilz ont grāt peine ⁊ sueur cōme gens destinez vagans au son des
menestriers. Chascun de eulx prent vne fēme par grant dissolution/ Ilz sont cō/ Orgia bacchi.
sonans aux druydes quant leurs grans instrumens sonnēt/ ⁊ tiennēt leur fureur
de dancer/cōme les prestres au temple de mars faisoyent leurs vilaines sacrifi/ Druydes d
ces. O pouure fol qui ton pied tant remue aux dances sans fin ⁊ sans cesse. Dy quib⁹ iuli⁹ cesar i cōmē
quel prouffit/quel salaire/ou quel bien ten peult aduenir. Quant il me souuient Salu. de q̄.
et pense les ieulx ⁊ esbatemens des dames/ ⁊ prix concieux pour toutes ces ma/ bus vi/gili
nieres/les fins en sont mauluaises/tout cōpins grant mal et griefue douleur ii.georg.
en viennent/ainsy comme iay leu en exode/ des enfans disrael qui estoyent exodi.xxxii.

triũphãs ou desert en lamour
de dieu/ lesquelz dãcerent en
esleuant ung veau hault/en
saultãt ⁊ dãsant entour du pi
lier. Et ainsy comme dieu la
i.corin.x. noit mãde. Ilz furẽt tous pu
vide nota. gniz fierement. Hellas ce/
glo.in cle.i. stoit pour ceste dãce maul di/
de cele.mis. te. ⁊ quãt ilz sont rẽpliz d bon
vin vo⁹ les verres saulter dã
cer faire gãbades en grãt dis/
solution tãt hõmes q̃ fẽmes.
Quãt ilz sont plains de gras
morceaux ⁊ d bõ vin/ilz trou
uẽt fẽmes ioyeuses ⁊ du dart
damours frapez sont englou
tiz en une fosse/ orgueil sen/
suit ordure ⁊ viciosite/car ilz
ne sont venus q̃ y amour a q̃l
In clemẽ al que psonage. Chũ ayme et
tendẽtes de sert a venus suyuãt ieux libi
sta.reg.devi dineux/on la baise ⁊ cõsole/⁊
ta ⁊ ho.cle.c ne cheminẽt pas q̃ tousiours
cũ decorem ny pẽsent. Il nest rien q̃ plus

Prouer.ij. face miner lame ⁊ descendre a dãpnation. Le cõtamine les espris enormez ⁊ lesto
mac de ces danceurs. Ilz sont tousiours en noise/ilz ne font q̃ crier gettant leurs
voix/la veue escarquelee/⁊ pour mieulx faire leurs esbas/ilz vont y tout tãt q̃ le
tẽple a grãt peine est exempt/⁊ pour ceste maleureuse dãce grãs meschiefz en viẽ
nẽt/nõ pas seulemẽt les laicz/mais les clercz ⁊ ceulx de leglise dãsent/cõbien q̃ la
pensee deuroyẽt auoir vertueuse/toutesfoys ilz sont abatus en mõdanites/ on le
voit regner en malediction. Oysiuete tent tous les iours to⁹ enfans/⁊ ieunes pu
celles ne sont point morigines cõme ceulx du tẽps passe/ilz ne sceuẽt plus rien/ne
bien/ne hõneur/ne maintien/ne doulx parler/au mõde ny a q̃ pechez Toutes gẽs
tant iours ouuriers q̃ festes dãsent/⁊ mesmemẽt les vieulx q̃ ne peuuẽt plus hay
entragẽt de dãser. En plusieurs ⁊ diuers endrois ce ne sont q̃ viciositez eulx esmou
Virg.ij.ge. uãs mẽbres ⁊ corps/ensuiuãt doulx instrumẽs. Plus de cent millions de maulx
Judich.ij. se font es dãces. car ung notable hõme trouuera auec sa fille/ ou feme des gau/
disseurs disant maintes parolles/mettãt le feu damours. Et apres sont to⁹ tour/
mẽtez ⁊ lyez damours par telle rigueur quilz nauront mẽbre q̃ ne le sente. Entre
vous ieunes fillez de maintenãt/toute vostre curiosite nest a aultre chose/euitez
et fuyez ceste chose tant desplaisante a dieu/sy vous voulez viure sans vice.

¶ Des aubadeurs/ioueurs dinstrumens ⁊ coureurs de nuyt.

❡ Qui toutes les nuitz vagabonde
Et des instrumens armenye
En grans chans & ditez habunde
Et devant la porte samye

Les grans doulceurs il ne sent mye
De froidure/ il les sentira
Au temps advenir qui viendra

O veulx dinstru/ Seult⁹ p platea nocturno tp̃e curris. Carmẽ et exclusus flebile cãtat amans
mens/ aubadeurs/
et coureurs de nuit
folz abusez venez faire une Esaye. xxix
aubade de bouche ou dinstru/ Sapiẽ. xiiij
mẽs devãt la porte de mon li/
vre/ & ouvres la porte & vous
trouveres ung bãquet q̃ vo⁹
sera moult delectable. Je vou
loye faire fin a mes ditz. ma
voulente estoit descẽdue sur
le bort de la mer. Je vis une
grant cõpaignie de folz q̃ võt
de nuit/ nonobstãt mon vou/
loir se arresta au cours de la
nef/ pource q̃ ie voulus escrip
re de eulx cõme des aultres.
a lheure q̃ toutes choses pren
nẽt repos/ ceste turbe fit grãt Job. xxxiiij.
ennuy aux povres reposãs Prover. vij
tãt hõmes q̃ fẽmes tant font
grant bruit ces folz courãt de
nuit p maintes places & ruez
cõme gens incẽses/ criãs/ hu/
lans/ & disans ordes parolles
et vilaines/ Aulcunesfoys leur vient des avariciõs de nuit devienides la grãt Ovidi⁹ de arte amorum
furie/ nonobstãt les doulx instrumẽs & les chãsons q̃ vont aulcunesfois chãtans Luce. v.
Devãt la porte de leur amye ilz font chantz melodieulx/ sans point avoir de chã/
delle/ & nonobstãt leurs instrumẽs font souvẽt des noises aux reposans/ pource
q̃lz ne sont poĩt en leurs maisons/ & cuidẽt leurs getter souvẽt pierres/ eaue/ voire
~~et le pot a pisser~~ pour les chasser/ ilz endurẽt froit/ chault/ gelee/ pluye & froidure Sapiẽ. xvij
O povres folz pourquoy vo⁹ esiouysses vo⁹ courre de nuit cõe folz/ gens esuen Johan. xi.
tez de vouloirs molz cõe ceulx q̃ neurẽt iamais sens. Les mecaniq̃s ne sont point
seulz de ce faire/ mais les ieunes/ ioyeulx/ gentilz hõmes/ prestres/ religieulx et
moynes faisant d̃ nuyt toutes choses desordõnees. Les mariez q̃ ont acoustumez
pour leur mauldit vouloir acõplir maculer leur vote pudique/ laissant leurs fem
mes en leurs lictz sans nul delit avoir avecq̃s elles/ & souvẽt ont des pẽsees maul
vaises quãt elles voyẽt la male vie q̃ le mary fait/ Quãt la coquine nourrit la fẽ Juvenalis
me pas ne se cherit/ ains couve les oeufz de corucq̃ue q̃ luy est bien grief/ O vous ad ephe. iiij
maries ie vo⁹ prie soyes doulx & paisiblez avecq̃s voz fẽmes sans plus courir de i. thessa. iiij
nuyt q̃ ne leurs dõnez occasion de mal faire. ❡ Des mẽdicãs & leurs vanitez.

Tot mendicarou cerui frandesiq̃ dolosiq. vt merit hos fatuus grandib⁹ accumulem.

C. de mēdi. vale. li. xi. v. q. v. c. nõ omnino. lxxxvi. di. c. pasce. Glosa super math. c. auaricie d̄ prebendis prouer. xiii.

¶ Moy qui suis pouure mendicant
Jay doubte dauoir grant lignee
Or maintenant suis applicant
De mains enfans ⁊ fille nee

Auec mendicans pourmenee
Jay ma secte en plusieurs endrois
Mais peu sont q̃ tiennēt les drois.

Ous folz belistres marauѕ ⁊ coquins affaictez/ Venes a moy ie vous donneray pour dieu vne aumosne saluberre et de grãt vtus. Les mēdicãs sont en grant nõbre. Je vueil dire de leurs folles cõdicions q̃lque chose. Les folz d̄ corps debilitez veullēt nourrir plusieurs enfans/ ie croy q̃lz ne vouldroyent pas auoir leur vie aultremēt. Les moisnes ont ceste meschãce ⁊ les clercz aussy/ lesq̃lz ont quasi leurs coffres plains de grãs riches/ses. Toutesfoys lez pourries voir de leurs voluntes ap/pliquer a loffice de mēdicatiõ Jlz sont vng grant tas rēplis de mauluaitie disant q̃lz sont en grant pouurete ⁊ q̃ on leur veulle dõner quelque denier Jlz ont dor ⁊ dargēt asses ⁊ ne despēdēt rien. Dieu a ordõne

Luce. xi. Thobie. iiii et. xii.

faire aumosne/ ⁊ q̃l fault dõner aux pouures q̃ ne possedēt rien ⁊ sont indigẽs/ af/fin q̃ le pouure puist viure/ laquelle chose est deuãt dieu precieuse. Aulcunesfois/ les mauluais pregnēt laumosne du pouure indigent. Je trouue grant faulte aux

Psal. xv. Dani. iiii.

moynes// abbez/ prieurs/ cloistriers ⁊ cõuentz/ cõbien q̃lz ayent assez de reuenuez et rentez Cõme gens desnuez de sens ne se peuuēt saouler des biens/ vous les ver tres aller mēdier p̄ la cite portãt vng sac dessus lespaule. Jlz vont de porte en porte cõme le pourceau saĩct anthoine. Et quãt vient le tēps de messon/ ilz assemblent vng grãt tas de biens amenãt de tous quartiers. Jlz abatēt du pain a tas/ soit es

Eccle. vii.

maisons ou tauernes/ nul nen sera exēpt/ ⁊ nauisent point ⁊ nont soing q̃ le dõne aux indigẽs plus q̃lz nont la moitie. Les aultres nõmez questeurs ou caffars en

de peni. ⁊ re. cũ ex eo.

font mestier en portãt des sainctz ⁊ reliques/ ⁊ neust on q̃ vng denier on leur dõne ra. Jlz amassent deca dela/ or/ argent cõe sil sourdoit. Jlz font acroire mons ⁊ mer ueilles aux simples gens/ voire aulcunesfois aux rusez. Jlz vendent les plumes

Eccle. xix. l. vna C. de mendi. vali.

du sainct esperit. Jlz portent les os de quelque mort qui a lauenture est dampne. ilz mõstrent bien le poil de quelquez vieulx cheuaulx disant q̃ cest de la barbe des innocẽs. Aulcuns dessaisiz de vertus/ q̃ sont sains de tous mẽbres ⁊ pourroyent gaigner leurs viez honestemẽt/neaultmoins ilz vont truander ⁊ demãder leurs viez/affin qlz nayẽt point de peine a besongner/⁊ souuẽt sont plus riches q̃ ceulx q̃ leur dõnẽt. Les aultres rõpent a leurs enfans/ bras ou iambes en leur ieunesse pour plus abatre de pain/⁊ on en donne tant plus largement pour la pitie que lon voit. Ilz vont pleurãt ioingnãt les mains ⁊ cõtrefaisant du doulent/priant pour dieu q̃ on leur dõne vne aumosne/⁊ font tãt bien les papellars/ql nest hõme q̃ ny soit abuse. Ilz sont aulcũs fors ribaulx ⁊ puissans qlz ne veullent labourer/mais viure cõe ces quoquins sans rien faire q̃ sont purez le plus souuent. Ilz sont bien aisez dauoir/bras/iãbes/⁊ ventre/mẽge iusq̃s aulx os. car iamais ny mettẽt medecine pour les guerir/mais plustost les enueniment ⁊ plusieurs aultres trõperiez y font/desquelles ie me tais. O pouures folz belistriens qui desrobes ceulx qui nont pas de pain a mẽger/⁊ a lauẽture qlz nosent demãder de honte/les vieilles gens/pouures vefuez/ladres/aueugles/helas penses y/car certes vous en rendres conte deuant celluy qui nous crea.

Vide librũ stultorũ i lingua theutonica latius.

xlij. di. quiescam⁹ i glo.

+

¶ Des conditions courroux ⁊ grãdes mauluaisties des femmes

¶ Plusieurs asnes cheuaucheroyent
Ce nest que monte y eust femme
Au moyen de quoy ne vouldroyent
Monte dessus pour le diffame

Quilz ont fait ⁊ grief infame
Au pouure asne ⁊ grans tormens
Car luy ont tors to⁹ ses bons mens

Si collig · ꝯ vindicta
Nemo magis gaudet
q̃ fem

Atendes icy folz e estourdis/⁊ vo⁹ cõgnoistres les mauluaitiez des fẽmes Aussi femmes approches vo⁹/et vous orres bonne matiere. Mes versetz ditez/⁊ escriptz vouldroyẽt des fẽmes tousiours dire grãs louẽgez autãt q̃ des anges diuins/car de leurs natures sont doulces toutessfois bien souuẽt se chãgẽt prenant mauluaitie ⁊ faulse cõdition Mon escript ne pourez differer/pourtãt fault il q̃ ie escriue des fẽmes vne satyre/ car de leur mauluaistie ie ne me puis taire. Jay ayme ⁊ aymeray tant q̃ ie viuray lhõneur de toutes bõnes fẽmes: mais cõtre les mauluaises en tout mes escriptz ie parleray/Cornelia la sage mere de grach⁹ fut bien sage ⁊ plaine de grãt

Prouer. xxi.
Eccle. xxv.
Prouer. xxi.

Cornelia

Ecclesi.xx. constance tant q̃ sa grant vertus & largesse auec ses bõnes meurs redondit ꝑtout
Les bõnes ie loueray/mais ie blasmeray les mauluaises tant q̃ au monde ie vi
uray. La femme q̃ est alectee de la mamelle de noblesse & sapience/se elle est sa/
Eccle.xxvi. ge cest plus grant tresor q̃ de auoir toutes les richesses du mõde/ elle ne se corrõpt
point facillemẽt de vices ne de pechez Se ceste femme est courroucee a son mary
Assuere facillemẽt elle mitiguera son courroux. Nous lisons du roy assuere q̃ auoit man
Hester de mettre a occision les hebrieux/Lors hester sceut ceste chose/laq̃lle estoit regẽte
du pays/elle vint au roy et luy pria q̃l luy voulsist ottroyer sa priere. Il luy ot/
troya/elle luy pria q̃l reuocast sa sentẽce/laquelle chose fit/& ꝑ ce moyen elle gar
da le peuple de cruelle mort. Nabal estoit moult riche & vassal de dauid/leq̃l roy
Nabal Abigayl. i. dauid luy manda q̃l luy enuoyast de ses biens Nabal luy refusa/parquoy dauid
regũ. xxv. cõmãda quon mist tout a lespee/& quon luy ostast la vie & les biens. Abigal fẽme
de nabal sceut le cas/ puis elle print pain/ vin/chair/& aultres biens q̃ son mary
ne sceut pas/& vint vers dauid luy priant quil se voulsist deporter de sa fureur &
luy presenta les biens. Et quãt il vit la cõstãce de ceste fẽme il pardõna a son ma
ry/& retira toutes ses gens. telles fẽmes on doit louer. La fẽme chaste na en elle
aulcune seule replique/elle verdoye cõme la verdure sans fenir/en morte saison
elle resplendist en la maison. Son entendemẽt ne diminue point de science & ver
tus diuine/es opinions mõdaines dõne bõne opinion a celluy q̃ les entent/& brief
Ecclesia. xl. engẽdre toutes bõnes vertus. Mais aussi des mauluaises fẽmes felonnez & des/
Prouer. vi. piteuses q̃ neurent oncq̃s bõne voulente/ains tous les maulx q̃ iamais furẽt au
monde & q̃ sont digne de memoire on fait. Salomon cõditiõne mieulx q̃ iamais
Salomõ. iij regũ. xi. hõme/sage & prudent tant q̃ sa sapience en toute terre a este renõmee/ & tout pour
Eccle. xlvi. bailler cõseil a vne fẽme vile & hydeuse. Et combien quil fut sage/il adora vne
p. ix. & xxv. ydole en desirant son createur par ceste folle. Plusieurs fẽmes sont pires /cruel/
lez & forcenees/lesquelles veullent choisoir tout leur mondain desir/gettant pa/
Eccle. xxv. rolle veninieuses pour destruire le bon renon daultruy. Elle est de sy sauluaige
Eccle. xliij. sorte quelle porte deux langues/lesquelles parlent sans cesser plus de mẽsonges
Ouidi. ij. v. metaphi. que de verite. Il est escript q̃ elles vindrent de pyrrha & de sa semẽce/elles caquet
Prouer. ij. tent tousiours en diffamãt quelcun. O iesucrist veulle nous estre deffenseur de
Eccle. vij ses fẽmes q̃ ont sy malignes langues garulans cõme la pie. Ceste vile orde tur/
Eccle. xiij. be de fẽmes crie a toute heure de la nuyt. Sy elle est couchee auec son mary sans
Prouer. vii. fin elle murmurera & tousiours dira polles cõtre le mary. Le mary perd le sens
Ju. saty. vi. soit vieille ou ieune elle cõtrefera lenragee affin q̃ le poure mary luy cõplaise.
ec. xix. & xxv
Pro. ij. & v. Le mary cuide estre plus sage q̃l ne sera iamais endure delle/& sil aduient qui la
ec. xix. & xxv repreigne/elle le desprisera & blasmera en cõtenant hayne cõtre luy elle brassera
Eccle. vij. vng dangereux potage pour le faire mettre en obscure prison/disant q̃l a dit mal
du roy/ou quil a desrobe quelque chose/& pretendra de le faire pendre/brief il nest
Amphion rien plus dangereux a vng hõme que dauoir vne fẽme dãgereuse. Nous lisons
de quo oui. de amphion qui par le moyen de sa femme mourut Calphurnie postuloit en court
vi. metha laquelle fit vng grant deshõneur/car elle monstra son cul au iuge. Parquoy fut
calphurnia dit que iamais femme ne postuleroit tant fut prudẽte ne sage. Il nest rien sur ter/
iii. l. i. circa principium re ne plus oultrageux ne mauluais q̃ la fẽme ireuse elle est plaine de grãt fureur
ff. de postu.
Eccle. xxv.

de vne lyône/plus peruerse q̃ le tigre. Oncques en ma vie ie ne vis ny ouys parler de chose qui fut pire q̃ femme quant elle se desuoye. Côme il appert de medee furibunde detrencha ses deux enfans & fit morir loncle de son amy iason. Progues fit pis laquelle côme despiteuse pour soy venger de son mary thereus qui auoit viole & puis coupe la langue a sa seur philomena/elle tua son filz q̃ fut grât crudelite/puis le fit cuire boulir & rostir/& le bailla a menger a thereus. Iuuenal hôme discret a dit du mal beaucoup des fêmes/côme ouide & plusieurs aultres. A bien le prêdre no⁹ pouôs dire quelle eut le cueur en vng giron circui de grosses espines mordantes & poignâtes/rêply dune amertume/dune infectueuse liqueur dung fiel ordeux. Sy q̃ est maculee la poictrine venât a la bouche/duquel maintez psônez a touchee q̃ sont reprochez vilz & infectz/& engêdre mille discors/elle infectiône les meurs/bonne aliances & foy/charite/droitz/& grans sciences/elle dit mal de son mariage. Iunõ qui garde les chastes de souller ou maculer de vice/ne peult reculer leur vouloir peruers & mauldit/sans auoir en elle douleur/venir contre la saincte loy/côbien quelle soit en faculte damours acôpaignee a son mary ce nest q̃ abus aumoins de leurs deux cueurs mis ensemble/lung a laultre sont differens/car elle veult porter grans estas/suiuir esbas/bombâs/& gorres/& faire vne grande despense. Au moyen de quoy le mary ne peult fournir de tout son auoir. Ainsy se despendêt ses richesses tant ql perd quasi le sens. Ilz sont troys choses nôpareilles/des aultres toutes trois la terre soustiêt/mais il nappartiêt pas que la quarte soit soustenue. La p̃miere est/le seruiteur q̃ deuient maistre. La seconde/le seruiteur q̃ est tousiours yure & a la panse plaine. La tierce/cest la fême furieuse & plaine de noyse. Et la quarte est la seruante plaine dorgueil/qui est heritere de sa dame. Telle chamberiere tu dois euiter & fouir/car elle dône souuêt a boire breuuage ou repose est le venin (& brief) tousiours du genre femenin il no⁹ fault dôner garde. Regarde de agripine & de sa mauluaistie puerse. Des demandes vous parleray/ce furent cinquâte seurs toutes mariees/lesquelles p le p̃seil de leur pere chascune tua son mary enuiron la minuit/ppremêt le iour de leurs nopces reserue vne q̃ est assez vertueuse/laquelle ne tua point son mary. Hellas lucresse ou es tu allee/tu nauoys garde de maculer ton hôneur/peu sont qui de ta chastete soyent liez/peu sont qui tiennent ton courage. Mais plustost en toutes voyes & chemins on ne voit que thaydes par tas/lubriques côe gras pourceaulx Les chastes bien cleres semees. O cathon tu fuz heureux de trouuer porcia a la sage. Et toy agamenon tu fuz malheureux de trouuer clytemestra. Chascun vouldroit bien trouuer sabina. Car il aduient souuent que lhôme trouue mauluaise femme. Au moyen de quoy est asseure celluy destre heureux qui trouue femme sage & discrete/& disposee de tenir foy & loyaulte a son mary/telles femmes sont dignes destre mises es croniques.

Medea de qua sene. in medea
Progues de qua oui. vi. metha.
Eccle. vii.
Eccle. xxv.
Prouer. ix.
Eccle. xlvi.
Iuuenalis
Prouer. xxx
Iuuenalis
Agripina
poncia
Danaides de quo ponit p bocatiũ in de genea. li. ii. c. xxii.
Lucrecia
Thays
Saho
Porcia
clytemestra.
Sabina
Prouer. xii.
Eccle. xxv. & xxvi.

De la puissance des folz.

Les folz disent auoir puissance
Dont leurs tentes sont sy tresgrandes
Ayans de bien/or/& cheuance
Que partout guerroyent a bandes
P voyes/plains/chemins & landes
Sic que na rien par my le monde
Qua leur seigneur argêt ne fonde

Oib⁹ in terris tenz insipiẽtia sceptra illi⁹ seq̃tur regia turba pedes

Sapi i. v
prouer. xvij
ec. xxiij.
Eccl. xxxiij

d Es aultres folz il est encores lesquelz pour leurs richessez cuident estre sages/ mais
ilz sont du tout ebetez/ parce
toy pouure fol estourdy/ cuides tu estre dispense dauoir
grant science ⁊ vertus/ pour
posseder grans heritages/ tu
es cōme laueugle qui va seu-
let ⁊ ne scet ou il va/ encores

Bo. x
Pro. xxvij.

es tu plus fol qui te veulx re
pute saige/ ⁊ prendre sur aultres auātage de grāt richesse
et tu nas ne biens ne scauoir
O que bien souuent il aduiēt
quāt il me souuiēt parler du
fol ⁊ proposer tous ses beaux
faitz/ qui se loue de ses gestez
prouessez/ faitz ⁊ vaillances/
y vng follatre ⁊ de vouloir
trop estre curieux: cuide affer-
mer ses haultes louēgez auf-
sy bien cōme sy vng aultre le

Eccle. xxvi.
Erorc pp̄o
laus sordes-
cit.
xxij. q. ij. pri
mum.
Job. xxxvij.
Prouer. xx.
Eccle. x.
Sapien. vi.
Eccle. v. z. x.

disoit. Il dit que sa terre est bien fortunee/ ⁊ quil nest viuant qui la peust prendre/
fut vlixes/ iason ou enee. Tant est bien garnie de nobles ⁊ vaillans cheualiers/
et de rien ny a faulte. Le sage ne monte sy hault/ mais sans mot dire prent le tēps
cōme il vient/ soit de richesse ou de fruict. Sil est habondant en richesse/ il ne sen
esbahit point. Ains luy remply de vertus garde son royaulme en paix et vnion.
La terre ou il y a ieune roy ou prince nest pas heureuse/ car il ne se scaura gouuerner. Et ses conseilliers nentēdent sy nō a gormāder/ beuuās vin nocturnal/ ⁊ en

Prouer. xxx
Sapien. xi.

diuturnes gaudeam⁹ Sa terre ⁊ ses biens dissipe/ ce fol est assis au siege indert ⁊
pour rendre a chascun iustice ⁊ equite/ de laqlle iustice isse droit. Il tourne les loix
a la voulente de quelque mauluais hōme/ ⁊ fait des iugemens legiers quant il
a amitie aux ptics. Simplesse est bien mutilee/ degastee/ ⁊ anichilee/ ⁊ ses droitz

Siplicitas
est amica le
gib⁹ vt insti.
de agna. siue
§. scz quia
Susanna
Danie. xij.
ij. mach iiii.
iii. reg. xx

qui deuroyent estre iustemēt maintenus/ on y faict dotz ⁊ grant faulte. Jay peur
quilz ne ensuiuēt les prestres q̄ accuserent saincte susanne/ combien quilz eussent
iudicature ⁊ region/ neātmoins le veullēt accuser: ⁊ de bonte recuser. Ou bien celles de benadab qui a achab auoit promis moyēnāt la bonne aliance q̄lz auoyent/
et sur sa foy de retourner cōme prince/ ⁊ bailler chemin aux conquestz q̄ sur achab
seroyent faitz/ ⁊ son pere pareillemēt qui benadab tresuilainemēt ne voulut garder sa foy ne promesse. Ou du mauldit triphon le traistre/ q̄ soubz faulce couleur

i. macha. xij

decent le bon roy ionatas pour les dons que de luy receut/ car ionathas ⁊ tous ses gens en grans pleurs ⁊ douleurs fit morir en ptolomaide/par ce ql ne peut auoir secours. Richesse fait mains hommes morir/⁊ destruit maintes citez ⁊ chasteaulx elle fait choses nouuelles ⁊ a vilite les retourne/elle fait mille rigueurs ⁊ tout le monde decoit tant de maulx elle concoit:car elle destruit la cõscience/foy/sciẽce/ et pacifie noz souuerains ⁊ magistratz. Chascun la prise ⁊ honnore. et brief sans raison fait beaucop de maulx. Sy vng fol a tresor ⁊ grãs richessee il dominera sur tous ⁊ viuera en triũphe: ⁊ tout par sa cheuance.

Qui in arte
hoza.i erlis
Ecclesia. x.

¶ De la cure dastrologie.

¶ Celluy des folz est repute
Incredule qui met sa cure
Es estoilles mal depute
Et ce qui nauiendra procure
Ce rustic diot ne rancure
que dauoir hault nom dastrologue
Vng grant diot qui epilogue.

Libera fetã
hoi tribuet
dinaptas. si
dera nil co
gnit sapiens
dñabitur
astris

astrologues q specules aux planettes/ et estoilles approches vous ⁊ venes faire vne prenũstication sur ma satyre O astrologiens vains qui en nulz biens ne sont vtilz/machinaticques ariolles ⁊ les regens tous ceulx qui hõnorẽt les estoilles. Sil aduient quelque petite chose a vng hõme ilz exposent disant que les elemẽs disposent auoir quelque bien ou affaire/ plusieurs sõt qui se veullent perforcer a ce faire/tãt en ya par my le mõde quilz sont quasi innumerables/⁊ font plusieurs maulx ayant folle sollicitude a ceste science malheureuse/au moyen de quoy tout le cours du temps q aduient disent tout gist bien a repos des estoilles Ilz sont si sages qlz scauẽt les obscurs secretz ⁊ causes de tous elemens des grans momens ⁊ leurs voulentez se veullent mõstrer cuidens scauans ⁊ sages ce q aduient du iour. Ilz se mettent a reueler ou exposer en grãs erreurs plusieurs choses terribles. Et sy regardẽt la lune ⁊ le soleil/ ⁊ leurs diuers momens/⁊ apres leurs tournemẽs se mettẽt a parler/disant q saturne est le pire signe de tous/⁊ grant destresse soubz icelluy est. Disant oultre que mars signifie gens plãtureux q serõt fors eureux en batailles Disant aussy q venus est oyseuse soubz elle sont tous biens venuz/en ioyeusete/amour/⁊ libidinosite. Autãt dit il

xxvi. q. v. nõ
liceat xpis p
totũ ⁊. xxvi.
q. vij. obser
uatia ⁊. c. se
quenti
Ad gal. xiij
xxvi. q. vij.
c. quis exsti
maret

xxvi. q. ij
ipsis
Exodi. xij.

Planetiste
Sol
Luna
Saturnus
Mars
Venus
Mercurius
Jupiter.

de mercure. De iupiter il dit ql est piteux. Quicũques sera ne soubz saturne sera diligent a desrober ⁊ maintiendra mauluaistie ⁊ meschãce. Soubz mars il sera es batailles/⁊ tirera de larc. Toutesfoys souuẽt nous voyons q̃ le nfant de quoy ie parle vient a pfection/⁊ ne part sa maison: ⁊ ce fol le repute tel. O viuãt/ en ce

Ad titũ.ij.
Tholome⁹.
Ad rom.xi.
Ecclesia.i.
Psal.xxxv.

monde ne enterre pas ton entendemẽt de ces friuolles, Mais tes sens obfusques desstpez. Fais bien ⁊ soyes vertueux/ne doubte ces choses. Je te vueil dire encores mieulx q̃ dieu le createur tient en sa main les elemẽs: ⁊ ainsy q̃ luy plaist les tourne. O pouure fol matematique vouloir inscauãt q̃ metz ton entendemẽt scauoir les faitz de laltitonant. Or viens ca pouure cueur quel fureur/quel rigueur ta pris q̃ ta enseigne dire les haultz faitz de dieu nostre createur. Il sembleroit pour vray que dieu te eust voulu eslire a dire ses secretz. Il appert bien q̃ tu as desdain toutes vertus ⁊ grãs sciẽces tu es aueugle veulx tu auoir

de pe.di.iiij
c.in domo.

lautre lumiere/ laisse ces abuz/ prens lentiere voye de vertus ⁊ sagesse/laisse a dieu ceste chose/⁊ face ses diuines pensees ainsy quil luy plaira laisse luy gouuerner le ciel/

Ad ephe.i.
Ad ro.viij.
xxvi.q.v.nõ licet.
xxvi.q.iii.
admoneant

les astres ⁊ le firmament sy a present nous veult deffendre que peuuent les estoilles cõtre no⁹/⁊ le hault seigneur qui est principal. Si le hault dieu nous veult deffendre/ nous nauons garde de perir par estoilles ne leurs dispositions. Aulcuns escripuẽt les naisances des enfans cõprenant estoilles ⁊ planettez/lesquelz on voit souuent faillir et nest pas tousiours vray ce que lon cuide le plus souuent Car nous auons que le sage domine aux estoilles.

De celluy qui veult descripre ⁊ senquerir de toutes regions.

Stultoꝝ ille
q̃dẽ q̃ mẽsu
rã vndiqꝫ
terre. Ment
nec se nec
sua sare valz

Celluy qui la terre mesure
Le ciel climatz ⁊ tout descript
Voulant auoir memoire seure
Du monde est instant fat ⁊ proscript
Sy de son cerueau mal escript
Noste celle male entreprise
Car mauluaisement est comprise.

Aleureulx folz qui cuidez scauoir & cōgnoistre la mesure du ciel & de la Plini⁹.li.ij
m terre approchez vous & venes mesurer ceste satyre/& vous y cōprēdres circa princi.
chose vtile. Cestuy est rēply de folye & tire a nostre nef voulant cōpas/ xxvi. q. iiii.
ser tout le monde dung cōpas bien petit pour cōprendre climatz/ regions/ & tous c.igitur
les peuples. Ilz appetent & desirēt cōgnoistre les regions & lieux/leur longueur & Esaye. xl. et
largeur/& des cieulx pareillemēt auec les reflexiōs & mouemēs. Une chose grā/ lxviij.
de a oultrāce q̄ ne appartient pas a hōme mortel en auoir la cōgnoissance. Et ceulx Ecclesi.iiii.
qui sont aux lieux regens dedans la grāt turbe q̄ sont tous hallez de la chaleur du ij.Corin.x.
soleil noirs cōme bruslez vers les pays occidētaulx du mont yperboreus ou est le Abacuc.iij.
grant vent eous quelle est leur cōdition/nest ce pas bien chose voire de vouloir
telles choses cōprendre/il mesure vrsye pour cōprēdre le pays & peuple/asye/apu/
lie/cilice/grece/ athlante/ calpee/ les hercules/ thesalye/picardie/frāce/ naples
et es fins de la monarche/de la profondite & ingurgite de la mer/toutes les isles
et les gens q̄ y habundent/desquelz le grant strabo se fonde en son liure ou il ya de Strabo
script tout le monde cōme il appert. O fol geometrien dy moy pourquoy as tu sy
grant soussy de cōprendre telles choses. Je te dis que ton entendemēt est anichile & Eccle. vij.

destruit Veulx tu faire plus Plinius
que plinius: q̄ fit son liure de Tholome⁹
ceste sciēce/il estoit grāt clerc Sapien.iij.
mais encores il y mist plusi/ Hiere.ij.
eurs erreurs. Aussy fit tholo Ezech.xiii.
meus q̄ cuidoit faire plus q̄ Eccl. xxiiii.
les aultres. Tu labeures en
vain/& nas pas le cueur pur.
et si laisse le bon chemin pour
tenir le mauluais. La terre q̄
fut incōgneue. Des pristes q̄
iamais nauoit este manife/
ste ne fut elle pas trouuee a
loeil et sans molestation de
cueur Il fut vng qui cōgneut
que es isles despaignes auoit
gens habitables Il vint au
roy nōme ferdinādus lequel Ferdinād⁹
luy bailla aide tellemēt quilz hispaniarū
trouuerent aulcunes isles de rex.
gens qui nentendoyent riens
touchāt dieu nostre createur.
Et nauoyent reigles ne loix
mais viuoyent cōme bestes.

¶ De celluy qui ne veult estre fol.

Si studer|
sulteũ i pilo
q̄si ptisanas
feriēte desu
per pilo. nō
auferet ab
eo stulticia
eiꝰ. Clamā-
ti cui c̄ sum
mos direpe
ra p artus.
Nec qcq̄ mi-
si stulꝰ erat

¶ Marcia auec le sage
Doct appolline disputa
Pource que passer le passaige
Destre vaincu ne reputa
Mieulx estre escorche il puta
Dūg fol luy pēdoit fluste aunais
Et com deuant fut fol du moins

Ennes ⁊ pouures folz/approces vous de ma satyre:car certes sy vous ne approches voꝰ seres escorchez pour vostre obstination/⁊ tousiours vous seres folz. Chascun fol tient ceste nature estāt en obstination/nō voulant prendre paciēce soubz bōne foy ne loyal desir. O marsia sy grant pitie ce fut de toy destre escorche cōme vng veau/tu fuz abuse a la harpe dorpheus q̄ te mist en ceste folye/dont pdis ta peau ⁊ ta lute. A lexēple de cestuy plusieurs folz sont q̄ leurs pēsees ont plaines dostinatiōs/cuidāt estre sages ⁊ prudēs/⁊ veulent les aultres preferer. Ilz ne voyent les aultres inferer toꝰ les vont a demoqueries de cachines q̄lz les voyēt ⁊ appcoiuēt bien/toutessfois en sont folz q̄lz cuident q̄ ce soit ieu/⁊ silz voyēt chm̄ pposer maintes mēsongez ⁊ flateries deulx/⁊ croyēt q̄l soit vray. Sy voꝰ voules cōgnoistre telles gens/ilz ont a la teste vng signe de folye. Se tu as este riche/⁊ tu as encores les plains coffres ⁊ grās mōceaulx de richesses (ne doubte) car tu auras prou parens ⁊ amys/⁊ quāt tu nauras plus de richesse/tu nauras ne parens ne demy/car le pouure hōme na nulz amys. Ne despens point ta cheuāce a ieux/ne libidineusemēt/ne suys point les prodigues/car gens de bien te fuirōt. Quāt tu auras despendu tes biens/desquelz tu te tenoys fier/richesse te laissera/pouurete te assaudra:⁊ chm̄ te blasmera. Tu requerras q̄lque amy q̄l te recouure ton hasard/mais ce ne sera asses tost requis. tu auois des biens asses pour ta vie ⁊ secourir tes amys/⁊ tu as tout despendu ⁊ cōsumme en peu de tēps. Tu es fol/car amitie ne scaurois trouuer/puis q̄ ne possede nulz biens. Amitie maintenant est en la bourse:car q̄ na argēt na nulz amys/⁊ fut on sage cōme salomen/⁊ on aist point dargēt on nest quung fol/⁊ fust on fil de roy ou de prince/on ne aura nul hōneur/sy on na/or/argent ⁊ possession.

Pro. xxvij
Ouidiꝰ. vi.
methamo.
Oui. vi. fas.
Iuuenalis
Eccle. ij.
Pro. xxvi.
Eccle. xx
Sapien. iiii
Eccle. xix
Ouidius. i.
tristium
Prouer xix.
Luce. xv.
Tulius de
amicitia

ff. vbi pupi.
edu. de. l. ius
alimentorū

Pro. xviii.

¶ De ceulx qui nenten dent ieux.

¶ Qui auec enfans veult iouer
Et folz qui sont tout dune sorte
Tous leurs esbas doit adiouer
Affin que le estatz se deporte.

Et en tirant le voil se porte
Mais ne soit rompu a besoing
De peril lon doit auoir soing.

e Ntre vous folz glorieux q̃ nentendez point ieu/ venes vous iouer en ceste satyre/⁊ vous cõgnoistres q̃ cest que de ieu/ voz ieux sont ieux de seigneurs/ vous vo⁹ voulez iouer ⁊ ne voulez point q̃ lon se ioue auec vous. Car q̃ se veult iouer auec folz/oster doit toutes follies ⁊ ieux/ sil ne veult estre pacient ⁊ endurer tout. Qui se ioue auec enfans/il se doit moderer auecq̃s eulx/car q̃ ne peult endurer du ieu il ne sy doit iamais mettre. Cest grãt folye de iouer a vng/et se courroucer en iouant/il vauldroit mieulx laisser le ieu. Quãt vng fol est yure/ne te ioue point a luy/il est dangereux/ car pour rire a plaisir il diffameroit gens de bien/donc q̃ veult iouer auec telz gens on doit souffrir leurs parolles ⁊ vains ditz. Qui veult chasser aux grosses bestes/il doit auoir/chiẽs/ rethz/⁊ filez/⁊ puis poursuiure la beste/affin quelle entre dedans les cordes Ou sy plusieurs sages gens dessemblez on vouloit assembler /ilz les fault cõuoquer ⁊ en turbe amasser/il fault parler en iouant rigoreusemẽt Mais a loppposite/aux folz on doit parler amoureusemẽt/car ilz se courroucẽt de legier. Je ne dis pas q̃ il ny aist sy sage ne si doulx q̃ ne se courrouce quãt on dit parolles fieres ou maul naisaises soubz couleur de q̃lque amitie/souuent en vient noise ⁊ courroux/⁊ sen ensuit mal. Toutesfoys celluy est intoleral/cruel/⁊ insciauãt/q̃ pour amitie rend inimitie. Il aduient souuent q̃ quãt on va auec vng fol/ il fera ouuerture de mal de sa propre nature. Celluy qui veult estre prudent doit eslire hõme prudent ⁊ sage/⁊ il aura grande sagesse ⁊ saine cõstãce:⁊ sy sera tenu pour sage. Et q̃ va auec les folz chũn sen mocque/⁊ diront q̃l est fol cõme eulx. Ces folz ont terrible sorte/ car ilz sont ambicieulx/bien ou mal veulent discerner. Ilz veullent sur to⁹ dominer tant soyent sages. Ilz veullent auoir grant salaire ⁊ nont point fait le pourquoy/⁊ desirent tousiours auoir le sceptre. Et combien q̃ leur pere soit vieil ⁊ ancien/ilz le mettent tousiours derriere/⁊ font de tous aultres pareillemẽt. O que Aman auoit le cueur marry/quãt lempereur fit crier vng edict/ q̃ chũn luy portast hõneur/quil estoit dolent de Mardoche quil nobseruoit ledit/quãt deuãt ses yeulx veoit chũn obseruer. Pource qui desire estre nõme saige doit fuir les folz. Et par ainsy pourra auoir bone renõmee ⁊ sage sera appelle.

Ludere cũ fatuis q̃ uult pueris ve he niane Illor tolleret vbe ra; vba iocos

Math. vii. i. dis. i pan.

prouer. xxvi

Ecclesia. i.

Ecclesia. xix.

pa. xxvii. Ad ro. xii. i. ad thes. v. i. petri. iii. prouer. xiii. Eccle. xiii. ⁊ xxviii. Pro. xxvii. c. q. p ambitionẽ de ele. li. vi Lucan⁹ in i. Hester iii

¶ De limpacience daulcuns qui ne veulent attendre ⁊ veullent mal faire.

Ec. viii. ⁊ xx. ⁊. xxii

¶ Celluy qui lestoeuf veult en lair
Frapper se contorque ⁊ tormente
Laisser ne scet a terre choir
Infeste plusieurs ⁊ desinente
De pour ses ennemis guemente
Et quil souffre peine ⁊ douleur
Tout procede de son malheur.

Bella oium rex vicissitudo Qd tibi vis fieri mihi fac. qd nõ tibi. noli Sic poteris in terris viuere iure poli

Mabt. vij.
In prohe.
decie.
m. c. dilecti
d ma. & obe.
xi. q. vi. qui
se scit

N Eoubliyes point folz ebetes de venir lire en ma satyre. Et vous lires des folz de toutes vertus repulsez lesq̃lz veullent blesser aultruy/ et eulx mesmes sont blessez ce q̃lz cõtendoyẽt Mais toutesfoys pas ne tendoyent de les blesser en ceste facon Et ceste cõpaignie folle aprise de dire iniure sont rẽplis de vicez proferãs moins vilains oultrages/cõbien q̃lz parlent daultres/ilz ne pẽsent a eulx mesmes q̃ sont ors & vilz. Ilz ne vouldroyẽt pas q̃ on leur dit la quarte ptie de ce q̃lz dient daultruy/ ilz enrageroyẽt et fut p ieu ou esbatemẽt. Je te prie ne veulle parler a volee car quãt la pole est ptie de la bouche/on est subiect a la parole/ & na repos q̃ tousiours ne coure sy tost quelle est mise dehors/les plus puissans du mõde ne la scauroyẽt retirer/pensẽ q̃ la langue ne dye parole dãgereuse/mais acquier vertus/ & regarde ton exẽplaire/laq̃lle chose on doit faire/ & iamais ne fais a aultruy ce q̃ tu ne vouldrois q̃ lon te fist Et se tu veulx mettre dedãs ton sac les aultres/regarde q̃l grant mal ta bouche porte/elle est plus blecee seule q̃ toutes les aultres. O pouure fol regarde ton parler/affin q̃ tu ne face mal a aultruy/car souuent on fait la fosse pour aultruy q̃ lon chet dedãs le p̃mier Cõme aman q̃ auoit fait plusieurs mauuaistiez a Mardoche hõme sage & prudẽt. Ce neantmoins fit il faire pour luy croix ou patibulaire ou gibet/mais aman cault & fin cheut & toute sa mauluaistie car il fut pẽdu sans nulle faulte. Il cõuiẽt a to⁹ cas cõsiderer & eslire vng bon moyen/laissant dolz/trõperies/deceptions/roberies/ car de se fier trop en aulcun nest pas bon/pource q̃ aulcũs sont q̃ font gouter goust amer. Cõmẽt peult on scauoir se aulcun a bõne foy a le veoir/on ne le peut scauoir Se celluy q̃ a enuye sur toy te prie/respõs luy sagemẽt/car tant fusse tu sage tu ne scaurois scauoir son secret. Eslis hoste a ton plaisir/bois & mẽge hardim̃t en sa maison/nayes pas peur de mal auoir cõbien q̃ tu soyes fol menge ton soul. Mais se tu cõgnoys q̃l ne soit pour toy secourir affin q̃ pas ne te decoiue fuys le & tu feras q̃ sage/car il rit en se mocquant & truffant de toy: & desire ta mort.

Sapi. xviij.

Eccle. xxxiiii et. xxxvi.
Oui. de re. amoris
Math. vii.
psal. vii.
Proue. xxvi.
Daman
Eccle. xxvii
Hester. vii
Proue. xvij.
Ecclesia. vij
Ecclesia. ix.
Pro. xxiij.
Eccle. xiii.

De limprouoyance du temps aduenir.

¶ Quicunque le temps de mestive
Laisse passer sans amasser
Fruitz ⁊ en ceste saison vive
Et coge est ceulx a tasser

En hiver sy a voulu passer
Le doulx tēps de lours il emporte
Condicion/⁊ se deporte.

Vade ad formicam o piger ⁊ considera vias eius ⁊ disce sapientiam que parat in estate cibum sibi ⁊ congregat in messe quod comedat

Allez de quelque part q̄ soyez folz improueuz du tēps aduenir/⁊ venez hastiuemēt ne soyes plus pucrceulx/ mais diligens escoutans mes ditz. Quicunq̄s le tēps deste ne amasse pour viure liuer/il est de la cōdition de lours. Celluy est fol q̄ est sy paresseux de pourueoir du tēps aduenir Qui seroit celluy q̄ feroit cōe vne beste considerāt son mal aduenir ⁊ penser de amasser des biens pour sa pasture au tēps futur/q̄ ny pēse sera pouure ⁊ meschāt tāt soit ieune/ se aultremēt fait il discipe et gatte son corps ⁊ pert ses biēs car il ne pēse point ce q̄ luy est opportūe. Il est si fol q̄l ne pēse point aux choses ppres Et quāt indigēce le sōne/pouurete lappelle/meschāce le suit. fain la tient/⁊ toute vile chāce. Jamais ne pensa au tēps aduenir/mais a passe ses iours en cōsummāt sa ieunesse en follye ⁊ ieux. Nest ce pas vne grāt [illegible]dāce/hellas ouy Le meschāt ne doit regarder aux aultres/car sil y regarde il ne amassera nulz biens. Prenes exēple au soliciteux cōme dit le sage/q̄ pēse de sa nourriture/puis apres de ses petis enfans/affin q̄ au tēps aduenir ne ayent faulte. Quāt tu es en leste amasse et lieue tes fruitz/pour en viure le tēps diuer/affin q̄ toy ⁊ ta famille ne perissez par faulte de puision. Aussy ceulx q̄ ont mal pēse a leurs viez le tēps passe ⁊ ont mis tout a nōchaloir/⁊ ont eu les cueurs durs/⁊ mis en plaisir mōdain tout leste dormir au soleil sans acquerir bien ne demy/ainsy ont mis en contempt leurs viez pour leur grant paresse: ⁊ nulz biens nont cōquerū. Se telles gens nont aultres biens ou terre/ilz ont le cueñt en grāt soussy/en grāt misere ⁊ pourete Ou silz ont tout despēdu p mal pēser a leur cas. Et aps luy cōuiēt vendre/ terres ou aultres biēs pour viure: ⁊ en la fin vient miserable. Lautre q̄ na nulz biēs pour sa vie alimēter/si nō ce q̄l quiert en leste/⁊ na rien amasse/il quiert pouurete/ ⁊ fain sy lassault. Aussy q̄ ne amasse le foin en la saison au moys de iuillet sa maison demeure improueue ⁊ en auras apres grant faulte ⁊ necessite. Je te prie prens exemple

lxxxiij. di. c.
Seneca
Prouer. vi.
Deuter. xxxij
Eccle. xxvi.
Prouer. xix.
prouer. xiij.
Eccle. xiii. ⁊ xxxviii.
prouer. xx.
Sapien. xvi
Prouer. vi. ⁊ xxiiij.
Pro. xxvi.
mat. xxv
Eccl. xxii
puer. xxii

Iuuenalis
Prouer. vi.

aux fourmis q̄ leste font leur prouision dont ilz viuēt liuer. Les mouches a miel ou aez pareillemēt font puision leste/ & p ainsy ilz ne perissent point de faim liuer.

¶ Des litigans ou plaidoyans en iugement.

Sicut coru/sec̄k cadaue/ra. ita rixo/sus lites.

¶ Qui au conspect dame iustice
Fait plusieurs grans noises & cris
Demandant son droit tout propice
Cellуy fol comme mal apris
Tend daueugler le treshault pris
De dame iustice & ses drois
Contaminer en tous endrois

Plustost q̄ le pas a/coures folz crieurs qui faictes grāt tu/multe deuant dame iustice & vous cōgnoistres cōmēt cel/luy est fol q̄ fait tumulte de/uāt elle. Tous crieurs deuāt iustice sont dignez destre pu/gnis de griefue peine. Ilz ne font nul merite/ains pertur/bent le cōsistoire vng grant tas de diuerses gēs font grāt bruit/lesq̄lz les iuges depriēt q̄lz facent silence. Ilz criēt au iuge & cōseilliers cuidant que pour hault braire/ ilz iugent leurs pces a leur appetit. Ilz vsent de trōperies/ deceptiōs machinatiōs & fraudes/ & ia/coit ce q̄ la cause soit de petite matiere q̄ ne vault pas deux deniers/ilz veulēt faire vng grāt proces cuidāt auoir ven/gance p leurs fiers couragez. Vous cuidez corrumpre les

Prouer. xvi.
Esaye. lvij.
Jacobi. iiii.

1. Corin. vi.
Prouer. iij.
Eccle. viij
Ad tim̄. iii.
ij. thimo. ii.
Math. v.

beaulx tiltres des loix & des chapitres de dame iustice. Ilz sont bien ioyeux de plaidier/telz gens cōgnoissent quasi autāt q̄ les procureurs/p ce q̄ souuēt sont a la court. Ilz font tenir leur cause longue Ilz plaidiēt & sceuēt bien q̄lz ont mauluaise cause/pretendāt corrōpre & destruire les sacrees loix & decretz: coustumes & statuz et qui pis est les fuyent le plus q̄lz peuuēt. Se on fait bānir vng hōme pource q̄l est subterfuge a trois editz a son de trompe/il doit estre appelle fol/ ou sy on fait citer deuāt lofficial/il se laissera mettre en excōmunimēt/ & estre boute hors des prieres de leglise/ & ne luy chault de soy faire absouldre. Lung sera adiourne de/uāt le iuge/il se laissera mettre en default/ & puis cōdēpne. Lautre sans auoir au/cun droit & par enuie met quelquun en proces/de terre/bledz/draps/ou aultre chose il maintiendra/fraudes/cauillations/sans regarder folye & mauluais droit. Ilz enrichissent aduocatz & procureurs. Et quant argent est failly ilz empruntent a

Pro. xvii.
Hiere. ii.
Pro. xxvi.
Esaye. lviii.
Eccl. xxviii.
Ecclesi. viii.

vsure iusques le proces soit finy/puis il se spolie & despouille de ses biens & auoir.
Lautre veult vser de cautelles/& cuide corrūpre par grant argent les gens de iu/ Prouer. iii.
stice/& les droitz. On dit q̄ vng aduocat plain de folye criera au cōsistoire/et par
cautelle/& pour auoir argent:q̄ on luy dōnera p̄ subtil entendemēt offusquera le
droit & plusieurs choses/desquelles ie me deporte de en parler/pource q̄ ie ne croy
pas q̄ telles choses se facent/car laduocat de p̄tie aduerse peut respondre. Le iuge
ne iuge point de soy/mais p̄ le cōseil. Et a briefz ditz ie croy moy q̄ se dieu le crea/
teur estoit iuge/aduocat/procureur/ou notaire/on diroit q̄l seroit larron/tant est
le peuple fol & enclin a dire mal de chascun.

Des folz abhominables en parolles

Les vaines ordouses parolles
Tous comices abhominables
Raportes par bouche ou parolles
Contaminent cueurs raisonnables
Et induisent les meurs dāpnables
Tournent en maledictions
Sacrees constitutions.

Leuiq̄nāt
mores bo/
nos l. ruo
malus.

iNutilz folz q̄ vous
appliques a dire vi/ Eccle. ii.
laines parolles et 1. Esdre. vi
abhominables venez veoir Math. v.
que ie propose/& vous appren 1. Corin. xv.
drez a honnestement parler. xx. iiii. q. i
Plusieurs folz nōmez gorbi sepe.
ens sont amassez a grās mō/ Ezech. ix
ceaulx celebrās les festes de Job xxvii
leurs anciēs peres Ilz aymēt
toute chose enorme tāt hōme
q̄ fēme. Ilz circuiēt les autelz
d̄ leurs perez/& quāt ilz ont vi
sitez les eglises/le vieil/ieu/
ne/hōme/fēme vierge/pucel
le pudiq̄ & chaste courēt mes/
lez sans ordre en abhominati
on: faisant la feste portent de
lensens en leurs mains disāt
ordes parolles. Ilz font grāt
critz & tumulte. On ne les
peut chastier de peche: mais
tousiours peche les tient Ain
sy sont regnās sur terre: sans Ouidi. ii
auoir vertus. Ilz nont point metha.
de honte: virginite nest deue a nul. Ilz regnēt tous en vtilite mondaine: perdēt le Psal. xi.
corps & lame. Celluy est det bien fol q̄ de ses mains fait sonner la sōnette pendāt
au col du pourceau. Je te prie fol entēs a moy sy tu as voulente daller sur mer. Eccle. xx
Dōne toy bien garde de lire du porc marin: lequel suyura ton nauire faisant cor/ prouer. xi
rūpemēt & grant meschief. Au moyen de quoy pour auoir bon remede il te fault

Veoir sy ta nef est point trop chargee/car il te la fauldroit descharger des põpes q̃ y sont q̃ sont pesantes au nauire/ou toute la nauire perira en la mer. Vous aultres q̃ serues a bacchus beuuãt le vin cõe espõges/affin q̃ y cõtinuer les droitz ne soyẽt perdus. La truye pduit ⁊ fait plusieurs cochons/lesquelz ensuiuẽt leur mere quãt elle se boute en la fange ⁊ immũdicite/aussy est il de plusieurs ieunes q̃ ensuiuẽt leurs parẽs en peches ors ⁊ abhominables/en ditz ⁊ en polles sont vilains et veullent plus hõnorer ses vilitez ⁊ decorer/q̃ nestoyer leurs cõsciẽces/⁊ silz ont aulcune laidure/ilz le tienẽt cõe bon heur Le porc est courõne de grãt hõneur il est aorne/il y a maintes hõmes ⁊ fẽmes de sa cõdition/au moyen d̃ quoy sont aulcũs plains dorde pourriture ou ilz prẽgnẽt nourriture au corps ⁊ a lame. Et de leurs bouches disent parolles execrables ⁊ vilaines cõme gens estourdis. He dieu sy horrestes regnast maintenãt ⁊ ql eust dnation cõme il faisoit au tẽps passe/il diroit peuple q̃ tu serois furieux/vous delectãt en diuers lieux en gormãdise cõme pourceaux/beuuãs cõme pigons/tant q̃ aleyne leur dure. Telz gens faisans telz sacrifices on les doit anichiler ⁊ despriser totallemẽt ¶ De lestat ⁊ abus spirituel.

Ecclesia.v.
ij.pe.ij.
Ad ephe.v.
ps.xl.
hiere.ij.
Ad collo.iij
Ad titum.ij
horrestes
Prouer.xij.
Eccle.xxxi.
Eccle.lxvi.

Quid rome faciã mẽtiri nescio mulos Qui vel equos strigilãt piguia queqz serũt

¶ Aulcuns le bien spirituel
Appetent en aage incapable
Mais quant fault faire lactuel
Et de dieu disner a sa table
Congnoissant vient la notable
Du monde auec sa vanite
Les retourne a mondanite

c

Veurs endurcys folz ecclesiastiques venes lire en ce breuiaire ⁊ vo⁹ y trouuerez choses saluberres a voz ames. Or entendes quil reste encorez a parler dune turbe habillee en forme de gens deglise soubz couleur q̃lz sachẽt science ⁊ veullent auoir les estatz de prestrise. Apres resemblẽt vne ydole ou vne poupee par ce moyen toute leglise est deffaicte/car on met les enfans en hault lieux de leglise pour discerner la ruine d̃ ses beaux estatz souuerains. O vo⁹ hõmes q̃ desires dõner a vr̃e enfant vne cure/⁊ toutesfoys vo⁹ scaues bien q̃l nest point clerc ⁊ quil ne scet rien/ et na nulles vertus en luy. Et vo⁹ voules auoir vng ruste qui nest point delibere de seruir dieu ne lautel sacre/ne cõcep-

viij.q.i.in scripturis ⁊ c.moyses.

xviij.di.nol auc.i glo.i.

uoit sa grace ne son efficace/cōme celluy a q̄ il ne chault de sa saluation/ne ou ail/
le son ame/en plusieurs vices habundera/⁊ luy plairont ieux ⁊ grans vices. Do
ctrine ne prouffite point a telles gens/car ilz se fondent soubz dame pecune qui a
present est grande princesse laquelle corrumpt les sainctz sacrifices ⁊ sacrees offi
ces de dieu. Le regnon de telz prestres est descrie ⁊ aboly: ⁊ nest quasi que fiction.
Numa pōpom sacra plusieurs prestres cōme ceulx de quoy iay parle/toutesfoys
ilz furēt rēplis de bōnes meurs. Cest la faulte de noz pasteurs/⁊ la coulpe de noz
euesques/archeuesques/⁊ souuerains. Lesquelz vendent les hōneurs de leglise/
et les baillent a gens vicieulx inscauās q̄ ne scenēt chapitres ne decretz. O mes/
chans quelle fureur vo⁹ a prins de mettre ne approcher les mains aux sacrifices
de dieu. O pouures folz il ny a sur terre estat plus dāgereux q̄ de leglise. Dieu:
quelle est la religion tant de leglise des seculiers/moynes/⁊ religieulx. Cōbien
que les ordres fussent instituez diuinement a te seruir ⁊ hōnorer/ ce neantmoins
soubz couuerture de labit/sont dessoubz rēplis de malice ⁊ peche. O saincte ordre
de dieu sacree tu es maintenāt bien maculee. Ton nom soit p tout benist ⁊ mieulx
q̄ a present hōnoree. Mōseigneur sainct augustin bailla sa reigle a ses cōpaignōs
et freres/q̄ en toute meschāce ⁊ misere ⁊ debōnaire fussent au mōde viuāt de vie
solitaire. Mais maintenāt no⁹ voyōs sy grossemēt gardee ⁊ ꝯtrefaicte O sainct
augustin tu escrips tes loix ⁊ tes stutes sy dignes/⁊ a present nulz ne les garde.
Ains les premet ⁊ anichille le prestre/lequel ne porte pas en son corps les grādes
vertus de ceulx q̄ regnoyēt au tēps de moyse. Toute male ꝯuersation est a ceulx
qui viuent a present/ilz vont aux voyages acōpaignez dhōmes ⁊ de femmes/et
soubz vmbre de bōne foy polluent leglise ⁊ la loy de dieu. Pour leurs abhomina
tions leurs ames seront duremēt tourmētees au feu denfer inestinguible/ou ilz
cōgnoistront les peines q̄lz auront eu a gouuerner leurs cures ⁊ aultres benefi/
ces/dont ie me tais a present. Et dauātage dit sainct hierōsme adressant aux pre/
stres. O prestres/tous les iours quāt vous celebres/vostre corps est fait le sepul
cre de iesucrist. Cōment peult issir faulsete de ta bouche de laquelle fault verite.
Cōment peuuēt les yeulx regarder faulsete/lesquelz regardēt lame de sainctete
Cōment baises vous vne paillarde/quāt vous baises le filz de la vierge marie
Tu es iudas en baisant iesucrist ⁊ fait telz baisemēs Cōmēt se peuuent estendre
tes mains a choses villaines/lesq̄lles souuēt tienent le corps de dieu/q̄ les anges
ne peuuēt faire. Hellas tu mais le corps du sauueur q̄ est tant pur ⁊ net/⁊ ta bou
che pollue ⁊ orde. Pense ⁊ repēse quāt quelle chose tu fais quāt tu prens lordre de
prestrise/car certes ce nest pas chose a faire sans cōsilier plusieurs choses.

xxi. distin. c. clericos
xxxiij. dis. c. his igitur.
xii. q. i. quia
Numa pont
xxxvi. dis. c. oportet
xcv. disti. c. ecce
xcvi. dis. c. qs dubitet
xliij. dist. p totum
Monachi
Sermō aug.
vij. q. i. c. nō autem
Moyses
Deut. xxviij
xxi. q. iij. li. q̄ 7. c. sacer.
Prouer. xxi
Glosa. ij. q vii. c nō ois
xl. dist. c. si
Hieronim⁹

De sote vaine ⁊ orguilleuse iactance

Aulcuns se dient medecins
Lesquelz portent nostre carine
En mensonges sont clercz ⁊ fins
Et par dessus mer chemine

Qui excessiue medecine
Ainsy quilz disent ont conceu
En toute la doctrine ont sceu.

Multi nunc sunt heu doctores militesq3 peruersos legis et iusticie

Approches vous de mes doctrines folz remplis de iactance et venez ouyr ma lecon ou vous pourres ouyr comprendre quelque chose utile sy vous voules ruminer dessus. Moy medecin ie vouloye oster la chaleur des labres dung povre homme toutesfoys ie nestoye pas souvenant de moy qui les avoye plus enflees et remplys de grant chaleur plus grosses que ung menestrier de vilage. Or venons a lassemblee des folz plains de iactance / lesquelz sont lyez tous dung fil / lequel se rompt souvent comme on voura leffait de celluy qui recite ses faitz hault chevalier de nom et de faict / et aussy de vaillance / et lung a plusieursfoes eue la cite de romme et les droitz a gouverne. Lung se vante quil a fait

xliii.q.iiic.
glia epi i. ti.
xxi.q.iiii.
omnes
Pro.xxviii.

grandes vaillances et faitz chevalereux. Et lautre a dit quil est fort heureux destre issut et venu de la lignee de tulle qui estoit florissant / lequel conquist plusieurs terres. Lung qui aura leu les croniques estira ung vaillant et preux roy / duc / ou comte / et dira quil est descendu de luy / comme de Romulus / ou de iason / comme dient aulcuns que le duc de bourgongne est descendu a cause quil porte pour son ordre la toison et les fusis. Comme le trescrestien et tressilvestre roy de france porte en son ordre monseigneur saict michel et les coquilles. Ilz sont aulcuns qui dient quilz sont de grant parente / qui a laventure nest pas de branche sy noble quil dit: mais est a laventure fil dung detracteur usurier et fenerateur plain de richesses / qui par ses latrecins et usures acquiert noblesse / Plusieurs ont bien ceste simplesse de leur faire nobles et fiers qui de noblesse neurent iamais le merite ne de vertus qui donne noblesse preminente / et ont encores la sus au royaulme des cieulx / toutesfois ne furent de ceulx qui laquerirent par avoir quil avoit ne le vouluirent en tel moyen deshonneste oncques de richesse ne vint honnestete seulement Toy qui usures faulcement le beau tiltre cler de noblesse dy moy qui te baille ladresse / se tu ne las par grant vertu / comment en as tu eu vesture / quas tu fait a tu doys avoir ce hault pris / ou me dis qui le ta donne / tu peuz dire / ie me suys enhardy aux grans faitz de batailles. Ma femme est renommee aussi par tout domine Sy que mon nom est hault et digne en solime et memphitique refulgent et en la trespuissante france et en la terre maticole / et plusieurs aultres nations et contrees ou iay eu domination et seignourie par

Miles
cuius hostilis
pres ascrip.
Romulus

Psa.lxi.
Pro.xxviii.

Juuenalis
Seneca

1.Corin.iiii
De preben. et
digni. c. ve
nerabilis
Bar.in.l.i.
C. De inco
lis. li. x.

Hierusalem
memphitica

ſes faictz par leſquelz tu as acquis nobleſſe. Le docteur q̄ iamais rien euſt la ſciēce dira de meſme. Il neſt iamais degre que ꝑ argent/⁊ ſeulemēt de docteur porte le tiltre ⁊ ne ſceut iamais loy ne chapitre. Il ſe mettra a dire paroles vaynes ⁊ folez cuidāt dominer ſur chaſcun. Il eſt vng des plus ſouuerain cōbien ql ne ſache rien il a prins le nom du liure. Et ꝑ ſes deſirs mains folz tiēnent ꝑ ſes mains en iactāce ⁊ vainegloire/excellentes richeſſes q̄ neſt q̄ vanite ⁊ vent. Aulcuns veullent auoir bruit deſtre chantres q̄ ſont errans au grant credo deſacordāt dame muſiq̄/ et quāt ilz ſont au village cuidāt chātet oultre meſure auoir bruit/ilz gattēt tout puis apres on ſe mocque deulx. De telles gens ie ne ſcauroye q̄ dire ſi non qlz ſont incenſez cōme beſtes.

Doctores xlix. diſt. ſacerdotes e t glo. in. l. i. C. de athe. li. x.

Pro. xxvi.

Des ioueurs.

Les ioueurs ſont ſoliciteux
Iouer dung grant ardant courage
Et nont aultre penſee en eulx
Que bien exercer ceſt ouurage
Et damaſſer argent ou gage
Ce leur eſt delectation
Soulas ⁊ recreation.

Pone merū ⁊ talos pareant q̄ craſtina curant. Mors aurē vellens viuite ait venio.

Eſueilles voz eſpritz folz ioueurs q̄ vo⁹ appliq̄s aux ieux diſſolus ou vo⁹ naquerres point dhōneur. Ioues vo⁹ en ce liure ⁊ vous y pourres gaigner choſe q̄ vault mieux q̄ or ny argent. La turbe des ioueurs viendra a noz bellez auctoritez toute remplye de ieuz/ cauſſons ⁊ ordes parolles. Puis q̄ ainſy eſt/ venes ⁊ vous deſpeſchez/⁊ cōgnoiſſes q̄ ꝑ voz ieux cōmetes larrecins/trōperiez/roberiez pillleriez/ vo⁹ y mettes tout voſtre entendemēt voluptueux vous y eſtes tant fort boutez et eſchauffez q̄ vous ne priſez aultre choſe/ ⁊ le reputes le plus grant ioye du monde/cōbien ql ſoit vil ⁊ deſhōneſte. Neſt ce pas villaine choſe de iouer aux dez/hellas vous y paſſes ſouuent la nuyt ⁊ les iours/aux cartes/⁊ aux tables pareillemēt ꝑ ardant deſir damaſſer gaing. Aulcuneſſoys telz ioueurs ſont plains de rage/⁊ pour leur perte cheent en grant malheur/puis venus les ronge ⁊ mine en vng inſtant. O fol q̄ ayme tant le ieu/regarde le mal ql en vient. Tous pechez/ ors vicez/ villaines ⁊ laides parolles et deshonneur en ſortent. Le ieu fait mille deſtructions. Il deſtruit les vertus des

In autē. de ſanc. epi. in§ dicimus Bal. in. l. i. C. de cōdi. ob. tur. cau. virg. ꝯ lud. l. fi. ff. ꝯ alea. Glo. i. c. pe. de vi. ⁊ ho. cle. xxxv. diſ. c. i. glo. i.

Juuenalis. — De ex. pla. iter dilectos vbi glo. et doc — Car. in cle. ij. de vita et honest. cle. — leuiti. xxiiij — Ad rom. ij. de cle. mal. c. i. et. ij. De iudi. c. ij li. vj. — notat' i c. clerici de vi. et hone. cle. — Host. in sũ. de ex. pcla. qualiter

hõmes ⁊ des fẽmes. Le ieu fait reueler les secretz/ infectiõne les discretz/ les sages blesse ⁊ courrouce p̄ ire. Les ieux font les gens desireux/ ⁊ sont sans repos/ ilz sont plains dordes parolles ⁊ de villains plaisirs. Ilz laissent le boire ⁊ le mẽger et le dormir/ car iour ⁊ nuyt iouent sans repos. Quant ilz cheent en malheur/ ilz sont cõme enragez/ maulgreant iesucrist/ iurant la mort/ les playes/ la vertu/ le sang/ blasphemãt les sainctz ⁊ sainctes. cõme se dieu eust solicitude de ses ioueurs pestiferes. Nest ce pas chose vile ⁊ vergongneuse de veoir iouer lhõme auec la fẽme dont maintes parolles sont dictes. Il ny a noble/ clerc/ bourgois/ ieune/ vieulx/ prestres/ ne moines q̃ ne veulle iouer mesmẽt par my les rues. Ilz sont desuestuz de prudence ⁊ de sagesse. Ilz ne veullent point iouer pour petit/ mais pour destruire lung lautre. Je ne vueil pas dire q̃ vng ieu petit a gens de sa sorte q̃ nest que par maniere de recreation ne soit bien fait. Aultremẽt cest mal fait/ ie vous diray la cause pourquoy selon ce q̃ iay trouue en la saincte escripture ⁊ au droit canon/ cõme vous le deuez entendre/ car il en vient mille maulx/ il anichille le scauoir/ il mine la cheuãce/ il destruit tout fruict/ tant venuz q̃ a venir/ ⁊ destruit tãt lhõme q̃ la fẽme de lame ⁊ du corps. Le ieu de dez nest pas plus mauluais de soy mesmes q̃ le ieu du sabot. Il ny a differẽce si non q̃ du mal qui sensuit. Le premier point du de est fait en despit de dieu. Le second en despit de dieu ⁊ de la vierge marie. Le tiers en despit de la trinite. Le quart en despit de la trinite ⁊ d̄ la vierge marie. Le quint en despit des cinq playes. Le sixiesme en despit d̄ toute la court de paradis cõme dient aulcuns.

¶ Des folz supprimez.

Multimodos fatuos p̃us cõtorquet asellus.

¶ Or ie scay quen mõ liure est paincte
Vne turbe de folles gens
Comprins en nostre lettre taincte
Et que leur asne a saultz ingens
Fait grãt feste oultre leurs agens
Et opprimez enragez de ire
Monstrent leur crudelite dire

Prouer. i. — Eccle. xxxij — Sapien. ij. — Ad heb. xii — ij. q. i. multi — Prouer. i. — Pro. xxvij. — Pro. xvi — Eccle. xlviij

t

Out mon liure est plain de gens/ entre lesquelz en ya vne turbe/ ausquelz leur asne fait grant feste. De telles gens est nostre nef plaine/ ⁊ mesmement gouuernent les auirons. Ce voyant ie ne scauoye pas q̃ ie deuoye faire/ si non laisser tout passer. Car mon asne vint sauter sur moy/ ⁊ me fit tomber par terre. Ainsy la turbe foletique me huche/ car elle est preste de sen aller. Ainsy ie me mys dedans ⁊ fuz contrainct de ce faire pour mon asne qui me vint ainsy tourmẽter/ car ie craignoye quil ne me fist pis. Il me souffisoit/ mais que ieusse quelque petit lieu en la nef/ affin que mon asne ne me vint plus tourmenter. Sy ieusse endure paresse meust mis mes mẽbres en piteux estat. Je ne suis pas seul/ on cõgnoist bien ⁊ appercoit les aultres. Ce sont ceulx qui ne veullent point croire le bon conseil des sages/ ⁊ ne les veullent point prendre ne ensuiure/ mais mieulx ayment viure en meschance. Ce sont ceulx qui p̄ ire ⁊ courroux disent maintes parolles ireuses sans raison/ comme gens hors du sens. Ce sont

ceulx qui par leur grant en/
uye ont les cueurs tousiours prouer.xiij.
naurez/⁊ sans cause machi/
nent noises ⁊ debatz. Ce sont
ceulx qui ne chastient point
leurs enfans/ mais les lais/
sent faire toutes leurs vou/
lentes / dont apres en vient Eccle.xxxi.
grant vitupere / ilz forgent
malleurs dedãs eulx ⁊ se mõ
strent tristez contre tous. Ce
sont ceulx traistrez qui font
boire breuuaige de venin Ce
sont ceulx qui portent les sou Ecclesia.ij.
liers sy estroictz/quilz en ont
les piedz tous escorchez/ ⁊ ne
vouldroyẽt pas auoir mieux
De telles gens ny a gueres
en frãce/car les souliers sont
grãs ⁊ larges. Ce sont ceulx
q̃ cõsument les bledz sans ger
bes/et en herbe les gastent/⁊
est leur reuenue megẽe deuãt
quil soit escheut/ ⁊ beaucoup ff.de adul.l.
plus q̃ leur patrimoyne nest souffisant. Et par ce sont leurs femmes addulteres mariti.
Ilz ne les veullent eoint retraireenuers eulx/ains les souffrent estre ruffiennes
et macquerelles qui appetent sacrileges/et leurs femmes prostituer/les faire ri
ches ⁊ habonder en auoir mondain. Et ceulx qui sont ainsy lyez de vices/ilz doi/ De pe.di.iij
uent souffrir sy perseuerent en leur mal. Et ceulx cy sont fort trauaillez de leur c.qz dimissa
asne. Ilz se mettent sy auant dedans la mer quilz ny trouueront ne foy ne rive.

¶ Des cheualiers gensdarmes/
scribes/ou praticiens.

¶ Sy les rustitz sont opprimez
Des gensdarmes/⁊ praticiens
Malingz sont aussy supprimez
Silz ont auoir qui soyent siens
Les despoulles de tous leurs biens
Et cogent payer sans pitie
Plus quil nest du de la moytie.

Ve vobis scribe q̃ comeditis domos viduarũ. ve vobis viri impii.

Prouer.xxi
Math.xxiij
Eccle.xli
Luce.iij.

Ezecch.xxij
Esaye.x.
Job.xxx.

Aduocatz/ procureurs praticiens/ cheualiers/scribes/notaires & gēsdarmes:acourez hastiuemēt a pied ou a cheual/ ne soyes point absens/ & vo⁹ orres vne belle satyre. Noz vouloirs dōnons a entendre/ et de present no⁹ citons to⁹ les scribes & gēsdarmes/no⁹ voullons ꝗlz soyēt de noz gens en la nef stultifere portāt grandes oreilles dasnes & bailler a chūn son loyer selon son fait & desserte Aproches vo⁹ venes legieremēt/car se vo⁹ ne vo⁹ hastes nostre nef sen part: venez & vo⁹ seres au coing pour tirer les grans auirōs. Le labeur des scribes ou praticiēs est semblable. Les gensdarmes gastent le bien du poure laboureur Lung guette ꝑ les chāps & despoulle sans repliq̃
Le scribe les decoit publiquemēt Le cheualier ou hōme darme expose son corps a froidure/gelee/nege/pluye/ vent/& est tout plain de vices. Lautre pour escripre
Math.v pille de ca de la ꝑdāt son ame/& tout ꝑ grāt desir dacq̃rir cheuāce Les gēsdarmes
Job.xxviij bruslent maisons/villes/& villages/pour auoir les richesses. Le pouure hōme
Prouer.xi. est ꝑ le praticien cōtrainct & cōpelly payer ce quon luy demāde Telles gens demā
Michee.ij dent pour leur peine q̃ ont conduit la cause/grās pris sans auoir pitie du pouure
Psal.ix hōme. De telz spoliateurs est la turbe grāde Silz tenoyēt la vraye voye dequite
Luce.xxi. et iustice chascun mieulx les aymeroit & seroyēt plus prisez ꝗlz ne sont. Se le che
Amos.iij ualier entēdoit a deffendre les pouures fēmes vefues/enfans orphelins/& vieil
Eccle.x. les gens/& q̃ la chose publiq̃ fut gardee sans violer. Que to⁹ larrōs/meurtriers/
Jacobi.iiij brigās/feullars/fussent pugnis sans leur bailler courage d̄ mal faire a aultruy.
ij.thimo.ij. Se ladiuocat escripuoit iustemēt sans faire faulses alegatiōs & point corrōpre le
droit. Indroicture seroit faillye & regneroit iustice en sa force & vigueur. Mais
Esaye.iii. maintenāt le gendarme ne vit point soubz espoir ne voulente de deffendre fēmes
Math.xiii. vefues/ne enfans pupilles. Aussy ne fait le scribe/mais plustost les spoliera de
Math.xxiii. leurs biens/tant a la pēsee plaine de fraudes & trōperies. Et le gēdarme est aussi
zacha.vii. plain de roberies/car il nya deception/malediction/fraude/ne barat/ plus grāt ꝑ
Malach.iiij le mōde q̃ de telles gens. Oncques ne furēt chemins sy dāgereux pour les maul
Luce.iii. uaises gens ꝗ sy mettent. Le cheualier nentretiēt point le droit/ mais plustost se

associe avec les malfaicteurs. O pouures meschās malheureux il vo⁹ en prēdra mal en la fin/car le feu denfer est appreste pour vous pugnir selon le mal q̄ vous auez desseruy. ¶ Des folles legations et messagiers.

¶ Moy coureur viens de pays loing
En mon vesseau ay beu souuent
Que ie tiens tousiours en mon poing
Ne sera vuyde iuc soubz vent
Aye passe la mer et vent
Baillie mes lettres et pacquetz
A cil de qui iay les acquetz

Nūcie sis verax. tacit⁹ celer atq₃ fidelis.

t Ous ces coureurs iay ppose en mon vouloir qlz ne vie-dront point au nauire pour le peril q̄ en peult venir/car se le messager estoit cōtraint p-tir de la nef pour ses affaires Nous en pourrions auoir et souffrir dōmage et vitupere/ou caribde peril marin/ou ql que aultre mauluais excez. Toutesfois a ses messagiers pource qlz ne sont pas abillez de bien leur message acōplir/daulcuns lon a voulu emplir la nauire: ilz tiennent lieu de folz coureurs. Mais ceulx q̄ sont de bon vouloir et q̄ veullent leallemēt faire/iamais ne sont receuz en nostre nef. Celluy qui porte lettre close doit bien entendre a son cas/affin q̄ dōmage ne deshōneur nen viengne a aultruy. Il doit aller les chemins seurs sans estre a nulz variable. Il ne doit iamais faire message de bouche/si nō a celluy a q̄ on luy baille charge de le dire. Ilz sont aulcūs coureurs q̄ font plus quon ne leur cōmāde. Ilz font plusieurs fraudes/rapors/mēsonges/discors p leurs folyez. Et font souuēt mauluais rapors a leurs ppres seigneurs. Certes il est impossible (cōbien qlz ayent pmis de faire leur message) de le faire loyalemēt: car ilz ne leur chault sy non de prendre argent. Et silz ont quelque chose q̄ touche les parties aduerses/ne dormirōt pas. Ilz sont longz a bailler leurs lettres/et ne peuuēt rien expedier/q̄ aulcunesfoys porte dōmage a aulcuns. Ceulx a q̄ on aporte la lettre ne peuuēt pas faire diligēce pour la tradition q̄ a este faicte Aulcunesfoys on se delecte a receuoir lettres/pour ce que souuēt elles font mētion de choses nouuelles. Telz messagiers nentendēt point la responce quon leur fait p leur negligēce/et retournēt souuēt sans respōse. Et sil aduiēt en saison de messon quon doit voulentiers ses messages/ne font q̄ dormir: et nexpediēt leurs besognes. ces iploratteurs

Qualis debeat eē nūcius ponit specu. i titu. de execu.
puer. xxvi.
Ezech. xxx.
puer. xiii.
puer. xxvi.
puer. xxiiii.
prouer. xxv. in fine.

ou embassadeurs ne sont point exemps destre en nostre nauire/car sy cest pour q̄l
Prouer. xx. Hieremie. ij Eccle. xxxiij que grāt affaire/cōme pour traitier paix ou pour bien publique/& on nen fait son deuoir on cōmet vne grāt folye/de telles choses ie me deporte. O messagiers prudens & sages on ne voꝰ scauroit trop louer quāt vous voꝰ employes a faire loyallemēt vostre message.

¶ Des queux despēciers & gardeurs de celier en maison.

In cella atqȝ penu gens hec furit atqȝ culina. et meliora vibēs. piguia queqȝ vorat

La grande cohorte des queux
Despensiers de plusieurs maisons
Ne viēdra elle point pour veoir quelz
Sont noz estas en ses saisons

Or venes gens de destraisons
Hastez vous quon ne vous affolle
Car a present la nef sen volle

Ezec. xxiiij. Prouer. xxi. Esaye. lxv. Prouer. xix math. xxiij Eccle. xxxi. Prouer. xij.

Otisseurs/queux/despensiers & gardeurs de maisons/venes veoir en ce liure sil ny a rien q̄l voꝰ duise. Voꝰ estes turbe trop dāgereuse en vne maison/vous cōsumes & gastes les biēs dung bon hostel en choses supflues/ebrietez/crapule. Cest la nature des queux ou cuisiniers despensiers & gardeurs de caues/lesquelz sont enclins a faire dōmage a leurs maistres/combien q̄lz apēt le gouuernemēt de la maison. Iactance se attrait a eulx: car ilz disoyent/noꝰ auons beau faire/car noꝰ viuōs selon le tēps de viādes delicates & delicieuses/nous beuuōs du meilleur q̄ soit en la caue de nostre maistre/noꝰ auons du pain blanc q̄ ne noꝰ couste rien. O que a present voꝰ en trouueres peu de loy-

Luce. xv. Treñ. vi. Pro. xxix

aulx. Quāt le maistre dort/ilz ouurent la caue. Ilz ont la clef de la caue cōme le maistre & boiuēt tousiours du meilleur/& quant le maistre cuide trouuer son bon vin/il ne trouue q̄ ripaupe/ilz ne sont point cōtens de leur vin q̄ pour eulx a este perce. Ce q̄ est en la caue pour garder p eulx est menge & dient q̄ ce sont les chatz/encores mainēt gens estrāgez gormander auecq̄s eulx. Ilz abregent la prouision de la maison/ilz nont foy ne loyaulte en eulx non pensant au tēps aduenir. Ilz ne font q̄ dōmage cōme on peut cognoistre de iour en iour. Les maistres ne sceuent rien de ces choses/car ilz cuident auoir seruiteurs bons & loyaulx. Et quant le maistre veult festoyer q̄lquez gens de bien/& cuide trouuer de bon vin en sa caue/il ny a rien & crie le vesseau/car les seruiteurs luy ont tire loreille. Ou celier on

fait de grandes trõperies ⁊ fraudes sans penser a la conscience. O quel oultrage Eccle.xxxi.
et quãt vous seres mariez/voꝰ aures faulte de ce q̃ voꝰ gormãdes oultre mesure Luce.xii
Je parle a vous cuisiniers ⁊ despensiers q̃ mẽgez les gras morceaulx/ ⁊ q̃ gastes
plus de viãdes q̃ pourceaulx. Ne cõgnoisses point le mal q̃ voꝰ faites en devourãt
tãt de biens/quãt ie pẽse au mal q̃ voꝰ faictes/ie mesbahis cõmẽt voꝰ ne pẽses au
tẽps futur. toy queux q̃ te delecte a mẽger viãdes delicieuses devãt q̃ ton seigneur Adelphe.vi
en ait gouste/ce nest pas fait dhõme de bien. Aussy du vin beuues a ceaulx lesqlles choses nourrissent vos corps en gresse ⁊ voꝰ garde de longuemẽt vivre/vous
mettez des espingles aux testes des poulailles/⁊ dictes quelles sont mortes: puis
les mẽges faisant grãt chere quãt vostre maistre dort. Gardes vous bien q̃ en
la fin vous ne soyes a la table dẽfer/la ou sont lesars ⁊ crapaux de quoy on paist
les pouvres ames.

De lexcessive arrogance rustique.

Sil ya villain ⁊ dement
Qui convoite noz cordes
Et du navire entierement
Que contre moy naist nulz discordes
Et fault que dapresent recordes
En mes clercz delitz et ouvers.
Leurs notes ⁊ secretz ou vers

Nihil ĩpru-dentiꝰ arro-gãti ⁊ rusti-corũ. Sorte tua, cõtẽtus abit.

Approches voꝰ folz
rustiques qui estes
plains de toute ar-
rogãce. Cestuy hõme estoit
vil au tẽps passe/mais a present il a amasse grans riches-
sez/senquerir veult ⁊ scavoir xlvi.dist.in
son eage q̃ na pas long tẽps ql prin l.iper.
est simple hõe/il usurpe les C. manda.
habis d noblesse/⁊ neãtmoĩs Glo.in.l.ser
p son orgueil vouldra domi- uis vrbanis
ner/⁊ se on luy demãde ql̃que ff.de lea.iii.
chose: il dira ql sera empesche out.i.faust
pour lheure p̃nte O rustique et.i.metha.
tu avois couverture de gran Juuenalis
des vertus ⁊ sciẽces/⁊ aviez
voz cõsciẽces sans nulle malice sans amasser tresors en
voz hũbles ⁊ petites casez ou Ecclesi.vii.
maisõnettez/voꝰ aviez de bõ
nes raisons sans tromperies
cessions ne piurcmens. Par
voz doulcez vertus/vostre
chaire estoit aux cieulx resplendissant. Nulz de vous
nestoit avaricieulx/et nestoit pas vostre pensee a amasser tresors/mais a faire
chũn son devoir/⁊ nulz nestoyent en necessite/dor ne dargẽt. Nul ne portoit habis

q̃ selon son estat/mais maintenãt les laboureux sont bigarrez cõme gensdarmes Et brief tous les regnãs en sont plains. He folz ordoux nauez vous point de honte

Hiere. xiij.

de chãger vostre estat ancien. Vous portes voz cheueux longz ⁊ enflez/crespez et plains de vanitez. O folz rustiq̃s vous estez emplumes cõme paons. Voz robes grãdes a larges mãchez mipties ⁊ bordees de bordures de diuerses couleurs. Vous estes maintenãt plus fins ⁊ cauteleux q̃ ceulx des bõnes villes. O gens habitãs

Sapiẽ. xvij

es citez vous suiues leur regime. Vostre sens est tout destruie/ vous estes plains de fraudes ⁊ de pipeurs. La gent rustiq̃ se esiouist de trouuer nouueaulx maulx

Job. xxiiij. Esaye. v.

et amasser grãdes richesses a plains sacz nont estude a aultre chose. O poure fol dont vient ceste vie rustiq̃ ⁊ dãgereuse rẽplye de maulx ⁊ improbite. Je voy q̃ le

Hieremye. l. Pro. xxiiij. Juuenalis Eccle. iij

villain plain dor ⁊ dargent est tant auaricieulx ⁊ chiche ⁊ maintenãt ceste auarice les brusle/⁊ veullent abuser noblesse ⁊ simplesse aussy des villains/ sy ont la main tenãt a ce hault tiltre de noblesse. Helas q̃ la chose est vile ⁊ enorme de apeter habit daultre forme q̃ son estat ne doit.

¶ De cõtẽpnemẽt de pourete.

paupertas nõ est dignẽ ma lor. Et munera nõ dũ itellecta deu.

¶ Pourete est fuye par le monde
Les deniers plaisent a chascun
Le poure gist par tout se fonde
Qui rid tousiours le poure est lung
Toutesfoys nest ayme daulcun
Et se sied es lieux tous infimes
Le denier es sages sublimes

Ne dormes plus folz riches qui desprises tant pourete esueilles vous ⁊ venes veoir ce beau tresor q̃ iay cy fait pour vous instruire. Nostre nef porte plusieurs pecunieux tant ieunes q̃ vieux/ ausquelz toute vaine habundãce plaist/ ⁊ se delectẽt auoir grãs richesses en lapetant plus q̃ hõneur ne vertus Chascun fuit pourete/ ⁊ ne veult nul de portion. Troys choses sont lestomac inique/cest assauoir lor/ sacrifice ⁊ famie. ⁊ a lhõme grief a porter/vertu luy est inutile Pourete ne paist poit la maison/q̃ auec toute bõne raison/ doulcemẽt on la souffre. Celluy aura hõneur/tiltre de sagesse ⁊ grãt vertus q̃ hõnore les iustes. Aulcuns ont estez en ce mõde q̃ ont este riches ⁊ ont domine en maites villes et cites q̃ maintenãt sont en peines grãdes/pource q̃ mal ilz sont gouerne/⁊ ont

xlvij. dist. c. sicut puilegia pa. in. l. si q̃s. E. de epis ⁊ cle. arch. vi. q. iij. pauper

Sapiẽ. v. Virgi. iij. aeneidos. iuuenalis

Sapiẽ. ij. Eccle. ix. sap. xxiij. Eccle. x.

desprise pourete cõe lescripture chãte. Le riche a plaisir mõdain/hõneur/⁊ ami- Oui. i. fast.
tie a plusieurs gens. Il nest iamais hay de nulz/mais le poure est de tous debou
te ⁊ rebargue/⁊ bien ou mal iamais il naura mieulx. Celluy q̃ acquiert grãdes Iuuenalis
richesses/⁊ ne quiert faire aultre bien/il ne tient cõte dhõneur ne de vtus/ nostre Ecclesia. v.
foy ne loy ne luy est agreable/il est fol/car il desprise les cõmandemẽs de dieu/il Miche. vi.
iure en vain son nom ⁊ cõmet tant de mẽsonges ce q̃ yst de sa bouche en tant vil q̃ Eccle. xxvi.
cest terrible chose. Tout son cueur de vtus seiche/car il est plain de vices/peches xxxvii. dist.
et villains crimes. Il baille son argent a vsure mauldite a q̃lque pouure hõme q̃ nonne
tient subiect a luy. Las fault il q̃ le mõde soit ainsy deffait/pour lors chm̃ chiet en Ecclesia. iiij
ruine: chet en pechez vilez ⁊ ors soy cõtrefaisant. Il croist infinis discors. Justice Amos. v.
aussy ꝑ ores vendue ⁊ fault q̃l isse mauluais droit dame vertus ⁊ sciẽce: ⁊ est pe- xlvij. di. sic.
rre la cõsciẽce. Plusieurs tous les iours seroyẽt pugnis de iustice se nestoit la ri- Esaye. x.
chesse de quoy ilz sont plains: plusieurs pẽdus: decapitez: ars: fouettez: les oreilles Job. v.
coppez se nestoit la cheuãce: ⁊ ꝑ ce moyen demeurẽt plusieurs impugniz. Le pou
ure q̃ naura rien sera griefuemẽt pugny. Par tel moyen se font tant de maulx q̃ xx. iiij q. iiij
cest orreur. Achas q̃ estoit roy de samarie vsurpoit tous ses subiectz: car il nestoit ne amisso
pas cõtent de son royaulme. Naboth auoit vng beau vergier leq̃l estoit fort dele
ctable a ce roy/il luy demãda a chãger ou a vendre. Mais naboth luy dit quil ne Iuuenalis
vouloit pas despẽdre le vergier de son pere: car ce luy eust este trop grãt deshõneur Achab
Il se partit et vint en sa maison ⁊ se coucha dessus son lit: il ne pouuoit ne boire ne iii. regu. xxi
menger. Sa fẽme arriua q̃ fut moult doulente/⁊ quãt elle sceut la cause elle luy Ecclesia. v.
dit q̃l ne se soussiast. Alors la femme se departit ⁊ fit assauoir aux maieurs de la
ville la chose q̃l failloit faire cõstruire la ville. Grãt machination fut tellemẽt Jezabel
en la cite q̃ on fit lapider le bon naboth. Mais dieu q̃ cõgneut le cas ⁊ ꝑ ce q̃ le roy
souffrit follemẽt ceste chose voulut q̃ mẽbroth fust tue. Le pouure est ainsy oppri xi. q. iii. c.
me ꝑ le riche. Du tẽps de leage dore pouurete estoit prisee ⁊ hõnoree ⁊ bien entre pauper
tenue. Et ꝑ elle estoit bõne vie: sans enuie vng chm̃ regnoit. Chascun vsoit de Iuuenalis
largesse ⁊ estoit chichete abolye/par elle on auoit science ⁊ bõnes vertus/auarice Lucanus
nestoit point regnãt. Tous les maieurs regnoyẽt en paix ⁊ vnion auec le peuple xv q. ii c illa
Richesse estoit chassee/la gloire fut ꝑ elle faicte mõdaine ⁊ excellente en memoi S. thomas
re. Preconisacion estoit en tout pays/cõme a rõme excellente/ vertus ⁊ honneur scda scde. q.
estoit auec pouurete/ton senat a pouure este/tu eus puissans gens ⁊ belliqueulx q̃ clxxviii.
maintenoyẽt pouurete. Ilz estoyent rẽplis de grãs vertus. Tous les grans ducz ar. iii.
princes ⁊ seigneurs/estoyẽt rẽplis de vertus ⁊ pouurete. Ilz estoyẽt dommez en Prouer. xix
chascune prouince. Cõme curtius ⁊ ses cõpaignons q̃ tenoyẽt les samnites/auso xii. q. ii. c.
nie ⁊ plusieurs cites/ pource quilz appetoyent seruir pouurete. Ilz entretenoyent crates
le bien publicq ⁊ estoyent en hõneur exaulcez Pouurete en estoit cause/elle estoit
du ciel ⁊ du monde le hault pris/la porte des cieulx de present/car tu emportes la Q. Curtius
clef. O publicolle tu emportes hõneur/⁊ es digne de grãt louenge pource q̃ tu as Dentatus
maintenu pouurete. O fabricius tu es digne de priser/car tu desprise to⁹ les grãs Samnites
dons de pyrrhus. Pouurete te dõna hõneur. Regulus q̃ estoit preconise ꝑ tout le Ausonia
mõde ⁊ te fondois soubz pouurete benigne. Je te prie fol riche cõsidere q̃ pourete a Publicola
fait de belles oeuures/cõe couronner les roys/les grãdes iustices ⁊ estas/⁊ discer Fabricius

M. Regul⁹
de quo Tul
lius in offi.
apuleius

ner les royaulmes/ elle a ayme les doctrines/ grece reluist en pourete: & toute science en est veuue. La grace de pourete ne fuist jamais. Aristote/ epamynundas/ homere/ socrates furet grās philosophes & grās poetes renōmes p leurs sciēces/ neantmoins furet ilz pouures & nappetoyēt richesses. Riens nest au monde glorieux q pourete. Regardes ql hōneur elle bailla a tarpeye. Lises vous des bons pasteurs de rōme q edifierēt & furēt aucteurs de sy grāt cite. Richesse ne dōna oncqs nulz biens/ ains a rōpu & destruit plusieurs royaulmes/ p orgueil on cōgnoit cōmēt rōme est decheut/ maint hōme en perit. Cartage en vint en ruyne. Tous maulx elle engēdre/ mais il nest rien plus excellent/ ne plus doulx q pourete. Pourquoy donc deuōs no9 aultre chose. Nous nous mirōs en ceste pecune mauldite q maine lame au feu denfer. Dictes moy q valluret au roy crasus ses richesses/ ny a sernadapalus & plusieurs aultres. A brief dire il nest rien pire ne plus abhominable. Pourete donne fruiction au royaulme des cieulx. Pource vo9 machefoins q vilipēdes & desprises pourete/ sachēs q vo9 seres bānis & expellez du royaulme des cieulx.

De celluy q ne veult pseuerer en bien.

Plusieurs veullent lareau tirer
De grans desirs/ mais na tenue
Leurs voulentez ains retirer
Veullent de ceste contenue

Et tous les iours ont maintenue
Nourrir le coeul & repaistre
Reposer en leur nid & estre.

Ans plus attendre folz qui ne voullez perseuerer en bien/ faictes vng sault en la nauire & vous cōgnoistres le grāt erreur ou vous estez/ et vertez que quant le rustique premieremēt prēt son areau par deuir excessiue et de sa forte main a cōmence a labourer/ il na garde de deniourer. Or sy tu veulx cecy entendre aduise ou ie veulx venir cheoir affin que tu preigne enseignement/ & oyr ma sentēce doulcement. Nostre nef appelle tous ses nōmes/ pource quilz sont conuenables a tirer les cordes des voilles ou aultre chose faire. Ceulx cy cōmencent a bien viure & nettoyer leurs ames de pechez/ & veullent ensuiuir bōnes doctrinez et saincte science/ & getter de leur cōscience linfectueuse et

Grecia
Aristides
Epamynundas
Homerus
Socrates
Tarpeya
Roma
Augustin9
Ouidius.
Eccle. xviii
Cartago
Prouer. xxij
Cresus de quo herodotus li. i.
Snadapalus
Prouer. xij.
Mar. i. x

Nemo mittens manū suā ad aratrū & aspiciens retro aptus est regno dei.

Luce. ix.
De peni. di. ij. multi
Abachuc. i.
ij. Corin. vi
Ad heb. iij
Ad heb. xij

orde macule. Mais qui va amont la montaigne pour tenir la summite ⁊ demeu
re a la moitie/cest grant pitie/⁊ sil regarde derriere luy il se deffait et perd toutes
vertus q̄ a luy estoyent resplendissans:ce luy fut debõnaire/mais point ne pseue
ra/plusieurs sont de sa sorte. Les aultres chemineront la sente vraye ou est iustice ⁊ droitz. Mais quãt ilz sont a my le chemin/ilz tournẽt bride au chemin posu ⁊
du bon chemin se desuoyent/car ilz retournent leur face a leuuers ⁊ regardẽt les
lieux parfondz de mõdanite/cõme les enfans disrael ausquelz iesucrist auoit don
ne plusieurs biens ⁊ les aimoit moult tendremẽt/puis les fit amener hors de ca-
ptiuite par moyse au desert/puis se matinerẽt disant q̄ dieu les vouloit prestiner a
grande meschãce/pource q̄l les auoit mys en lieu sy fructifere ⁊ laissa le pays sy
fructueux. Dieu cõgnoissant leur murmure fit plouuoir dez cieulx pain de mãne
pour cõgnoistre silz garderoyẽt leur loy (Ilz firent bien) mais en la fin ilz voulurent mal faire. Donc pour venir a mon propos/ie dis q̄ celluy qui veult eslire che
min pour dieu seruir/⁊ apres son corps se auironne de peche/saches q̄ son estat est
dangereux/car il hõnore ce q̄l ne vault rien/exẽple du malade/⁊ q̄ le medecin dye
aux parens q̄l se guerira bien. Je te demande se le malade fera les cõmãdemens
du medecin/ie croy que non:⁊ sil empire/a q̄ tient il/a luy qui ne veult prendre re
gime pour sa sante. Sy tu auoys vne dãgereuse playe ⁊ tu ne voulsisse souffrir
q̄ on le mõdast/⁊ griefue maladie ou la mort en procede/a q̄ sera la faulte (a toy)
non pas au medecin. Pareillemẽt sy tu dis iay bien vescu toute ma vie/iay fait
tousiours du bien/ton entendemẽt fait le ꝯtraire tu cõtẽpnes bõnes oeuures. Tu
fais mal/car le principal nest pas de bien faire au cõmencement/mais fault bien
viure iusques a la fin. O pouure gendre humain ie vous prie faictes du bien en
amendant vostre vie/cõtinues ⁊ vous plaires a dieu. Car sy vous nestes bons
a la fin: vous ne merites point portion au royaulme des cieulx. Ceulx qui font
le charmary peuuent bien estre auec les aultres q̄ de nuyt vont par les rues faisant sy grant bruit q̄l nest hõme q̄l puist reposer. Ilz font cõmencemẽt de leurs en-
fors/car ilz bruslent cheuaulx/⁊ font les plus villaines puanteurs q̄l est possible
de faire: de quoy ie mesbahy cõmẽt on les peult souffrir q̄ iustice ny mest la main
car de largent q̄lz demãdent cest contre dieu ⁊ raison/⁊ se la coustume luy seuffre
dieu pourtant ne le permet point:⁊ est tresmal fait de telles choses souffrir.

Ecclesia. li.
Pictagoras
Josue. vij.
Prouer. xxvi
Exodi. xvi.
Nume. xiij
Mathei. xv
Luce. xi.
Apoca. iij.
Hiere. iii
i. q. i. c. verũ
de pe. di. i. c
q̄ pertinet
xcii. di. plu-
rimos
xvi. q. i. c. in
canonibus.
Eccle. xviii.
Eccle. vii
Sapien. v.
Math. x.
Deut. xxxij
Eccle. ix.

¶ Du cõtempnement ou desprisement de la mort.

¶ O mort mort tu es fort cruelle
De destruire ⁊ sans pitie
Tout gendre humain/tout sequelle
Soit riche ou pouure damitie
A tous tu as inimitie
Et encores as bien ose
Prendre le fol non dispose

Auez voz yeulx deaue clere folz qui contẽpnez la mort ⁊ venez veoir
l ma belle satyre/ car grandemẽt proufiterez. O freres humains q̄ noz
voulentes sont diuerses de cuider tousiours ainsy viure en mõdanitez
Hellas nous sommes cheminãs en diuers passages/nous ne pensons point a la
fureur de ceste mort/a nul elle ne pardõne/car elle a heure limitee/elle prent cer
tain ⁊ incertain/⁊ ne scet on point quãt ce sera. Nous semblons leaue qui sans de
meure par la riuiere passe ⁊ court/car se nous sommes au iourdhuy sains/ nous

In hoĩes sal
lim ꝙ mor-
tẽ nõ ꝓuide
mus cũ ni-
chil certius
morte nil in
certius hora
mortis.
Seneca.
ff. de cõdi. et
de. l. i.
Tulli⁹ de se
nectute.
Job. xviij
ii. reg. xiiii.

Ouidius serons mors demain tant est
Prouer. x. cruelle ⁊ peruerse/soit ieune/
Eccle. ix. ou vieil elle met tout en son
Sapien. ix. grant cercueil gettãt sa faux
Ad rom̃. v. a laventure/elle ne regarde
point a lauãtage q̃ le ieune de/
uroit auoit/elle prẽt tout sãs
a nul fauoriser. Quant on
veult passer vng cotract/on
baille arre qui le ferme. Ain
sy sõmes no⁹/car cõme larre
cõprent le cõtract/peche bail/
le a la mort sa norme. Sy tu
dis/mort attens/il nest pas
tẽps que ie meure/car ie suis
ieune:fort/puissan:pugil:sca
uant/beau/hõneste/triũphãt
fussez tu fort cõme lelefant
Ecclesia. xi. sy nauras tu poĩne de respit/
Ad rom̃. vi non plus q̃ les aultres:car tu
Job. xxi. morras. Tu labeure en vain
Juuenalis car quant la mort te viendra
prẽdre/tout ton scauoir ne te
gardera pas ton corps se met

Eccle. xvij. tra a suer ⁊ a roidir de grant froidure/tes beaulx mẽbrez q̃ souloyẽt estre coulou/
Prouer. xi. rez seront tous palles. Ton cueur de grant peur trãblera de peur daller descendre
Eccle. xli en bas. Ta parolle te fauldra/quãt ta pouure vie finer vouldra. La mort est tel/
virgili⁹. vi. le a toutes gens O mort cruelle ⁊ soudaine a celluy q̃ a grant tresor amasse/tu le
eneidos prens en heure soudaine. Hellas il luy fait grant mal de laisser sa cheuãce q̃ tãt
Horatius. il aymoit. Tu ostes a chm̃/soit roy/duc/comte/tu vas frãchemẽt hurter a leurs
Job. x portez:sans regarder quoy ne cõment. Ton courage est sy fier q̃ sy on vouloit pa
Eccle. xlviij cifier auec toy en te dõnãt quelque grãt sõme tu nen as cure. Encore sy le pape ou
Job. iiij rustique peure tu nen feras rien/car mal temps ne veult retarder/mais brief les
Eccle. xiiij. destruira. Et se celluy auoit regne ⁊ domine tousiours au monde de nestreus ius/
Nestor ques a present/ou despuis sybille la sage:sa vie en est tousiours plus briefue. Se
Sybilla quelcun a vescu mille ans au monde:la mort luy fera prendre fin. Au tẽps pñt
l. fi. C. d sa nous sõmes bien seurs de ne viure point plus de cent ans:car bien peu sont q̃ vi/
cro sanc. ec. uent plus. Apres q̃ le pere est mort:le filz se desconforte:⁊ qui plus est:no⁹ voyos
Job. iij souuent q̃ le filz vit moins que le pere:ou autant ⁊ non pas plus. O pouure folz
Apoca. xxi. pleures tu point quãt tu cõgnois les grãs douleurs ⁊ lamentatiõs q̃ la mort faict
In autẽ. de aux viuãs. Sy elle picq̃ aulcuns:cest nature:car vne foys il fault morir sans en
nup. deicepi excepter nul autant le ieune q̃ le vieulx la mort ne se veult faindre. Elle en prent
Eola. iiij aulcuns en lair cõme ceulx q̃ sont pendus. Les aultres au feu cõme ceulx q̃ sont
Juuenalis
Vir gili. vi.
eneidos
Sapiẽ. iiii.

brulez. Les vngz en leaue cõme ceulx qui sont noyez. Et les aultres en la terre
ou ilz sont boutes. La mort na point pdõne a iesucrist ne aux sainctz ⁊ sainctes/el
le les a mys au royaulme des cieulx. Les aultres pour pechez ⁊ desmeritez les a
boute au fon denfer. Ceste mort a oste chasteaulx/villes/places/⁊ biens mon/ Juuenalis
dains aux grãs seigneurs cõbien fortune leur fauorisast/cõbien quelle ait esleue Horatius
denhault. Et lautre desnue de biens. Lung sera grant seduteur ⁊ luy aura haban
dõne richesse. Mais ceste mort viendra a tous mener guerre mortelle sans nulz
prendre a mercy/ceulx q̃ aurõt vescu en peche seront de padis priuez. Elle meur/ Mart alis
dry ⁊ tue ce quelle veult/⁊ maine tous les mõdains a sa dãce. Il ny a priere q̃ vail Eccle. xxix. i.Corin. xv
le rien/⁊ fussent tous les humains/criãt de bouche:ioingnãt les mains: tous les Eccle. xlviii
reffuse/⁊ nest chose nee/bestes/oyseaulx/poissons/tant soyẽt beaulx ne plaisans Eccl. ii. ⁊. iii
quelle ne rauisse ⁊ face passer p ses mains. Elle appelle de sa trõpe/ pape/ empe/ Horatius
reur/⁊ tous viuans:et met a mort en vng clin doeil. Toy qui edifie grans croix
dessus ton corps q̃ est en terre ou monumẽt ⁊ epitaphe/fais vng dore tabernable
painct a merueilles:ou vng de marbre. Je te demande es tu plus nect/plus mõde
et sans peche plus que les aultres:non. Mais plains de crimes/a lauẽture tour/
mente en enfer/tout ce ne te sert point dune maille. Dis moy q̃ valut le grãt mo arthemesia
numẽt darthemesie/ce estoit heresie de faire dessus vng vil corps pourry sy grãt d qua hiero
stracture q̃ estoit fait dor ⁊ de pierreries. Pareille que prouffita a Chemnis edif/ vii.a.g.li.x.
fier tel tabernacle q̃ estoit de cinquãte coudees: pour faire cest edifice furẽt trois Chemnis d quo dyod.
mille hõmes lespace de quatre iours. Il nestoit humain q̃ ne se esbahist de tel edifi libro.ii.
ce. Son frere demetique qui regna apres luy en ce royaulme:il voulust faire tel Diodo.li.ii.
monumẽt/⁊ quasi cuida deffaire son peuple/⁊ faire morir de fain/⁊ nauoyent q̃ De fratre
petites herbes pour nourriture ⁊ par auant grans mõceaulx de richessez tenoyẽt chemnij qui
en possession. Radulphus ⁊ amasis pareillemẽt firent faire chũ vng monumẽt edificauit pi
Hellas il nous est notoiro q̃ cest folye ⁊ malfait/nous le pouõs cõgnoistre facil ramidem
lemẽt. Que pourray ie plus dire si non parler aux despendeurs de cheuãce qui se Rhodopis d quo hero
desnuent de biens pource qlz cõstruient telles choses/ou ilz mettẽt tout leur or et dotus.li.ii.
argent/nostre nef ne les peust porter. Ne edifiez donc point telz monumens sur Aamasis herodo.li.ii
vne fosse plaine dordure q̃ nest plaine que de charongnes cendres/⁊ vers. Cõside Eccle. viii.
res vo⁹ q̃ ꝯtẽpnes les souuerains cieulx/q̃ la terre benoiste ou reposent les sainctz Math. xxiii
se doiuẽt faire les beaulx sepulchres. O humains ayons souuenãce de la mort q̃ Luce. xi.
nous doit suruenir. Recõcilions no⁹ a dieu/affin q̃ la mort ne nous surpreigne en Eccle. xxii.
peche:⁊ affin q̃ no⁹ puissõs regner aux cieulx auec les saintz ⁊ sainctes ou regne xiii.q.ii.c. vbicunqz
le pere le filz ⁊ le sainct esperit. Seneca. Prouer. xi. ps. xiii.

¶ Du grant contempnement de dieu ou mesprisement.

¶ Sy dieu ne la voulu pugnir
Pour les grans pechez que faisons
Et sy ta laisser dimpugnir
Il ne sensuit pourtant que doiz

Tirer sa barbe de tes dois
Par la folle oultrecuidance
Car dãpneroit tame faisant ce.

Tarditatez supplicij de us grauita te pene com pensa.

Job. xv
ps. cviij
Eccle. vii.
Exodi. xvi.
danielis. xij
Sapiē. xi
Persius
Eccle. viij

a Vplus parfond de
la nauire sont les
folz qui mesprisent
dieu & les saintz. Qui est dōt
celluy qui peult souffrir mur
murer contre dieu/ & de parol
les le cōtēpner/ aussy ses bōs
enseignemens sa haulte puis
sance/ sa clemēce & science de
quoy deuōs estre griefuemēt
pugniz. O fol quelle folye
te tient & cōment es tu sy har
dy de ta main orde & sale tirer
ton dieu p la barbe/ & encores
tu ne pense si non tousiours
plusfort tirer. Il nya danger
que fieremēt ne te pugnisse/
ne pense tu point a lorreur et
aux peines denfer/ ou dieu te
peut mettre par ton peche/ ne
penses tu point q̄ tu es fait du
lymon qui nest rien moindre
Ad rom. ii. chose q̄ nyāt. O vous gens
desnuez despoir congnoisses
c. tua d̄ sim. vous point vostre offence/ croyez vous point ql soit dieu lassus/ q̄ est iuste p des/
sus tous aultres/ croyes vo⁹ point q̄ses lumieres p tout estand & voit voz maul
uaisez pensees/ cuides vous estre dispense de tousiours viure au monde/ & que ne
Pro. xxvii. soyes pugnis de voz pechez/ en ensuiuāt la loy/ cōbien q̄ ie ne vueil pas dire que
Hiere. xiij dieu ne soit misericors. Toutesfoys toy q̄ ne tiens norme ne reigle/ regarde cōmēt
ten prendra: car q̄ cōtre dieu pechera/ perira sans nulle faulte pource que peche de
coit son maistre. Et se tu delaisse la sapiēce de dieu & ta cōsciēce maculee de pechez
Esaye. xlvii desquelz tu es entache longue espace de temps. Aulcunesfoys dieu te fera vray
Virgi. li. i. pardon. Mais qui perseuere en mains pechez abhominables & ors/ a grant peine
Eccl. xxvii peut venir a bon port. Le createur fait deluge pour les pechez/ & enuoye les pe/
Ad rom. ij. cheurs es enfers en peine sans fin. De mille a grant peine en vient vng a salua/
tion. O vo⁹ saiges q̄ auez trop les pensees obfusquees en tenebres obscur es & na/
Ecclesi. v nez a dieu vng seul recours/ cest celluy q̄ crea toutes choses/ ciel/ terre/ mer/ soleil
Ecclesia. ij lune/ estoilles/ le iour pour estre lumineux/ la nuit pour faire tenebres/ les cli/
Hiere. xviii. matz & tous elemens/ & qui no⁹ dōna espace de viure ou morir quant il luy plaist
Ezech. xviii Celluy qui est en peche & veult amender sa malle vie & demande misericorde de
Mathei. iiii. bon cueur soy repentant de ses pechez/ dieu luy ottroye vray pardon/ pourueu ql
Luce. xiii. aist le cueur contrit/ & remply de gemissemens/ & quil se mette a bien faire/ il ac/
querra le royaulme des cieulx. Et affin que dieu nous le donne/ soyons donc sa/

ges & prudens & ayons voulente de bien faire & il nous donnera sa gloire ou nous viuerons en ioye pdurable

¶ Des blasphemateurs cõtre iesucrist

¶ O douleur qui iesus blasphemes
Cettes parolles execrables
Du monde & de dieu te diffame
Et par ses choses increpables

Tu pers honeur/ lame es dyables
Damne/ & celluy qui est ton iuge
En rendra compte a son deluge

Si q̃s blasphemauerit i spm̃ nõ remittitur ei nec in h̃ s(e)c(u)lo nec in futuro

Thalia la doulce/ ai de moy a faire cest ouurage/ & getter cris/ & pleurs piteux/ regretz et gemissemẽs q̃ me martire tellemẽt q̃ ie ne le puis nõbrer ne dire. Et pour les crimes mõdains iay pdu mes espritz apporte tes instrumẽs affin q̃ a p̃nt puissons pleurer les peches grãs & innumerablez qui sont regnãs par le mõde O thalia pleure auec mon ame. Je te prie nayõs en noz pẽseez les vices ne les choses pteri tes les corriger en plus grãt multitude ne sõme pour leur faire encõbre/ car to⁹ ces folz rien nen feroyent/ ains plus tost se mocqueroyẽt de nous. et cõbien q̃lz soyẽt plains des gros & vilains pechez q̃ main tenãt regnẽt au mõde neant/ moins ont les cueurs si salez q̃ veullent iour & nuyt faire choses viles & inferiores de iesus q̃ est cõtre leur salut. He dieu q̃ iay le cueur doulent quãt il me souuiẽt des maleureux q̃ blasphemẽt dieu d leur bouche/ dars gettent cõtre luy pour le blecer/ ou crucifier silz peuuẽt/ mais ilz ne luy sont nuisans Ilz diẽt pbles cõtre leur pere touchãt sa diuinite/ pmachination demie/ en leurs mauluais cueurs portãt armes ɔtre luy/ mais ilz font leur dãpnation p ces grãs et horribles blasphemes enormez & vilains. Les vngz p blasphemãt son nom cõbien q̃l soit sy precieux/ les aultres plent des cieulx en deuisant ses sacrez mẽbres de son corps font des portiõs/ cõe de son cueur/ ses entrailles. Lung iure les espines/ les playes/ le vẽtre/ la croix/ sa vertu/ sa mort/ son sang/ son corps/ sa teste. Quel rigueur/ & q̃l rage a prins ton esperit dainsy blasmer iesucrist ton seigneur & crea teur. Pour vng petit ieu cecy viẽt souuẽt/ p vouloir a son plaisir faire iurer blasphemer ainsy le roy diuin cõe gens incẽsez/ quãt ilz sont yures ilz ne font q̃ iurer. Et pour telz blasphemes/ ilz leur vient griefuez maladiez/ auersitez et mort sou

Math. xii
de peñ. dis. i
c. pena
S. tho. sc(d)a scde. q. xiii arg. i

Leui. xxiiij

Luce. xii.
Marci iii
Esaye. lii

xxij. q i si q̃s
p capitulũ
In auctẽ vt nõ lux(uri)e ɔ na turam circa medi. col vi ii. meth. xij
de pe. di. iii.
auctoritas i in textu & in glosa
Ad roma. i
Leui. xix
Math. v

xxij.q.v.q̄d ergo
ij.paralipo.xxxij
i.macha.v
z.xv
sēnacherib.
Nichanor
anthiocus

daine/⁊ aulcuneffoys ont les mēbres sterilz ou ꝑdus. Car dieu ne laisse nulz pe/
chez impugnis. Le tēps present les nobles ⁊ gentilz ne font q̄ blaspheme le nom
de dieu/⁊ nappartiēt pas aux villains renoyer dieu. Mais a moy aduis aussi ne
fait il pas aux nobles aller en padis. Sēnacherib/nichanor/anthoniꝰ ⁊ plusieurs
hōmes perirēt ꝑ telz blasphemes.

¶ De la playe ⁊ indignation de dieu.

¶ Cellluy fol trop fort semerueille
Qui dit que cest contre nature
Quant dieu nous pugnist ⁊ eucille
Pour noz grans peches ⁊ fracture
Et quicūques neut forfaicture
Naulcune immondicite sur terre
Et se garde/car trop il erre.

Pro mēsura pcti erit z plāgaꝝ modus Si steterint moyses z samuel corā me nō est aīa mea ad populū meum

Prouer.xiij
Deutro.iii in fine
hiere.xv.
Esaye.liij.
Luce.xxi

e Ntendes a mes e/
scriptz folz prestrez
et me dictes q̄ prof/
fite la science ⁊ porter le nom
de prestrise. Et q̄ ce ne soit q̄
vne faintise cōe des prestres
de maintenāt. Les enseigne/
mēs q̄ dieu dōna aux pmiers
peres sont desprises ꝑ telles
gens. Ilz prennēt seulemēt le
tiltre de prestre, mais cest cōe
vng traitre qui ne veult gar
der le mādemēt saict. De tou
tes choses quest a lame vil ⁊
ort veulleut auoir le dessus.
Ilz prenēt le test/ ⁊ laissent le
noyau q̄ est bon au cueur. Ilz
portēt nom de prestre ⁊ despri
sent foy/iustice ⁊ aussi bōnes
meurs/vertus ne leur plaist
ne agree. Ilz gouuernent les
plus grās peches/ au moyen
de quoy en vilite ilz sont ɔfis
Nous desprisons plus nostre
loy/q̄ le turc ne desprise sa siē/

Jacobi.vi
Johan.viij
Job.x
Ecclesi.v.vij
Exodi.x v
Deutro.xi
Johan.xv.
Numē.xiiij.
Eze.xxxvi ij
Esaye.lix
ij.reg.vii
Luce.xii
Apoc.xviii

ne/⁊ ne font pas sy grāt peche en ceste loy d la moitie quen la nostre. Hellas pou
ure genre humain q̄ ton corps est viole de peches. Touteffoys il dit. Humains sy
voꝰ cōtenes en mes cōmādemēs ⁊ les gardes/ie voꝰ cōduiray en la ioye de padis
Mais aussy sy vous les desprises/ie vous tourmēteray en grāt misere/⁊ leur en
uoiray diuers dars en terre tous les iours q̄ leurs ferōt playez/aduersitez/⁊ tour
mens mortiferez. Ainsy fait iesus aux humains cheminās en peche. Noꝰ voyōs
obscures molestatiōs q̄ dieu enuoye de sa main destre/voyāt mortelles batailles
impositiōs ⁊ tailles innumerables/intollerables passiōs/⁊ mortalites/⁊ souffrōs
les grās chaleurs du soleil/froidure/gelee/tēpeste q̄ noꝰ rōpt/ maisons ⁊ eglises.

Nous voyōs la triste cōmette/noꝰ auōs playes/poulz/punaisez & pucez q̄ noꝰ traueillent/& ne les pouuōs debouter. Certes ie voꝰ asseure q̄ pour les grās vices q̄ faisons le mal noꝰ viēt. Et cōbien q̄ padis noꝰ soit dōne sy noꝰ ne faisons les cōmādemēs du createur/il noꝰ dōnera les lieux infernaux. Ainsy pour le peche sōmes cōtrains porter les playes & estre pugnis de tourmens miserables

Qui. i epl'is
ps. v. z. xxiij
prouer. xiiii
Trenoꝝ. v.
Iiere. xxix.

¶ De la folle ou sote permutation.

¶ Qui fait la cōmutation
Dung cheual/a la chose folle
Com a fleute/la faction
En est toute pure friuolle
Aulcun seul prouffit ne recolle
Et celluy nest pas ineffable
Car pour rien perd la pardurable.

Qui videt vili p̄sumit
deteriora ab
sit ei radius
lucis mora.
Stultis nō
succurrit sz
errantibus.

O mmoiteux folz q̄ faictes p̄mutatiōs venes veoir cest escript & permues voz vices a vertus Car toy q̄ seuffre plusieurs labeurs & trauaulx cōment peuz tu mettre ton ame a nōchaloir. Les femmes parent leurs testes & frōc de perlez/passes oreillettes/& daultres richesses & fardent leurs visagez/portāt la bride soubz la gorge q̄ est la gorre q̄ court Des mamelles ie veux escrire/& de la poictrine blanche et polye cōme croye/quelles mōstrent pour auoir des chalans. Hellas il voꝰ coustera chier. mariees/vierges/& pucelles: nauez voꝰ pas tort de p̄parer ainsy voz corps q̄ nest que nourriture a vers. Voꝰ aultres q̄ auez auarice q̄ voꝰ nourrist/laq̄lle vous maine au puys denfer/chasties voꝰ car vous ne tenes conte de voz pouures amez. Les grās tresors q̄ tu metz sur la mer sont en grant peril pour les vndez. Aulcūesfoys tu attens lheure destre submerge & noye auec tes richesses. Hellas tu nas pas peur quāt tu vois ton peril deuāt toy/tu vois les grās tēpestes de la mer/ou tu es en auēture de morir pour amasser or & argēt. Tu nas poīt d̄ repos en ta maison/tu crains tousiours q̄ le malheur ne chee sur toy/tant a peur de perdre/p̄ ton auarice/tu es tousiours en pensee damasser. Que dirons nous de ceulx qui nont desir q̄ de remplir leurs ventres de viandes delicieuses & odorātes/tant soyent chieres/& ne se peuuēt abstenir. Que dirons nous de lobstinatre qui est tousiours ialoux de sa femme en grant cure/

Glo. instit. quod cū eo q̄ i ver. sz ertt. & i aut. q̄ mo. na. offi. sin. col. vi. l. pe. ff. de. iuris & fac. ig.
Ad heb xi.

hora. i epl'is

Sapiē. xiiii
Claudianꝰ de raptu p̄serpine
Eccl'ei. v
Trenoꝝ. iiii
Iuuenalis
Sapien. v.

Cõtinuation tache de faire trebucher lhõme de hault en bas. Plusieurs ne veullent estre vertueulx. les aultres louent probite. Les vngz la fuyẽt. Aulcũs appetent les desirs mõdains. Et les aultres demãdẽt pourete. O sages plains de vertus ie me cõplains a vo⁹ q̄ aymez sciẽce/ vertus & bon vouloir/ sachez q̄ le royaulme des cieulx est appareille pour vo⁹/ affin q̄ vo⁹ y dominez. Et nõ pas aux folz q̄ nont vouloir de bien faire.

De hõnorer pere & mere.

Les enfans sont fols incensez
Quãt ilz ne hõnorent pere & mere
Ou ne leur aident/ & pensez
Que cest chose dure & amere
Ou bien leur disent vitupere
Ou inferent batre & menasses
Aussy doiuent entre noz casses

Escoutes ma satyre pere q̄ auez des enfans/ car vous nauez pas grant sens d̄ bailler voz biẽs a voz enfans. Il vauldroit mieulx q̄ vo⁹ les gardissiez pour vous entretenir en vr̃e vieillesse/ affin q̄ en la fin de voz iours ne viuez en misere & en pourete Et cõbien q̄ le pere aist baille au filz to⁹ ses biẽs a grãt peine luy balleray ce q̄l luy fault. O fol pere pourquoy bailles tu a ton filz ce q̄ tu as amasse. O q̄ tu es fol de tãt bailler a ton filz q̄ na pitie d̄ ta vieillesse/ il vouldroit q̄ tu fusses mort/ & nonobstãt le pouure pere ne viura pas longuemẽt/ & ton filz tu demeure ap̄s luy q̄ ne les as honore: mais les a tenu en misere. Tu as mal recõgneu le bien q̄lz te vouloyẽt faire & q̄lz ton fait/ de tauoir nourry sy tẽdremẽt en ton ieune eage/ & te faire apprẽdre a gaigner ta vie. Et ap̄s ilz te ont dõne tous leurs biens/ & maintenant tu ne les peuz pas regarder ne nourrir des biens q̄lz te ont baille. Ne cõgnois tu point q̄ sans auoir des biens de pere ne de mere tu es tenu de les nourrir selon le droit/ tu metz ton ame en grãt dãger Je metz le cas q̄ ton pere fut estrãger: & il te dõnast ses biens/ tu le deurois entretenir: se tu ne le voulois faire ap̄s le don: ne serois tu pas cõtraint de le nourrir: oy selon le droit. Hellas ton pere doit il pas auoir mieulx q̄ lestrãgier: ouy naturellemẽt & selon dieu. Sy tu as leu les sainctz escriptz de ceulx q̄ nont point obey a leur pere ne mere/ tu trouueras q̄ en grãt douleur mourõt ou ferõt mauluaise fin/ & serõt hors d̄ la grace de dieu Et dit lescript p̄lant des hõneurs des peres: q̄ les puers enfans sont dignez destre mis en la flãme ternelle. Pẽse a absalon q̄ desprisa les ɔmãdemẽs de son pere dauid/ il morut a destresse pẽdu a vng arbre p̄ les cheueulx. Considere de cham q̄ vit les mẽbres genitaulx de son pere noe q̄ le mesprisa & se mocqua de luy il en fut maudit de dieu & de son pere. Nous lisons de semacherib leq̄l fut tue de ses enfans/ affin q̄lz regnassent au royaulme. mais nonobstãt nul en fut roy: car ilz furẽt chassez & bãnis hors du pays. Thobie enseignoit tousiours son filz en bõnes meurs. Salomon estant en son siege royal fit grãt hõneur a sa mere/ car luy estãt en son siege: fit asseoir sa mere au dessus de luy. Cõsideres aussy des filz de rachab ausq̄lz il cõmãda q̄lz ne beussent iamais de vin/ les enfans voulant obeir a leur pere: oncq̄s puis nen beurẽt/ car ilz voulurẽt obeir a leur pere ɔgnoissant q̄lz estoyẽt descendus de luy.

De la cauillation des prestres & ou choeur

Nous voyons en ce present temps
Que vng chm̄ prestre mal dieu prise
Mal honnoure & met en contemps
Son diuin seruice en leglise
Et au choeur en mauluaise guise
Parlent de ces choses mondaines
Mensongieres ordes & vaines

Iuuenalis
Eccle. x.
Math. vij.
Ezech. vij.

Qui maledicit p̄ri suo & matri extinguet lumen ei⁹ i mediis tenebris: q̄ subtrahit aliq̄d a p̄re & m̄re p̄ticeps homicide ē.
ij.q.vij. plerumq̄z
iiij.q.v. oẽsq̄
i. Thimo. v
prouer. xx. & xxviij
S. tho. scd̄a secde. q
c. xxij. & v
Pro. xxviij
Ouid. i. me.
Eccle. iij
Leuiti. xx
Deutro. v
Deut. xxvij
Exodi. xx
math. xv
Marci. vij
Fili⁹ tenet alere patrẽ ecõtra de. a leu. lib. C p̄ totum
Ad eph. vi
Deut. xxvij.
p̄uer. xx
Absalon
ij reg. xv et xviij
Cham

Cessãt in ecclesia vana & inhonesta p̄pha na colloq̄a cessent cõfabulatiões q̄ libet &c.

l Ubriques folz pre-
stres & gens deglise
venez prendre do-
ctrine en ceste satyre/ haban-
donnes chãbres parees/ bour
goises/ dames & damoiselles
vous estes regnans aux egli
ses en grans turbes ou vous
ditez maintes parolles & mẽsonges lung a lautre faisant
grant murmure/ tenãt grãs
cõseilz en deuisant de chascune sorte/ tant des edifices que
des estas des aultres pstres/
menãt vng char cõme ediotz
O iesus que les escriptz & cõ
stitutions sainctes sont peu
hõnorez de leglise. Il nest ba
tailles/ assaulx/ iournees fai
ctes p les gẽtilz/ cheualiers/
nobles/ & vaillans/ q̃ ne soyent racõptees en leglise/ les
croniques y sont alleguees/
des vaillances qui ont este
faictes en france/ en picardie/ en bourgongne/ & en plusieurs aultres pays/ sont
vains ditz/ vaines parolles recitees es eglises. Le prestre ne parlera point de la
bible/ des sainctz decretz/ ne de la passion Pourquoy: Ilz ne scauroyent/ mais tou
tes viles parolles & meschãtes seront dictes en leglise. Le batõnier court par leglise en racõtant choses nouuelles. Ilz perdẽt le temps a babiller du long du iour
Les vngz ne viendront point a leglise au seruice de dieu tant sont enflambes da
uarice se ilz ne ont argent ou distribution/ & ne yront point a leglise pour lamour
de dieu. O quel horreur de desobeir au createur. Gens de peruerse condicion pen
sez ou dieu mettra voz amez/ vous estes bien simoniacles. Il vous vauldroit
mieulx ne point aller a leglise/ que de y aller en esperance dauoir argent/ ne allez
point aux lieux sacrez par auarice ie vous requier/ car ce la nest point a dieu agre
able/ pource que pollues le lieu sacre qui est tant digne. Vous nestes point honteux de parler aux paillardes & aux macquerelles dedãs les eglises/ leur faisant
signe/ elles vous suyuẽt pas a pas. Alles hors & vuydes de saincte eglise/ alles
vous en hastiuement/ nauez voꝰ point de honte q̃ on vous voise: non/ car vous
nestes non plus honteux q̃ vne truye qui se boute dedans la fange/ cela desplaist
tant fort a dieu. Oultre plus voꝰ dõnes mauluais exẽple aux seculiers. Voꝰ deuez estre estoille refulgente/ mais estez sans lumiere. O q̃l scãdale/ q̃l deshõneur

c. decz de in
iuria. eccle.
libro. vi.
c. cii. ad de-
corẽ de vi. z
bo. cle.

Hieron̄. ad
damasum
pn. xxxviij.
et. xxii.
Ad ephe. iij

Prouer. v.
glo. circa fi.
ivbo recepit
iii. c. vnico
d cle. nõ resi
libro. vi.

ps. xv.

Neemi. xiij.

xv. q. vij. et
hoc dixim9

Eccles. xxi. Actuū. xij. xxiiij q. i. c. oibus. z. c. x sola

il vous vaulsist mieulx estre chartiers que viure sy meschantemēt. Je vous de/ mande se vous aures les dons de dieu ⁊ son royaulme pardurable pour faire ainsy (non) mais le fault prier/en leglise cōme du monde maistre ⁊ vous purger de tant de maulx. Aulcuns sont quilz seront sans chanter iusques a vnze heures attendans se on les fera chanter/⁊ sy nest quon leur baille pecune ilz ne chanteront point. O quel orage quel deshonneur a saincte eglise/des mendians ou aultres/ tant moynes que abbes ou prieurs point ie nen parle/mais ilz peuuent estre compris auec les aultres. Telles gens ne peuuent pas acquerir le royaulme de paradis/si non quilz amendēt leurs viez/car ce sont ceulx qui doiuent estre resplendis/sans cōme les estoilles/⁊ ilz sont tenebreux/car perdus ilz ont leurs lumieres/ ꝑ leurs viez ordez ⁊ abhominables.

Gladio ꝓpo ei⁹ supbia amputetur capiatur laqueo occulor suor in me ⁊ ꝑcutiet eū ex labiis caritat] mee

¶ De la grande demonstrance dorgueil.

¶ Tout homme doit fuir louange
Et celluy qui ensuit la voye
Il est plus vil ⁊ ort que fange
Et fat/car grant orgueil labbaye
Et en fin a dangier quil aye
Enfer qui est deu pour salaire
Car au dyable a voulu ꝑplaire

Judich. ix. Psal. xc. et cxiii. Prouer. vi.

Esaye. xiiii. thobie. iiii.

nutilz folz orgueil/ leulx approuches vous hastiuement et venez veoir en cest escript sil ya rien q̄ vo⁹ prouffite/car plusieurs folz sont plains de grāt orgueil q̄ sont nauigās en nostre nef ꝑ leur vice/ ilz veullent tenir lempire ⁊ do/ miner sur tous aultres/ce peche est sur to⁹ aultres le plus grāt. Souuēt le fol soppzime nayant dedās la nef iufaicte laq̄lle fut iadis forgee ꝑ luci/ fer prince dorgueil q̄ voulut monter ꝑ dessus dieu. Mais dieu tout puissant le voulut getter plus bas aux infer/ naulx auernes/ou est tor/ mēt intollerable. Cestuy lu/ cifer fut le premier qui pecha en orgueil. Il est pere dorgueil ceulx q̄ le suiuēt sont ses filz lesq̄lz il tient tousiours eslongniez de dieu/ilz se sont a luy

habandõnes ⁊ sont remplis de discors/de vaine gloire/⁊ aussy de iactance disant.
Jay eu la sollicitude de pauonye la sage cite en ma ieunesse. Jay leu les sainctz en
seignemens de sagesse ⁊ sapience. Et pource que iay congneu telles choses ie doy
estre mis aux haultz lieux/⁊ pource ie doy preferer tous aultres/ ⁊ estre assis au
siege plus hault. Lautre a couru en france/en picardie/et en languedoc/ou en aul
tre pays/ausquelz il est hay/non pas pour vaillance quil y aist fait. Et encores
veult il estre sur to⁹ domine. Or me dis q̃ te vault de tãt mẽtir ꝑ orgueil ou tu es
confit. Sy tu as veu plusieurs estranges royaulmes en grans dangiers tant en
mer cõme en terre/⁊ tu dis plus la moytie. Tes parolles sont trop ameres/ ⁊ sy
ne les dis pas de bonne sorte. Regarde sy le saige prent sy grant loz (non) car iamais hõme saige ne desira louẽge/ne iamais ne se blasma. Mais toy tu es rẽply
dorgueil comme lucifer qui estoit dit portant lumiere/⁊ par sa beaulte se voulut
esleuer par orgueil/⁊ voulut monter sur le hault siege de dieu nostre createur. Le
bon dieu qui est iuste le fit cheoir es abismes denfer auecq̃s ses alyez. Hellas ce
fut pour eulx grant mal. Ainsy les orguilleux cherront es lieux plains de rage
excessiue. Lucifer ⁊ ses alliez tendent grans reths et filez pour prendre les ames
orguilleuses/lesquelles maine ⁊ tire en sa fournaise sans iamais auoir ioye ne
plaisir. Ce mauldit peche dorgueil destruit/meurs/vertus/⁊ science: ⁊ engendre
abhomination. Ce peche regne en maintes personnes: ⁊ principalemẽt aux fem-
mes/car tout le genre feminin est remply de supbite/lequel peche pollist le corps
total de la personne/on se vest de vestemens ambicieulx/elles font bien foiser a
leurs maritz ou a aultres sans raison pour les mines quelles font/plusieurs hõmes discretz sont quasi priues de leurs sens. Judich fit tant ꝑ beaulx moyẽs quel
le couppa la teste a holoferne pource quil vouloit destruire sa terre. Combien q̃
iosabel fut pudique elle oignist son visage/affin quelle apparust laide ⁊ vieille a
son mary iehu. Tous les iours sagesse nous appelle en no⁹ disant que nous fuy-
ons les fẽmes langagieres/car elles ont les langues trop legieres ⁊ dãgereuses
elles sont de luxure plaines. Lesquelles des yeulx ⁊ de leurs poictrines mordent
les cueurs des pouures hõmes/⁊ mainẽt lame au feu denfer ꝑdurable. La bõne
femme a toutes bõnes vertuz en elle/hõneur lensuit/elle vse de louenge ⁊ bonne
oeuure/elle tient chastete/⁊ de luxure ne tient cõpte. Sy bersabee neust este damour entreprise/iamais elle neust mõstre son corps nud au roy dauid/elle en fut
cause principale/dont sen ensuyuit vng grant mal Les fẽmes de maintenãt sont
souuẽt cause de grant amour. Vous faictes mal fẽmes q̃ voullez cõplaire pour
tirer amour a vous. Sachez que dieu vo⁹ pugnira pour vostre orgueil ⁊ grant
luxure/penses entre vous pouures pecheurs aux grans ioyes de paradis/ ⁊ pareillemẽt aux tourmẽs denfer/⁊ ꝯsideres q̃ lucifer q̃ estoit le plus beau de to⁹ les
anges/par son orgueil est le plus lait de tous les dyables/ ⁊ to⁹ serons ainsy pugnis sans espargner hõme ne femme. Cõme sathan ⁊ abiron/lesquelz voulurent
vsurper le sacrifice/lensens ⁊ le diuin office ꝑ leur orgueil/ de quoy dieu bien les
pugnist/car ilz furent tresglontist dedans la terre. Aussy engloutira dieu les orguilleux ⁊ orguilleuses.

Jacobi.iiii.
vi.q.i.imita
rii.q.ii.glo-
riã cpi i si.
pearinatio
nõ facit me-
dicus nulla
ars loco di-
scit vt ait se
neca
Joheli.ii
ec.x.i.xxvii
Luce x
xx.iiii q iii
q̃dã vsi luci
ferum
Job.xv
Prouer.xv
i.xviii
ps xvii
Sapien v
puer x iiii
Job xxvi
Eccle.xi.
puer.xi.
Eccle.vii
Eccl.xix.
puer.v.
oloferñs.
Judich.ix
Jesabel.
Jehu
iiii.reg.ix
eccle.xiiii
xxvii.q.
v.c.nec sa
lomon
puer.xiiii
eccl.xxv.
ii.reg.xi.
Bersabe.
eccle.x.
Johelis.ii
nũeri.xv
Job.iiii.
Job.xli.
esay.xiiii.
Nũe.xvi

Exigua dabit et multis improbabiliter hodie feneratur quasi cras repetit. Odibilis est homo hoi. Si quis usuram accepit, rapinam facit

❡ Des usuriers feneratuers.

❡ Tous vo⁹ aultres grãs usuriers
Qui prenes de lhõme la moille
Tous les iours festes ou feriers
Venez venez tirer la voille
Et au vent estandre la toille
Car estes ceulx cy entendes
Lesquelz en rauissant vendes

Prouer. xx. Luce. vi. Iuue. iii. c. i de usuris. Bal. in auc. ad h. C. e. ii. xiiii. q. p totum c. i. de emp. et ven. d usu. p totum extra Eccle. xlij. Ezech. xiij Esaye. xxxij Abacuc. ii. xiiij. q. iiij c. nouu. et c. seque. et c. penul.

Usuriers abhominables / rongeurs de pouures gẽs venes prester argẽt a usure sur ma satyre et y estudies / et vo⁹ verres quel prouffit il vous viendra de voz usurez / il no⁹ reste encores parler de vous et de la grant turbe plus vile et agnominieuse de tous les aultres folz / lesquelz tiẽnent auarice. Et sy vous voulez scauoir qui sont ceulx cy / sachez que ce sont usuriers qui sont de mensonges plains / et sy plains de cõcupiscence q̃ iamais ne se saoullent dor ne dargent / mais plusieurs ont le cueur a rapine et a tirer largent du poure hõme. On les deuroit pugnir selon le droit pour peruers cueurs / et faire prendre mort amere ou estre fouetez / bãnis / ou exillez / car leur estude nest que despolier les pouures de leurs biens sans en auoir pitie / en toutes saisons usurpẽt les bledz et vins des pouures gens, et tant amassent de biens quilz les laissent gaster. De telles gens y a plusieurs bourgois / et petis seigneurs de ville. Ilz ne craignẽt poĩt iesucrist / sa vengãce ne loffence quilz font / parquoy griefuement seront pugnis.

mat. xxiiij leui. xxv deut. xxiij exod. xxij neemie. v hiere. v. Luce. vi Ps. lxvi. ec. xxvij.

Helas sans qlz ayent necessite dor ne dargent / ne de nulz biens ou fruitz / ilz veullent destruire les pouures gens. Cõbien quil ne soit grief a dire. Je dis q̃ les iuifz sont charitables / plus iustes / plus veritables et doulx: cõbien quilz tiẽnent grãde usure plus q̃ ne font les crestiens / et sont meilleurs en leurs loy. Ilz ne sont point rauisseurs de biens cõme les cristicoles. Nous desprisons dieu tous les iours Et sy nous chassons les iuifz de noz pays / on ne scet nostre intẽtion / ne a quel point voulons tendre Certes cest a nostre usure seulemẽt / nõ pas a celle des iuifz / ainsy sommes sans vertus et de dieu expellez. O sainctz crestiens q̃ cest indiscrete paction et lance poignant plus que acier / de ainsy faire a voz freres crestiẽs vous estez cõme horriblez loups famiz q̃ tuent les pouures brebis. Par auarice prenes a vsure fraudulensemēt / ⁊ estez enragez de grant ardeur / vous desires chierte de bledz ⁊ vins affin q̄ vendissies voz prouisions / vous desires le mal daultruy et certes le mal vous viendra / mieulx vauldroit q̄ iamais neussiez este nez q̄ faire telz extortions. En plusieurs choses vous ne cuides point faire vsure ⁊ vo⁹ en excusez / mais dieu au iour du iugement vous en accusera.

xiiii. q. iiii. nec h. z. c. ses quē. z c. quicunqz

De la vaine esperance dauoir ⁊ succeder.

Qui espere auoir succession
Daultruy / sesiouyroit de mort
Pour ses biens ou sa portion
Auoir / ⁊ luy mesme la mort
Le prent ⁊ le met au lieu ort
Du tombeau que a laultruy cōmist
Son espoir par trop vain il mist.

In morte aliena spē noli tibi ponere

Esueilles voz esperitz folz qui desirez la mort de voz parens pour auoir la succession et venes veoir le testament ou on vous laisse de belles doctrine. He qui est cestuy qui pourroit souffrir ce fol qui a vouloir de vent / lequel appete la mort daultruy pour son auoir. Il est incense / car il desire tousiours la mort de son parēt. Toutesfoys cestuy attendra la disposition sil peut a le tuer ou destruire. Mais dieu ne baille pas pouuoir a telles gens d faire morir les humains a celluy q̄ la luy requiert / sa priere point ne luy est de dieu exaulsee / ains voyons au cōtraire ql meurt deuant ses parens. Hellas nest ce pas grāt fureur a toy meschant heritier pour auoir des biēs tēporelz desirer la mort daultruy. Je te prie vueille considerer q̄ ton esperāce est trop vaine / car tu ne sces pas q̄ te doit suruenir / la mort te suyt pas a pas / ceste esperāce nourrit ces chetifz soit roy / duc / cōte / ou prince / tous les iours on appercoit quelle decoit son maistre. Cōbien q̄ tu soyes ieune / robuste / puissant / allegre / ⁊ sain de ton corps / Toutesfoys la mort te prendra a desconfort / car nul nest delle exempt / tout luy est vng / ieune et vieil. Lon voit souuēt le filz morir auant le pere / dont le pere dolent porte deul des funerailles. Cest donc bien folle esperance de esperer la mort daultruy. Nous lisons de priam ⁊ de ses filz / lesquelz estoyēt fors ⁊ vaillans / cestuy priam estoit bien vieulx / mais il veit la mort de to⁹ ses filz. Quāt absalon veit le septre

De cōtel. p. c. ii. z. c. ne capiāde. co. ti. li. vi l. stipulatio. ff. d ver obli. l quodā. ff. de don.

Ec. xxxi. Treno. v esay. xxx

i. thim. vi puer. xx. eccle. xliiii Hiere. xv Sapi. iiii. Eccle. vi prouer. x. Osee. ix. puer. xv. priam⁹ de quo iuue.

Absalon.

ij.reg.xviij. Hiere.viij. ps.xxxvi Ecclesi.iij. Pro.xxviij. Ecclesia.x. ps.liiij.

de son pere david il le desira & ne demandoit aultre chose. Mais la mort innaturelle luy bailla de son dart agu. Jamais neust pense quil neust vescu apres son pere/les faitz de mort sont bien peu seurs. car ilz sont trop obscurs. O vivans qui regnes au monde ne soyes sy folz q vo⁹ mesties esperance en la mort daultruy/mais esperes tousiours vivre auec voz parens. Lesperance est folle/stulte & fatue/es choses caduques. Prens esperance de vivre auec dieu au royaulme pardurable/& tu feras mieulx que desirer les biens mondains.

De non obseruer les sainctz dimenches & festes.

Qui les sainctz dimenches & festes
Nobserue des canonises
Sainctz q souffrirent grans molestes
Quant ilz furent martirises
Et qui es labeurs mains prises
Se inuolue monter a vouloir
Le char du singe a dire voir

Memento vt diez sabbati sctifices. septimo em die est sabbatu dni dei.

Exodi.xx.& xxxi. Leui.xxvi Johã.xviij. Deutro.v

Oueilles vo⁹ folz & bestez q ne festez point les festez des sainctz ne sainctes/venes lire ce kalendrier & vous ne seres point ignorans d fester les festes. Helas q en mon cueur ie contemple ces humains q sont plains de grans vices/& ont les corps tous auenglez estant en obscures tenebres/ambulans en mains quartiers/et ne vont point en chemin entier/combien q dieu leur monstre voye de foy/il monstre et donne ses enseignemens & articles/sa doctrine & haulte grace/affin q lon se puist amender et pleurer p contricion ses peches & en auoir en fin pardon moyennant pure penitence q meine lhomme au royaulme de dieu Aulcuns sont q nen font compte/mais desprisent les sainctz commandemens. Ilz ne

Hiere.xvij. De fer.ca.& vltimo. Leo.ti.l. omnis.

honorent point la saincte loy/laquelle est par eulx maculee & honye/en leglise est bel oeuvre & p inoppinant oultrage/lymage de dieu finablement tout circunspect.

De cose.di. iij.c.i.

Combien q les papes/archeuesques/& euesques/q estoyent gens de grans sciences ont ordonnez les festes de dieu & de tous les sainctz & sainctes/desquelz nous celebrons les festes solenneles & offices aux iours propres/tant de dieu q des sainctz

xxiiij.q.i. odi. De cose.di. i. in die

sainctes/anges/archanges:cherubins:trosnes:potestes:ordres:& de toute la court celestielle:no⁹ mesprisons ses festes:& plus honorons mondanites vicieuses a lame

et au corps. Au moyen de quoy desprisons la loy/noz saictz canõs & loix escriptz xxiiii.dis.cũ
Tout est quasi mys au bas/les iours des festes se font ieux/dances/cõuitz/gor/ liceat
mãdisez/fraudes/trõperies/luxures/& telles enormitez sans faire prieres a dieu xxiii.di.his
ne aller a saincte eglise/mais desiuner auãt la messe/& le plus sans le oyr/mais igitur
vont telles gens en la tauerne pour eux rẽplir iusq̃s au fendre sans penser a dieu xliiii.dis.nõ
ne a leglise. Ilz ne gardent point les sainctz cõmãdemẽs/& se on leur veult remõ oportet
strer/ilz repliquerõt/& ortes gorges rẽpliez de vin quaqueter & reprẽdre les au/ Seneca ad
tres q̃ aurõt acõply les cõmãdemẽs de leglise. Ilz ne honorent dieu ne les sainctz/ lucillũ i epi
mais se dauẽture ilz sont a leglise: ilz suyurõt lung lautre: & sans oyr messe entie/ stola.xviii.c
re yront desiuner: ou pour plus brief orrõt deux demy messes/disant q̃ deux mou placita
cherons vallent vne chãdelle. Ilz sont bien abusez les pouures folz: car ilz men/ de cõse.dis.

tent pource q̃ la messe se doit oyr entiere. Et a heure de vespres serõt aux chãps: aux tauernes ou aux bordeaulx. O pouures folz dieu na il pas cõmande de sa bouche q̃ lon cessast oeuure d̃ toutes maĩs es dimẽches & sainctz iours. ie te prie se tu nas apris a garder les festes: gardes les le tẽps aduenir: car iamais tu nauras rien sy tu ne les garde: & ceulx q̃ les ont gardees veullent tousiours cõtinuer car ilz fructifieront doublement. Celluy q̃ gardera les festes sera aux cieulx de dieu ayme. Et qui ne les gardera est en danger de cheoir au gouffre infernal auecq̃s les dyables en peine pardurable

iii.irreligio sa. Actuũ.ii. i.The.v. Esay.xxviii Hiere.xvii Leui.xxv Marci.ii.

De esllargir de ses biens et apres sen repentir.

Celluy q̃ se deult & fort pleure
Quant on luy requiert don donner
Et sy ne peult euiter lheure
De au donnant habandonner

Et qui au large veult consoner
En donnant se repent du don
Donner perd merite & guerdon

Da facie leta sine leticia facie qd̃ dedens pdis rẽ meritũq; rem hilarez eni datorem diligit deus

Entendes folz q̃ cest de esllargir & dõner de ses biens: car ie vo9 en veulx glo.i.c.i.de
maintenãt enseigner Grãde vertu est a vng hõme quãt il dõne de ses dona.
biens p amitie & vertus quãt il voit quon en a necessite: il engẽdre ioye xxiij.q.vi.&
et vertus. Sil dõne a son amy selon loyer & desserte; tu auras vertus renõmee. his oibns ij.q.Cho.ix

Ecclesia.xij
Job vltimo
Ad col.iii
ad heb.iiii.
Eccle.xviij.
Eccle.xxviij.
Canti.viii.
Eccle.xiiii.
Ecclesia.iiij
Pro.xxviij.
Sene.de in
gratitudine
Tuli⁹ i offi.
Sapiẽ.xvi.
Eccle.xxix.
i.thimo.iij.
Luce.vi.
Catho

Celluy est q̃ eslargist de ses biens a son amy/puis sen repent: est fol/car ses grãs richesses despent ⁊ ne entretiẽt nulz amys. Aulcuns sont q̃ dõnent de leurs biens lesquelz ont la face palle ⁊ blesme/pource q̃lz ne dõnent point de bon courage. Et quãt ilz ont fait leur don: ilz mauldissent leur vie prenãt en eulx despit: en leur tirãt p les cheueulx. toutesfoys celluy est le pire: car en dõnãt pour dieu il se plaint plus. Ilz nont de merite vers dieu: le q̃l ayme ceulx q̃ luy font dons loyaulx. Celluy q̃ exerce oeuure de pitie ⁊ charite: dõne de ses biens a son poure amy: il ouure la grant porte dhõneur: ⁊ on luy en rend louenge: ⁊ est son don tousiours agreable Ilz sont aussy plusieurs q̃ dõnent de grans dons ⁊ richesses a gens ingratz: lesq̃lz ont la voulente trop fiere: car ilz ne rendẽt point graces a ceulx q̃ les biens leurs ont dõnez. Cest vne des plus laide chose du monde q̃ destre ingrat. Hõme prudẽt et sage dõne voulentiers a son amy: car il cognoit bien q̃l en aura graces ⁊ louengez: ⁊ pour iouyr de ceste grace les sages dõnẽt voulentiers leurs biens. Or donc se tu es enclin de dõner/dõne de cueur fin: begnin: loyal: ⁊ gracieulx: ⁊ par ce tes dons serõt agreables a christ. Et se on te dõne quelque chose: iamais tu ne la reddõne a aultruy: car de ton amy tu en feras ton ennemy.

Du vice de paresse.

Paresse a la grant seignourie
Au monde qui mains corps opprime
Sicque vertus en est perie
En elle seruant sy supprime
Et tout bon soing labeur reprime
Et vielle songe a son labeur
Combien que paye soit du iour.

Dõnisez se
men spergo
sicq̃ papa
uer vt inde
dormiat et
deses dormi
at vsq̃ piger

Puer.xviij.

n Olz folz pareceux ne doiuẽt estre exemps de lire ceste satyre: car elle est pufitable et de grãt vtilite: cestuy est plain d vicieuse paresse trop impetulente: ⁊ plain d maulnaise pẽsee intollerable. Elle rõpt les entẽdemẽs ⁊ esperitz. celluy q̃ se y va amuser cherra en aultres vices ⁊ pechez: ⁊ mettra sa poure ame en dãger. Ceulx q̃ sont en la languenr sont rigoreusemẽt opprimez ⁊ tourmẽtez d sens de mẽbres ⁊ de corps: se vne est endormy ⁊ furieux: car on nest point curieulx: ⁊ nay point de remẽbremẽt. Et cõbien q̃lz soyẽt pres du feu q̃lz se laissent quasi brusler. Cestuy est pour tout vray p son abhominalite pour dõner a maint exẽplaire: dauoir sur luy vng cataraue: affin q̃ on voye sa paresse. Or est cestuy dieulx q ne luist iamais lumiere. Il na foy ne ver tus: il na iamais feu alume: ains mortifie: p quoy il a les yeulx tous enfumes/ il ne nuist iamais a nul si non a luy mesmes. Cestuy est bien heureux q iustemēt traueille en gaignāt sa vie. Mais dieu est courrouce quāt on ne traueille: & finablemēt pugnist celluy q point ne traueille/ ne prent peine d labourer pour gaigner sa vie. Lautre q nest point paresseur sil ne labeure il ne menge poīt: cest peche de paresse on doit fuir: car on veult ouyr plusieurs choses & rien entēdre. Ilz ont leurs corps rēplis de pechez & ne se mettēt poīt hors. cōmēt le roy dauid feist p grāt horreur estoit rēply dadultere/ car il fit tuer Vrea pour auoir sa fēme/ paresse en fut cause. Carthage en fut destruicte. Aussy fut rōme: & paresse a este leurs vigueur et vaillāces: durāt le tēps qlz sentretenoyēt a batailles & vaillāces ayāt la main a lespee & lāce chm viuoit en paciēce/ paix regnoit au mōde vniuersel/ nul nestoit aduersaire a son seigneur: ilz estoyēt plains de vertus: ilz nestoyēt point luxurieulx. Mais depuis q fortune tourna sa roue/ ilz ont perde noblesse & vaillance de mains royaulmes ont perdu lobediēce & seignourie. Du tēps passe rōme estoit en bataille & vaillance sur tout le mōde domināte. Mais p leur orgueil/ auarice et luxure/ ilz sont maintenāt des plus bas. O frāce tu es maītenāt flourissāt en hōneur/ puissance/ & cheualerie. Tu as abiugue Rōme/ Naples/ toutes les ytalies & les aliez chrestiēs & infideles. Ta puissance est sy grande/ forte & pugille/ que iusques en turquie/ sarrasiname/ & au pays iudaique on craint ta fureur. Tu es en to9 biēs habōdāte. Tu es plaine de tristesse/ car tu as les plus souffisās clercz qlz soyent au mōde. Viuāt/ tu as ciel/ terre/ & la mer qui te fanorissent. Garde doncques bien que orgueil/ auarice/ et luxure ne regnēt en toy/ car certes tu declinerois comme les rōmains sont declines. Maintiēs tousiours vraye iustice & ayme fort le bien publique/ dieu taymera & te dōnera puissance sur tous tes ennemis/ mais que tu maintiengne en toy gens iustes & q tu pugnisse les mauluais/ et a chm faire droit & raison.

Prouer. x.
Ecclesia. x.
Prouer. xx.
Prouer. xxi. et xxii.
Job. v.
Ecclesia. ii
Ecclesia. ii.
ii. Thes. iii.
ii. reg. xi.
Aug. d̄ rōa
Appianus.
Roma
Romani.
Ouid. i fast.
Francia.

Des folz infideles.

Non cõcupiscit dñs multitudinẽ filiorũ ĩfideliũ et inutilium

¶ Les infideles mescreans
Et folz ay voulu icy mettre
Quilz soyent en la nef creans
Combien ne sont dignes dy estre
Et tout pour leur estranger estre
Neautmoins es grãs cõpaignees
Seront des folz & folles nees

La grãt turbe des infideles ie voy venir impetueuse/lesquelz veullent venir en nostre nef pour regir noz voillez. Ilz font leurs preparatiues affin qlz puissent auoir place & lieu/ceste turbe est sy tresgrãde q̃ la terre ne la mer ne les peust a grant peine soustenir:tant en y a il en chũn quartier ꝑ le mõde:lesquelz estrãgiers sõmes:car ilz ne sont point clos dedãs nostre cloture de nostre foy catholique. Je les eusse bien peu delaisser/car en nostre nef nen auõs q̃ faire veu qlz sont rẽplis derreur/& sy auenglez qlz nont besoing de louuerture de medecine pour les guerir/car le hault dieu ne veullent aymer/hõnorer/ne viure soubz sa nourriture/mieulx meust valu mettre medecine pour guerir les crestiens/q̃ pour ces gens iniques puers & abhominables Ilz portẽt & tiẽnẽt en leurs poictrines maintz grãs dyables. De ceulx cy a sy grãt nõbre q̃ cest merueille. Ilz regniẽt nostre foy/loy/& nostre esperãce. Sy ien vouloye au long parler/mon papier q̃ est petit ny pourroit suffire: ne mes ditz pareillemẽt/ꝑ quoy mieulx vault mien taire pour le pñt/si nõ de remẽbrer leurs sectes cõe verres presentemẽt. Les ꝑmiers sont les turcz/auec les sarrazins/& ces gens tartariẽs/ces villains mahumeciẽs/desqlz vient tout erreur. Toutes ces regiõs lensuiuẽt/lesqlles serõt cy apres declarees:cestassauoir affrique/& les limites/asie terre puissãte la plus grãt partie deurope/saramatique/scithe/boeme/les monans/nr̃e nef est plaine de telles gens car ilz honorẽt les mauuais enseignemens/& desprisent les bons. Ilz sont de ceulx q̃ ensuiuẽt la mauluaise escole prageuse de thollette/laqlle enseigne les chermes & dyablerie q̃ est du grãt fouldre sa semblance Ce sont ces heretiques q̃ veullent tourner nostre loy a lenuers. Ilz hõnorent ces vains misteres/ Ilz preschẽt en saincte religion/en eglise/ville & cite/choses faulses/& inutiles cõtre la foy Lesquelz plains de rage se pendent dung gros cordeau par le col tant sont rẽplis de maledictions.

Ecclesia. x
ij. Cho. iiij.
et. vi.
Sapiẽ. xuij
i. Chori. vij
ij. q. i. multi
de diuor. et
gaudeam⁹
xxiij: disti. c.
plurimos.

xvi. q. i. c. in
canonibus.

Turci
Sarraceni
maconietici
Affrica
Asia
Erope magna pars
Sarametici
Scithe
Boemi
Morani
Praga
Heretici.
C. de hio q̃
si. moz, cõle.
l. vnica.
xxiij. q. v. c.
placuit.

¶ De la foy catholique ⁊ inclination de lempire.

¶ O vous mes barons de leglise
Qui monument de foy tenez
En deliberation aprise
Gouuernes ⁊ entretenes
Vous pry que vous les contenez
Laisses la mittre stultigere
Que ie vous monstre en misere

Preferenda est priuata vtilitas cõi ⁊ minori maior.

a Pres q̄ iay de plusieurs estatz parle/desquelz iay cõgneu la folye/ mon cueur sest mis a rẽmẽbrer a nostre saincte foy catholicque/⁊ a tous ses tumbemẽs enormes/⁊ opprobres/ diuers ⁊ griefz quelle souffre paciã/ment. Hellas mon cueur fond en larmes du dueil/tourment/pleurs/⁊ regretz innumerables q̄l prent cogitãt les molestatiõs/⁊ q̄l la voit ainsy soullee dorde fange ⁊ plaine de durs pechez. Le vouloir auroit bien legier/⁊ le cueur aussy dur q̄ vne enclume q̄ ne pleureroit son dur descõfort. Quãt no⁹ voyõs q̄ la foy se amendry:⁊ q̄ chm̄ se faint a dieu seruir sans acõplir ses cõmãdemẽs ne bõnes doctrines O saincte eglise rõmaine tu doys estre deffense de la saincte foy catholique. Tu fuz iadis sa seulle tuicion ⁊ sauluegarde. Parquoy vng chm̄ te reḡroit/⁊ estois exẽple de foy. Hellas hellas toy q̄ es le chief du monde/tu te mues trembles ⁊ te fonde sur vng fiant infragile/leq̄l fiant est quasi cõme neant q̄ ne peut soustenir ton faiz ne fondemẽt pour la debilite de luy. Et des maintenãt iapperoy/⁊ a ceste cause q̄ saincte eglise chet en ruyne par le moyen de ses pechez/dont les ministres sont plains. Cõment pourrons no⁹ querir souffisante pasture pour auoir salut a lame/puis q̄ vng sy tresnoble tenãt qui est nostre chief principal/tel mal souffre et endure:ou nostre foy ⁊ loy est quasi finie. Les coustumes ⁊ ordõnãces q̄ iadis furent iustemẽt cõstitues p eulx sont destruictes. Les:roys:ducz:contes ⁊ barõs qui deuroyent estre la deffense:sont cause de cecy:ilz deuroyent estre munimẽt et soustenemẽt de iesucrist/de nostre foy ⁊ de la chose publique:ayant en la main le bouclier ⁊ sceptre royal:le noble harnoys sur le dos:affin q̄ soyes mõte en hõneur et en la grace de iesucrist. Mais a iceulx point nen souuient: ilz sont tous tristes quãt ilz leur fault porter harnoys Ce sont ceulx q̄ deuroyẽt estre luniciens ⁊ flourir en haulteur. Vous deuries deffendre rõme ⁊ pour elle batailler Nul ny veult ses forces estendre. Pource deues entẽdre q̄ la nef de sainct pierre qui est sur mer ne peut venir a terre pour les grans vens ⁊ vndez:⁊ est en danger de cheoir sans soulager:laq̄lle est foy de iesucrist:au moyen de laquelle sont saulues plusieurs tant hõmes que femmes:⁊ seront pardurablement. Cest celle qui nous fait aller en paradis. Cest celle q̄ les sainctz sainctifie Cest celle en q̄ on a fiance. Mais maintenãt pour toyt vray elle titube ⁊ a grant peur de cheoir:⁊ soudainemẽt sencline ou bien tost chiet en ruyne soudaine par ces faulx ⁊ mauldıtz tirans infideles/lesquelz sont aduersaires contre elle ⁊ cõtre le sainct siege apostolique/lequel

c. bone. de postu. p̄la. i auc. vt iudi. sine quo suf. in pn. col. ij.

Roma de q̄ lactantius

Causa destructionis fidei

Mathei. viij

Turci est quasi abatu par les villains chiens turcz ⁊ scithiques q̃ discipẽt ꝑ armes sain-
Scithici cte eglise. Le siege sainct pierre: et nostre saincte foy catholique. Ces gens q̃ font
tel oultrage sont deuers orient/ou nous auons ce machomet le mauldit pphete q̃
machomet⁹ met loix ⁊ erreurs en plusieurs regions. Ceste gent cõprent quasi la plus grant
Arabia part du monde/cest assauoir les arabies/affrique/⁊ asie Ilz tienẽt les heresies/ilz
Affrica sont diuertis de la loy ⁊ foy crestiẽne. Puis les turcz veullent destruire nostre
Asia saincte foy: ⁊ les pasteurs des royaulmes degipte/de la grãt tartarie ⁊ de la mau
Turcus et re/⁊ soldane. Ces turcz ont flagellez ces gens tellemẽt q̃lz tienẽt leur foy qui est
caspijs mõ-tibus en grans cõtens de la foy/combien q̃ ioyeulx fussent ces mauldits turz payens da
bosphorus uoir les grans sarmaticques/neautmoins ilz ont tant fait q̃lz ont prins le pont
Thracia de ionyne bosthore/⁊ la grãt tracie/⁊ sept royaulmes d̃ triõme. helas poures peu
ples vous pouues cõgnoistre quel desplaisir cest de perdre ces nations q̃ estoyent
Libia crestiẽnes/⁊ maintenãt est aux infideles. Et affin q̃ vous sachez/encores en ont
asia minor. ilz prins/lesquelles ie vous diray: cest assauoir la grãt libye: asye la petite ⁊ europe
hungaria Les hongres ont resistez cõtre eulx ⁊ tousiours ont fait grosse bataille cõtre eulx
Dalmatia Les gens dalmatie ont griefuemẽt pugnis ces turcz ⁊ augmẽte nostre foy. Hel
Hiere. ix. las maitenãt ie voy q̃ le cheualier ne veult dõner secours a la foy catholiq̃/aussy
Trenor. iii chiet par faulte dauoir aide: vertus est perie ⁊ nostre foy quasy faillie. Hellas q̃
ne fondroit en pleurs ⁊ ne desrõperoit sa face ⁊ cheueulx: q̃ pẽseroit q̃ grece auons
Grecia quasi perdue qui est mere de sciẽce ⁊ des nobles philosophes. Tracie/lesquelz ont
este subiuguez par les turcz/⁊ plusieurs aultres cõe achinus/macedõne/ thebes/
Macedonia sparte/lidoyne/tesalle/⁊ miste/auõs pdu: ⁊ est entre leurs mains He dieu/helas
achaya O poures crestiens pẽses au noble ⁊ plaisant lieu de cõstãtinoble q̃ estoit la nou-
Tessalia. Misia uelle rõme/lempereur y dominoit/hellas de nouueau est perdue/ ⁊ est entre les
Cõstãtino-polis mains de ces faulx turcz ennemis de la foy. Hellas la gallate aussy trapesonte q̃
diray ie/grãt honte en auons: car il ny a hõme q̃ veulle mettre pouruoyãce. Et en
Trapezos cores veullent ces chiens turcz conquerre sur nous/combien q̃lz ayent pannone/
Istria istrice/itire/qui sont tant belles regions: tellemẽt q̃ les diriliques/italie/apulie/
Pannonia Illirya tramblent de peur de ces turcz iniques. A grãt peine se peult deffendre le mõt de
appulia ethna aux grans cauernes: ⁊ sen sentent les ancelades. Semblablemẽt font po-
Italia Sicilia sternes ceulx de sueuere/cicille/⁊ danubie/⁊ ont grãt peur quon ne les laisse sans
Ethna aide: car ilz sont des turcz pilles iusques a la chemise. O rhodes deffens bien no-
Danubius. stre foy. Destruis ces mauldits mahumetz ⁊ leurs sacres ⁊ sectes diuers telle-
Rhodos ment que saincte croix soit cõe la plus haulte princesse. Mettez au bas baiazit le
Bagiazit Ildrimi prince ⁊ ses gens qui aultrement sont appellez ildrimiens ⁊ dresse grant armee
cõtre eulx: car ilz veullent venir batailler cõtre noz roys ⁊ princes ⁊ destruire cre
stiẽte. Pour leur cõseil ilz ont les furies infernales. Son visage est auirõne de
serpẽs/il a auec les eumenides/il tient bacchus en sa chãbre/il pille ⁊ destruit les
crestiens: il les emprisonne ⁊ tourmẽte sans auoir repos iour ne nuyt. Et a brief
Esaye. lvi. dire iamais ces mauldits turcz ne se peuuẽt saouler de veoir espãdre le sang des
Ecclesi. xij. crestiens mains que dung chien. O rõme de vraye foy ie te regrette fort en mon
cueur. O le sainct siege apostoliq̃ triũphãt ⁊ excellent iay grãt peur q̃ ces gens ne
te preignẽt ⁊ ne te tienẽt cõe vng chien en vng cheuestre. Il a ceste gẽt dacherõte/

laquelle est de rage pleine/laq̃lle pretẽd destruire nostre foy. Las ces loups veul xliij.dist.si
lent tout destruire les ouailles du createur/pretendant dissiper/hõmes/femmes rector.⁊.c.
enfans/ieunes ⁊ vieulx. Paresse nous tient bien en ses las/embrasses sõmes de ephesius
dormir/au moyen de quoy ⁊ p faulte de mener bõne bataille. Ilz ne craignent les
crestiens/⁊ est nostre loy quasi perie. Les ducz/contes/ou chevaliers/ ne portent
point signe des seigneurs. Les predecesseurs anciens pour leurs biens cõmuns
nont vertus en leurs courages/mais ont perdu le nom de vaillance/en eulx con
seil default ⁊ prudẽce/⁊ regnẽt en peche ferocie ⁊ avec crudelite. Et a bien parler
ilz ne ayment point le bien publicque/au moyen de quoy toute nostre loy ⁊ foy se
perd. Noz roys/ducz/contez et barons dormẽt ⁊ laissent tout prendre prosterner ⁊
destruire. O chief iadis de tout le monde q̃ estoit empereur cõme pierre reluisant
Tu dors maintenãt/tu ne es plus empereur cõe ie croy/mais es couche dedãs les c.q̃uis d̃ re
espines poingnãtes ⁊ mortiferes/ou dedãs leaue ou fange cõe chose de nulle va- gu.iu.in an
leur. O sainct pierre/o ton hault siege noble ⁊ sacre/ta turbe dort q̃ au tẽps passe tiquis
avoit grant vertus/a present on voit bien q̃ foy est toute corrũpue par les turcz/ fo.lxxv.
nul ne les rechasse/chascun endure leur tourmẽt/⁊ se laisse par eulx perir/nul ne Naum ii.
veult conquerre la terre deurope. Les turcz sont sur nous dñateurs de noz pays Esaye.li.
imperateurs/⁊ ont gastez nostre loy. Mais nonobstãt ie croy q̃ cest pour les pechez vilez et abhominables q̃ nous faisons. Et permet dieu q̃ nous avons ces di Ouidi⁹ i in
scors/car en noz villes no⁹ hõnorõs richesse/⁊ adorons cõme les sainctz/⁊ sõmes pphe.greg.
plains dabhominatiõs/nous chassons vertus/la saincte foy/les cõmãdemẽs de
la loy/⁊ prenõs orgueil/avarice/luxure ⁊ aultres pechez. Au dyable no⁹ aseruõs
Par quoy dieu le createur a mys plusieurs terres en ruyne. Or iadis rõme fut
puissante q̃ esleust cõe bien sage quatre citez ses nobles seurs/pleine de grãt puissance ⁊ de foy/lesq̃lz estoyent piliers de lempire/cestassavoir iherusalem la saincte. Alexãdrie la tressinguliere portant le nom de roy. Anthioche Et cõstãtinoble
Ceste turbe maintenant les a prisez de lempire/⁊ les tient entre ses mains. Ces
gens villains font esleuer des faulx prophetes ⁊ ne pretendẽt q̃ a corrũpre nostre
loy. Et sõmes cause principale/car les courages avons submerges en vices/⁊ en
tenebres/nous avons faulte de raison ⁊ de vertus/p ce q̃ ne portons nulle vraye
lumiere. Ains cõme aveuglez sõmes plains de tribulations/par quoy souffrons
mains vituperes ⁊ adversites/⁊ sommes pugnis de noz pechez. Pource q̃ avons
les cueurs sy endurcis. Maintenãt no⁹ voyons q̃ on fait hõneur au turc/⁊ obeist
on a ses cõmãdemẽs: mieulx q̃ no⁹ ne faisons a ceulx du createur iesucrist. Nous
navons amitie a pere ne a mere/frere/seur/cousin ne cousine. Mais par avarice
voulons lung lautre spolier. Noz gens deglise ont simonie en leurs mains. noz
roys ⁊ princes corrũpent les sainctes escriptures/droitz canõs ⁊ civilz. Sy aulcun
est bien fortune nous le ferons tumber sy no⁹ povons. Ainsy font maintenãt les
chrestiens. La discorde des princes fait flageller les povres subiectz. Noz mai- Pro.xvii
sons sont maintenãt priveez de utilite/⁊ navõs foy ne esperãce. Mais nonobstãt Hiere.xv
ie mesmerveille de tant de villes/citez/chasteaux/terres/regnes/desquelles iay
parle cy dessus ont este prises par les turcz ⁊ infideles. De quoy il ne reste plus a
conquester si non ce que nous tenons. Parquoy ie crain que se grande armee ne

Romane vrbis p̃ncipis

faisons: ilz viendrõt sur no᷒ pour mettre nostre terre en leur subiection ⁊ nostre
foy mettre en ruyne pour les grans pechez q̃ faisons. O rõme rõme iay peur que
tu ne voye les fortunes de cõstãtinoble. Je voy les portes ouuertes ⁊ la voye ma
nifeste. Je doubte grãdemẽt q̃ ces chiens turcz ⁊ gens sarrasins ne machinent
cõtre toy q̃lque ruyne. Helas tu fus p̃mieremẽt bastie sy souuerainement/⁊ crea
ton prince ⁊ roy souuerain/apres tu esleuas vng noble senat/⁊ pource q̃ tu te sur
monta en orgueil dieu ta pugnie. Tu fus franche a tes amis ayant le sceptre im
perial du monde dominãt en iustice partout luniuersel peuple. Tu as le sceptre

Hiere. xxxi. ad heb. viij Exortatio

a uras: mais bien fort se diminue/ta foy grãdemẽt se desnue au moyen q̃ nul ne
la deffend. Chascun de nous en est en coulpe ꝑ noz pechez O barons princes ⁊ rõ
mains. O france trespuissante ⁊ redoubtee entre les crestiens. O alemaigne la
forte. O toy pape ⁊ pere sainct deffendez tous la foy de iesucrist qui le nous bail
la ꝑ escript. Deffendes son nom precieux/nayes point voz courages vains/ayez

Cõcordia p̃ue res cre scũt discor dia maxime dilabuntur Salustius

entre vous amitie/concorde ⁊ paix/entretenes ⁊ soyes fermes en la foy/chũn de
vous preigne ses armes: ⁊ auec laide de dieu frappes ensemble dessus ces turcz ⁊
infideles. Puis q̃ nous auons la main forte ⁊ gens puissans frappons dedãs. O
noble empereur maximilien/ou est ta force/ou est ta vaillance/ a quoy tient il q̃

Maximilianus i̾pator sc̾tissimi romani i̾perij

tu ne lemploye sur ces villains turcz/tu es puissant ⁊ tiens lempire des rõmains
sy tresforte/pense ⁊ repense a tes predecesseurs q̃ ont employe toute leur force sur
moy/tu dors resueille toy. Hellas tu ne pense q̃ a mener guerre aux crestiens et
laisse les infideles de iour en iour ꝑdre ton empire chrestiẽne. Il te vaulsit mieulx

Ludouicus x̄pianissim᷒ rex francie.

estre simple conte q̃ de prendre telle charge ⁊ mal en faire ton deuoir. O toy loys
trescrestien roy des francys/toy q̃ a plus q̃ iamais roy neust en france/ employe
ta puissance sur ces turcz infideles. Tu es lhõneur des crestiẽs/nul nest q̃ te puist
equiparer/toy seul tu peuz recouurer iherusalem ⁊ la terre saincte. Alcides/achil
les/hercules/iason/paris/hector/agamenon/ne des aultres vng grant tas: neu
rent iamais tous tant de vaillance/q̃ toy seul as roy crestien. De põpeius/de silla
ne de camillus/puissans rõmains victorieux/ ⁊ fussent ilz deuant mes yeulx ie
leur diroye q̃lz naprocherẽt iamais a la puissance au souuerain roy crestien. Cest
celluy q̃ regnera ⁊ dominera se dieu plaist dessus ses ẽnemys ⁊ sera vindicateur
de leglise militante/⁊ ꝑ sa force surmõtera les turcz ⁊ yra iusques en iherusalem
veoir le sepulcre de iesucrist/⁊ reduira tout a la foy des crestiens. O ducz/contes

apostropha ad francos barones

barons/⁊ princes de france toute leslite regnãt en chrestiente. Triũphãt tresor de
bonte q̃ vault mieulx q̃ pierres ꝓcieuses q̃ iamais furẽt au monde. Je vous prie
esueilles voz cueurs/⁊ allez tous pour mettre a fin ces turcz q̃ sont noz ennemis
Vous voyes q̃ les roys dormẽt ⁊ sont leurs cueurs endurcis/q̃ doiuent estre pi
liers de chrestiente/⁊ ce sont ceulx q̃ ne tiẽnent cõte de leglise. Ilz deuroyẽt auoir
grant honte. O vous nobles seigneurs dominateurs dalemaigne esueilles vo᷒/

apostropha ad germãos

vous estes fors vaillans/⁊ rien ne vous employes/vous viues en paix/⁊ souf
fres q̃ nostre foy soit discipee/mõstres vous en armez poliez/et alles auec les frã
coys/⁊ soyes tous diligens de faire vne grãt armee/laisses dormir q̃ veult dor

Apost. xvij karolus octau᷒ frãcoꝝ

mir. Mettes nauires dessus mer ⁊ vo᷒ verres dieu nostre pere createur ⁊ souue
rain seigneur q̃ vous aidera. Il rõpera ces grans chasteaulx. Cõsideres cõment

dieu a aide au feu roy charles. vij. en toutes batailles / il a este craint de villains turcz / luy qui menoit guerre cõtre les crestiens. Donc p raison plus eminẽte dieu vous aidera contre ces chiens. O puissant roy des rõmains sage prudent q̃ tiens le sceptre royal de lempire rõmaine quelque enuie quon ent sur toy / tu es puissãt et digne de gouuerner telle courõne. Je ne scay prince plus iuste / vertus domine en toy / tu ay me paix / ton hõneur croist. Or donc souuerain prince veulle esueiller ton armee pour aller frapper sur ce turc infidele / & aider a releuer nostre foy qui decline de iour en iour. Vous aultres roys que songes vous / que vault garder angleterre / ny escoce (rien) habandõnez toutes ces ysles / laisses dames & damoiselles / selles cheuaulx / prenes harnoys & faictes sonner voz trõpettes iusques en turquie. O vo9 enuieux mauldits / cueurs desloyaulx / gens ebetez / fouyes vous en: q̃ iamais on ne vo9 voye / vo9 empeschez nostre bon roy de frãce exercer guerre pour la foy. mauldicte soit vostre flaterie / vostre cueur est plus amer q̃ fiel / & de tout ne vallez rien / vostre fin mauluaise sera / & vo9 tiendra le grant dyable pour les diuisions q̃ auez faictez en vostre vie / ie ne scay se vous auez leu les anciẽnes hystoires de ceulx q̃ voulurẽt faire ces cõsistoires a leur seigneur. cest de charles le chauue q̃ regna apres charlemaigne & fut quatriesme de ce nom / auquel dieu mõstra les peines des dãpnez. Regardes ql dit de ceulx q̃ estoyẽt cõe vous estes. Vous enrichissez voz parẽs / & prenes officez & beneficez / & les bons & sages nont rien / tout ce la vient p flateriez. Vous desires tousiours la guerre / & estez loing des ennemis / elle est nourrye p faulx raportz & par flateriez chũn le scet. Es villes & citez ou vous allez / les fẽmes & filles sont gastees / les hõmes bastus & tuez. Et qui la fait: monseigneur ou ses gens. Et puis on nen ose parler / iustice dort / dont vient ce la: pource q̃ verite sen melle / le pouure sera pugny / le riche ou le noble eschapera par supplier. A scauoir sil est escript en la bible / au droit canon / ou ciuil / est ce police ou bien publicque / non. O iesucrist que tu es pascient de souffrir telles choses / nonobstant ie presupose se telz sont obeis craintz au monde. Ilz obeiront & craigneront apres leur mort / les fẽmes infernales qui sont appareillees a telles gens. O noble roy sur tous roys crestiens reclame / cõbien q̃ tu soyes debõnaire / pense de resister a cest affaire / degettes leur grãt amertume / exilliez les detes affaires / & ton cas se portera mieulx / & affin q̃ tu viue en paix ne crois iamais ces mauluaises langues / mais regne en paix / et puis q̃ toute france aille dessus ces turcz sarrasins infideles / & recouurer ce quilz ont pris / et apres mort toy & les tiens viures au royaulme des cieulx / mais se tu fais chose contre ton dieu ou le bien publique / dieu te haira & ton peuple aussy / car quant le seigneur nest ayme de ses subiectz cest mauluais signe.

Maximilianus rex romanorum

Ad regẽ anglie & scocie

De imperatore charolo caluo quarto huius nois regnãte post karolũ magnũ. cui penas inferni deus demõstrant

Adulatores diuitibus assẽtant. nã hĩ q̃ stus ẽ modo multũ vberrim9. Princeps q̃ libẽter audit verba mẽdacij oẽs ministros habet impios

Des assentateurs / blandeurs / flateurs / licherres / & escumeurs de court.

Qui blandir veult cheual fraudeux
Lecher les platz de mains puissans
Et son bon maistre extradeux
Veult estre / & de luy blandissant

Cestuy de ses faitz fruissant
Fait en facon dhõme tricherre
Blandeur & cuisine tricherre

prouer. xix
S tho. scd̄a
scd̄e. q. xcv.
glo. xxv. dis.
c. vnum

V Oydes q̄lque part que soyes flateurs ⁊ escumieux d̄ court ascoures tost ⁊ gardes le cheual qui rue/⁊ venes syre ma satyre. La nef ou vous estes parēt de ceulx qui suyuent la la cuisine/⁊ se veult porter en la grant mer. Je ne me suis peu deporter que ie naye mis ses gens dedās la nef a part. nous leurs auons baille gouuernement. Vous deues entendre q̄ ces gens veullent seruir ⁊ gouuerner les salles des princes ⁊ seigneurs/ceste turbe desire fraudes ⁊ machinations/car ilz veullent ꝑtout flater/car ꝑ tel moyen le seigneur le tiendra pour le plus loyal/⁊ luy baillera la charge de tout Or auons no⁹ fait cōstruire sur mer vne nauire moult large et ample pour

xlvi. dist. c. ecce quare hora. i eplis

Leui. xix

Ecclesi. vij.

xl. di. c. vlti. puer. xxvi

eulx/affin q̄lz contēplent leurs fraudes ⁊ grandes trōperies ⁊ deceptions. Tous ces flateurs ⁊ langagiers sont les premiers au pres du roy en court/ou dung seigneur ou dung maistre. Ilz vont voulentiers en lostel dung duc/conte/ou prince Ilz dyent maintes parolles/⁊ sont tousiours pres des roys. Et combien q̄ aulcun soit en vie ⁊ discret. Ilz seront enuieulx sur luy ⁊ diront maintes parolles pour le mettre hors de grace. Au cōtraire/ilz diront dung fol quil sera remply de sciēce/ et il ne scet rien. Ilz disent plusieurs villains ditz/de ceulx q̄ leurs maistres hayent. Les aultres pour faire des bons seruiteurs/amassent les plumes ⁊ ordures de dessus les robes de leurs maistres/affin q̄ leur seruice plaise mieulx. Ilz vouldrōt tousiours trōper leurs maistres/⁊ soubz vmbre de bien ilz fōt plusieurs fraudes ⁊ deceptiōs. Et affin q̄ mieulx on les croye/ilz parlent doulcemēt a aulcuns/ aux aultre rigoreusemēt/affin q̄ le maistre cuide q̄l face pour son prouffit Celluy se delecte ⁊ veult viure cerchāt les bons ⁊ gras morceaulx es maisons des riches gens/et nont pas vaillant vng blanc. Par flater ilz sont riches ⁊ mis au plus hault des aultres. Ilz ont lacointance dung chā vsant de doulces parolles ⁊ plaines de deceptions ⁊ fraudes. Ilz portent deux langues/de lune dient maintes parolles vaines/mēsonges ⁊ choses non pareilles/⁊ de lautre dient le cōtraire. Ainsy par ces flateurs lichertes: le seigneur en est bien deceu. Ilz seront bien venus ⁊ aymez des princez en toutes saisons en recitant maintes mēsonges ⁊ choses nou/

1. Thessa. ij.
Eccl. xxviij
Iuuenalis
ff. de here. insti. l. captatorias
xxiij. dist. c. nihil
xi. q. in. c. nemo perit
Ec. xx i. glo. in. l. i.
C. si q̄s ali. te. phibue.

nelles. Mais le crime ensuit le peche ⁊ son principal acteur/au moyen de quoy il est par le cheual foulle aux piedz/⁊ a lautre luy rue par derriere/ aussy dit on cõmunemẽt. Qui scet flater il a le temps. Et q̃ dit vray il a mal tẽps. Mais apres tourne la chance. Ceulx q̃ dient vray auront du pain/⁊ les flateurs mourront de fain. Et mourront en grant meschance.

Ad roma. i. ps. xl. Ecclesia. xij xlvi. disti. c. sunt nõnulli De his q̃ fi. a. ma. per. c. quesiuit

¶ Des delateurs ⁊ vains raporteurs.

¶ Qui croit dung chm̃ les vains dit
Ou dung follastre qui friuolle
Et qui oit tous ces estourdis
Sa pensee a legiere ⁊ folle
Car le flateur dit sa parolle
Pour engendrer noise ⁊ moleste
A loyant au pied ou a teste.

Mbecilles folz raporteurs/⁊ aussi inutiles escouteurs a cousteз ⁊ croyes ma satyre ⁊ la croyes de legier/⁊ vous cõgnoistres vostre regime. A grãt peine ay ie appelle ceste nauire sy neust este sa voisine qui les a cõnoque a nostre grãt mer trãscẽder/sinon q̃ la prochaine nef les fist entrer au plus parfond. Ces gens sont les grans regens au mõde/cõbien q̃lz soyẽt tous indignes destre sis aux haulx sieges disant choses iniustes de dire. Toutessfoys il est fol q̃ croit de legier chascune parolle/vains ditz/⁊ mensonges/ Cest grant folye de acouster telles choses/⁊ dauoir les oreillez tousiours ouuertes/le saige les a fermees/⁊ ne les oeuure pas souuẽt pour chose quon luy dye. Car il fuyt les mẽsongiers ⁊ les raporteurs q̃ sont plains de mauluais langaigez. celluy q̃ est repute infame q̃ va saillant au dos dung aultre en luy cõtãt ses affaires ⁊ le blesse au dos/car il ya quelque mal. Et apres le blesse se vouldra deffendre/cõme luy q̃ a mal au pied/⁊ en parlant a luy on marche dessus/ne demãde q̃ de se courroucer Celluy q̃ scet dire aulcune parolle dung absent/leq̃l est iuste ⁊ de bõne vie/celluy q̃ loit nest pas saige/car il ne doit iamais vouloir ouyr blasmer aultruy. Chm̃ doit fouyr ce raporteur q̃ a la langue venimeuse ⁊ ne le doit on croire ne ouyr telles gens: mais le reprẽdre villainemẽt. Et celluy q̃ le redargue acquerra hõneur La faulce lãgue nuit a chm̃/les amis met en discorde ⁊ fait on souuẽt de son amy

Eque reus est ille q̃ facili credit sic ille q̃ mẽtit. Nimia enim facilitas credendi vituperatur.

xi. q. iij. c. nõ solum xxx. q. v. c. nullũ. gl. pe. xvi. q. ij. c. i. lxxxvi. dist. si quid xxij. q iiij. c. inuenis Eccle. xix.

Hester. vi. prouer. xiiij Josue. vi.

puer. xiii.

Ec. xvi. i li ij. Thes. ij. puer. xviij.

Eccle.xiii.
Sapien.ii.
Eccle.xviii
puer.xxix.
Hester.iii

Qui dixerit
fratri suo fa
tue: re⁹ erit
gehēne ignis
lv. dist i.c.si
euāgelica.
De here.c.
innotuit
Regū.xvi.
i.Mathei.x.
Esa.xxviij.

son ennemy. Ce vice mine lhōneur des hōmes/⁊ les rōge iusques aux os ⁊ brusle le cueur/⁊ engēdre mille doleurs. Ce vice fait iugemēt faire/⁊ fait linocent coulpable/⁊ en souffre souuēt la mort. Et celluy qui est recuse de vertus/et est accuse sans citacion preuenue cōmēt se peut la cause terminer. Aman p ce vice desloyer accusa mardoche lhomme iuste/ ses loyers furent bien deceus/ car pendu fut en vne croix. Qui des villās ainsy feroit/ce seroit loyalle iustice de les bānir de toutes gens. Saches q̄ enfer voꝰ tient proscriptz/car ainsy dieu voꝰ a dāpnez. Les chrestiens q̄ croyēt de legier ⁊ acoutēt les iuifz ⁊ leur loy/sont en voye de dāpnation. Nayes poīt aussy les voulentes sy folles q̄ de croire vains raporteurs. Alexādre le grant ne prestoit ses oreilles a chm̄/car les mauluaises parolles sont cause de tourmenter lhōme ⁊ de luy faire perdre son honneur.

¶ Des faulsaires ⁊ frauduleux

¶ Alkimye deceptioneuse
Le monde faire or en doctrine
Et chascune porcionneuse
Personne en deception traine
Chascun de frauder a lestrine
Vin aultre chose de conroy
Sy que foy est tout a destroy

Valeāt alki
miste. qm̄
species rerū
transmutari
nō possunt.

Cōtra alki-
mistas vide
tertuz.in.c.
epi.circa fi.
Jo.an.i add-
di.specu.ti.
de fal.
S.tho.scda
ij.q.lxxvij.
ar.ij

Quatiques folz q̄ faictes larquemie venes faire q̄lque chose nouuelle/⁊ lises en ce liure/ voꝰ y trouueres choses nouuelles pour faire diuine arquemye. O castallie doulce ⁊ sage ie te prie q̄ ie boiue en ta fontaine/ donne moy cent voix ⁊ autāt de langues/ affin q̄ ie puisse racōter les faulsaires/lesquelz sont en grant turbes. Or auons mis en nostre estude supadiouteur des classicques plusieurs aultres nefz. Car ilz ne entreroyent demis dedans/mais demouroyēt sur la terre/ noꝰ auons estably nauires pour les mettre/affin q̄ leurs deceptions ⁊ faintises sespādēt sur la mer Plusieurs de ces folz sont de mauluais affaire/lesq̄lz infectiōnēt le mōde/ ilz porciōnēt a parties leur venin/le faulx amy decoit son bon amy loyal. Or le frauduleux cōbien q̄ doulcemēt il ple/iamais ceste parole doulce ne part la bouche ne la langue. Au cueur celle doulceur ne touche. Ains amer venin se distille/on scet bien aultre facon ⁊ maniere d regetter en

Prouer.xi.
et.xxi.
Ecclesia.vi.
Ecl'.xxxvij.

turpitude ⁊ orde diffamation et passion grande ⁊ extreme/de son bon ⁊ loyal amy
ainsy cõgnoist on les amys a present/lesquelz sont frauduleux:⁊ leur cueur ne de
sire si nõ trõper aultruy/⁊ leur parole doulce est plaine damertume/leur langue
est plaine de miel Ilz baillent cõseil frauduleux ⁊ plain de deception:de quoy en la Prouer.xii
fin prẽdra mal Par leur langaige ilz decoiuẽt plusieurs hõmes/⁊ ꝑ leurs lãguez Eccle.viij.⁊
doulces auillent la chose publicq̃. Ilz vacquẽt pour eulx:⁊ nõ pas pour le bien cõ xxvii
mun. Ilz decoiuẽt leur frere germain/leur cousin/voire leur pere ou leur mere. Ouidius
Ilz sont de toutes manieres destas tãt ecclesiastiq̃s q̃ seculiers/on voit asses leur Mathei.vij
heresie ⁊ q̃ le fait differe a la pẽsee Ilz labourẽt to⁹ ꝑ dehors ⁊ ꝑ dedãs sont plains
dordure/ilz sont plus puans q̃ retrais. Je nen scay plus q̃ dire sinõ q̃lz sont cõme
loups famis couuers de la peu des pouures brebis/ꝑ dedãs sont plains de malice Ezech.xiij.
ilz cõtaminẽt:⁊ sy font dargẽt mainte fonde cõmistiõne de metal. Ilz sont abiles Luce.xiii.
a faire pecune ⁊ argent ou la semblance:⁊ silz font fondre fin metail a lespece dor Pro.xviij.
Ilz en font faulce mõnoye q̃ est cõtre la maieste royale:⁊ en tel cas la vie y pend.
Ilz ont de faulces pierres q̃lz vendẽt pour de pierres precieuses bõnes ⁊ loyalles/
Vng tas sont aussy de rõgneurs descutz et daultre or qui est grãt fraude ꝑ ce q̃l ne
poise poĩt son poix/⁊ pareillemẽt de largent. Fraude se fait en poix ⁊ mesure/les
marchans ont deux aulnes/celle des laboureurs est la petite ⁊ poix pareillemẽt Jere.v.⁊.vii
la grãde aulne ⁊ grãt poix est pour ceulx qui sont rusez/nulle foy nest maintenãt

au monde/car chũ
traicte fraudes la/
tẽtes. Ilz se delectẽt
dauoir renõ destre
trõpeurs. Celluy
q̃ peult euiter telles
faulcetez ⁊ trompe
riez ⁊ bien heureux
car peu sont au mõ
de q̃ en sont exẽptez
ilz sont semblables
aux tauerniers bro Eccl.xxvii.
lons de vin/qui du Virgili⁹ in
blanc ⁊ du rouge en eneidos.
font le clairet ⁊ em Puer.xx.
plent leurs vins de
chau:et plusieurs
aultres tromperiez
desq̃lles ie me tais
pour le present.

¶ De lantechrist.

¶ Vous pouez veoir cy lantechrist
En estat triumphantement
Tenuisant les gens iesucrist
Pugny sera bien fierement

On luy rompra violantement
Son siege/⁊ periront ses sotz
Sainct pierre cõduire ses suppotz

Jses en cest escript folz seduiteurs de la foy iesucrist/⁊ vous verres lan/
l tecrist ⁊ ses faitz. Car nous auons la nef cõposee grãde ⁊ merueilleuse
qui court sur la grãt mer legierement/en laqlle sont portez ⁊ entretenus
les folz plains de deceptions/lesqlz couoitẽt tirer les grãs cordages ⁊ toillez pour
les plier. Sy tu veulx scauoir q̃ sont ces gens/sache certainemẽt q̃ ce sont cresti/
ens q̃ tiẽnẽt les escoles de foy/⁊ sont faulx pphetes seduiteurs q̃ sement sedicion.
Jlz honorẽt iesucrist ⁊ son sainct sacrifice de maluais courage. Jlz veullent inter
preter les sainctz decretz/loix/⁊ escriptures sainctez. Les pouures dentendemẽs
simples en la nacelle sainct pierre portẽt la clef/leql cõduist la nacelle/laqlle est
forte ⁊ mauluaise a destruire/elle est sans mat ne voille/⁊ se vire sur les vndes
enflees ⁊ pfõdes/dedãs sont les interpteurs/faulsaires/faulx acteurs/⁊ faulx
prophetes q̃ cõtaminẽt nostre foy ⁊ les sainctes escriptures. Jlz sont plains de fol
lyes ⁊ derreurs/des clercz sont q̃ vont semãt faulces doctrines/lesqlz sont en grãt
nõbre ⁊ excessif. Mais le meschief tournera sur leur chief. Nostre loy ⁊ le sainct
mistere apparoist clerement/clere cõme la lumiere du soleil/les motz sont sy bien
couchez q̃ nya point diniuste interptation. Neautmoins ces ambicieulx veullent
auoir excellent nom/hõneur/⁊ gloire. Jlz sont arrogãs p leur orgueil/⁊ adõnez a
tout bien faire. Jlz veullent faire nouuelle interptation aux choses q̃ sont cleres
cõe le iour/⁊ obfusquer les esperitz/en exposant nrẽ loy au ɔtraire/⁊ tout ne fait
q̃ p iactãce vaine. Ne te souffit il pas destre entre tes sainctes loix sans vouloir
surmõter les aultres. Par ton puers ⁊ dur affaire tu couoites les haultz cultine/
mens diuins q̃ furẽt reuelez a noz perez lesquelz no⁹ ont sainctemẽt mõstre ⁊ dit/
ce sont ceulx q̃ no⁹ disons saincte escripture. Se nonobstãt ces gens cy cõceurent
faulces interptatiõs cuidãt destruire nostre loy ⁊ la foy q̃ tenõs. Jlz veullent en/
suiuir ce mauldit ⁊ faulx antecrist ⁊ ses gens p leurs erreurs. Jlz nont les cueurs
insaciables/de ceulx cy a vne dãce ⁊ beaucoup daultres portãs les signes de lan/
tecrist faux seducteur ⁊ inuẽteur de maulx. Lesqlz veullent miner nostre foy et
briser. Par loix deceptiõneuses qlz veullent semer au mõde. Jlz sont cõtraire au
grãt roy des cieulx ⁊ psecuteurs de nostre foy. Au tẽps q̃ antecrist regnera ceulx
cy serõt seduitz p pecune/il leur dõnera plusieurs richesses pour mener leurs mar
chãdises/faulsetes/faintises/vsures ⁊ grãs maulx. Aux bons fera molestatiõs
faisant coupper a tous les testes. Ceste nef ne durera pas long tẽps sur ceste mer
orgueilleuse./ains sera destruicte/⁊ cõe elle cõtraincte cherra son gouuernal ⁊ de
mourra nostre foy gardee saine ⁊ saulue/⁊ cõbien q̃ la nauire sainct pierre soit en
grãt peril pour vng grãt trẽblemẽt de vent q̃ souuẽt la rudye/sy q̃ le mat de grãt
peur trẽble. Ce sont vãteurs de grãs sciẽces/interpteurs q̃ veullent la loy chre/
stiẽne soubziller. Jlz peuuẽt bien estre nõmez les messagiers de lantechrist/car ilz
ensuiuẽt les oeuures ql fera. Jlz sont semeurs de zizanie Moy dernier trãslateur
iay veu a paris desgrader/coupper la langue ⁊ puis brusler vng prestre q̃ tenoit
quasi telles erreurs/⁊ ny auoit sy grãt docteur q̃ le peust mettre hors de sa follie.
Jl disoit ⁊ faisoit de grãs choses/desqlles ie me tais pource ql nest pas licite nar/
rer telles choses. Plusieurs sont a pñt q̃ ont aussy bien desseruy la mort q̃ cestuy
la/donc ie vouldroye pour ma part/q̃ le createur du mõde les eust pugnis de telle

Math.xxiiii
Marci.xiii
xx.di.ego ⁊.c
si ad sacros
xxiiii.q.iii.
heresis
actu.xxvii.
puer.xxx.
Marci.iiii.
math.viii.
hiero.i.plo.
biblie
ix.di.ego.c.
si ad sacros
xxiiii.q.iii.
heresis
xxxvii.di.re
latum
Apoca.xx
ii.thimo.iii
ix.distin.q̃s
nesciat
ii.petri.iii.
hie.xxiii.
math.iii
xlvi.di.h hz
xxiiii.q.iii.
hiere.xxx
vii.di.c.rela
tũ ⁊.c.vnio
xxiiii.q.i.nõ
afferamus
Ezech.ii.
i.Johã.i.
Eccle.x.
Apoc.xiii
mat.xiiii.
i.Johã.i.
Ezech.ii.
ii.Johã.i.

pugnition q̃ tous erreurs fuissient hors de leurs testes Je veulx icy mettre troys choses/lesquelles sont a noter:car toute la foy se y cõprẽt. La p̃miere est la grant grace q̃ est en la bouche de leuesq̃/laq̃lle est desprisee ⁊ retournee cõe a rien. La seconde est la grãt habõdãce de liures p ce q̃ chũ fait expositiõs ⁊ expretations a sa voulente/puis vng courage legier prendra plustost la male q̃ la bõne/car souuẽt on trouue des choses ou on ne se doit point arrester. La tierce se sont les grans erreurs de saincte doctrine ⁊ vertus/desquelles plusieurs sont desuestus/⁊ ne veullent aller a la grãt gloire. Ains aux tenebres infernales/ librairie est maintenãt toute espãdue p le mõde/⁊ tellemẽt vilipẽdee la saincte escripture q̃ le pouure ⁊ le riche est tout vng. Les vrayez sciences ⁊ vertus nul ne les prent/nul ne les prise Il fault q̃ le pouure les preigne/car les nobles nen tiẽnẽt cõte. Ains ont grãt hõte de visiter les beaulx liures/mais portẽt orgueilleuse vesture. Les liures q̃ se fõt en francoys ⁊ sont touchãt les secretz de la foy sont cause de plusieurs erreurs/ ⁊ mesmemẽt aux fẽmes ⁊ gens simples. Pallas est mise au bas/nulle gloire/louenge/salaire/liqueur/nest dõnee aux estudiãs/ains le labeur d̃ ses clercz en vain et inutile. Le tẽps est venu q̃ la foy est subuertie a desdain/⁊ ont ces pphetes diuerty plusieurs gens. Le tẽps est venu q̃ ces pphetes subuertissent le monde p seducion ⁊ cauteleux ars.

Anne. iii.c. cõpaũt de pe. et remi. ⁊ in cle. si. eo. ti. Ecclesi. xvi. Prouer. xvi. xciiij. dis. c. legimus

Puer. xxiiij. Ecclesia. ij

Iere. xiiij. Ecclesia. xi. Ezech. vij.

Qui p timorez occultat veritatẽ puocat i se irã dei Melius ẽ eni p veritate supplicium pati q̃ bñficium habere p falsitate

De celluy qui taise verite.

Quicũque pour crainte ⁊ faueur
Taise ou cele la verite
Ou qui pour amour ou liqueur
Laisse dacomplir charite
Et veult plaire a posterite
Et a chascun il est escript
Curseur amy de lantecrist

Entendes a mes ditz entre vous folz fauorisans a verite. Car cõbien q̃ lentẽdemẽt soit cler ⁊ net ⁊ de science tout rẽply/affin q̃ les cõmãdemẽs de dieu soyent acõpliz ⁊ dire a chũ q̃ les veult entẽdre/neantmoins engendre menasses/erreurs/craintes/soifues parolles/ lentendement sain ⁊ benin laisser le bon cõmãdemẽt a reciter ⁊ racõter/ las ceulx ne scarõt poĩt les enseignemẽs q̃ les deuorẽt p crainte/aumoins les cellent p menaces ou amour. Mauldire on vous deuroit folz estourdiz q̃ pour cõplaire aux humains laissez la puissance terriẽne ⁊ la celestiẽne q̃ est plus grãde sans cõparaison/aduises q̃ dieu vous a dõne entendemẽt ⁊ esperit denseigner aux imprudens ⁊ simplez gens/ pourquoy celes vo⁹ les passages de verite/q̃ ne parles vous hardimẽt/ preschez la saincte verite, Auez vous prins argent:ou vous craignes estre en leur male grace/par quoy vous nosez dire verite. Scaues vous pas q̃ dieu vous a donne ceste belle science pour dire verite deuant chũ De vo⁹ ie ne me puis taire/cõgnoissez vous point cõmẽt vous rendes nudz les simples gens p faulte de mal prescher. Vous deues monstrer a chascun de bien viure/ helas ⁊ vous nen faictes rien. Vous scaues bien que vous perdes vostre corps ⁊ vostre ame. Mires vous au bon virgile/luy qui est clerc refulgẽt dit. celluy est fort dubitable qui cele verite. Et vertueux est celluy qui dit les maulx ⁊ crimes des imparfaitz. Combien q̃ pour dire verite on a veu plusieurs venduz/ tuez/ ou desmembrez/ ⁊ on attendoit tous les iours en auoir autant on doibt tousiours dire verite. Jamais le saige ne doubte

xxxviij. di. c sedulo ps. xxxv. Prouer. xij. Ecclesia. xij Ad rom. i. xi. q. iii. c. q̃s metu. ⁊. xl. di. c. si papa xliij. di. c. sit rector. Actuũ. v. xxiij. q. iij c. trãsfert Eccle. iiij et. xix. xij. q. ij. c. nemo. xxij. q. ij. c ne q̃s arbit Virgi. de Viro bono

Iuuenalis
de thauro
⁊ hala.
Dyonisius.
Thobie.iiij
Prouer.xij.

crainte de faueur. Ains tient
a chascun le pied ferme/ Vertus a luy fauorise. Il est cõtẽt
de tout perdre pour dire Verite. Cõbien q̃ sil prent eslite de
corriger sa mort/ ces parolles
ne luy mõtẽt rien Il ne craint
la honte des mauluais / car
leurs parolles sont obprobri-
euses/ pour la parolle dune
meschãte psonne/ la Vertus
ne lhonneur daultruy ne de-

iij.c.nouit d
iudi.
Johã. bap.

chet. correction est tousiours
rẽplie de sciẽce pour reputer
Vilite/ ⁊ cõtre le pecheur dispu
ter Vient ⁊ le reprẽt de Vice en
luy remõstrãt la loy ⁊ le droit
Penses a sainct Jehan bapti-
ste qui estoit remply de toute
sainctete/ il hãtoit hõnestete
au mõde/ ⁊ fuyoit les folyes
et par ses desertes ⁊ bõne Vie

Herodes an
tippas
Herodes
xxv.q.ix.c.si
et in.c.licet
de testa.
Prouer.ix
Eccle.vij
Eccl.xxxvij
et.xxi.
Hiere.li.

dieu se Volut humilier en luy
suppliãt q̃l le baptisast. Il ne
se faignit pas de corriger herode antippus pource q̃l tenoit la fẽme de herodiades
q̃ estoit frere dudit herode antippas. Corrigez donc sans Vitupere de doulce paro
le/ ⁊ se la psõne ne recoit correction/ elle te rendra a laueture grace apres de ce que
lauras corrige/ ⁊ p ainsy ton bon fait se recueuure. Pour choses mõdaines ne ter-
riẽnes ne cele Verite/ qui par dons laisse de dire Verite/ il se dãpne certainement.
Quant les docteurs sont euesques/ ou q̃lz ont benefices on ne les orra plus crier
ne prescher/ car Verite est en eulx cachee/ ⁊ ne peuuent plus la peine ⁊ nosent dire
Verite de peur quilz ne perdent leurs benefices.

Caue a fers-
mẽto phari
seor q̃ veni-
unt ad vos
i pellib⁹ oui
nis:intrinse
cus aũt sunt
lupi rapaces

¶ De retirer aulcun bienfaisant ⁊ de bien fait.

¶ Qui Veult de probite gardeur
Estre/ ⁊ de toute hõnestete
Et qui estre contregardeur
Veult de Vile inhonnestete

Jamais naura prosperite
Au monde/ ains des contredisans
Et Vesquist il contre dix ans.

d E toute part assembles Vo⁹ folz q̃ Voules p Vostre folye retirer ⁊ garder les sages de bien faire/ Venes lire ceste escripture/ ⁊ Vo⁹ trouueres
choses salubertes pour Vo⁹. Celluy est bien fol ⁊ plain doultrecuidance

Math.xvi.
Marci.viij.
puer.xxiiij.
Ad roma.i.
ps.xxxvi.
puer.xiiij.

q̃ cuide empescher de bien faire. Sa forme est impetueuse ⁊ plaine darrogãce/ il
ne les prent pas p le cueur/ mais par les mains. Et pour entendre ma matiere ie
Vueil dire q̃ iuste disant bon propos le fol le redargue. Il a tel Vouloir q̃ chũ le ra
porte a son Vain dit/ ⁊ fussient ilz cent/ a tous il parlera. Et se aulcun est oppine la

teste verte ⁊ folastre/il voul
dra estre de sa porcion ⁊ pour/
suiuir le iuste de mal ⁊ talent
leql va la droite voye/ aussy
fait il le noble ⁊ littere/ ⁊ ne
veult ensuiuir la voye:mais
va le chemin oblique. Il est
curieux de diffamer le sage:⁊
veult auoir nom ď sciēce ⁊ de Ecclesi.xiij
clarifier en lumiere Et quāt Eccle.xx.
le sage baille sa loyalle opini Macha.v.
on/il faict bruit des piedz et ij.thimo.ij.
des mains pour empescher
les ditz des prudēs ⁊ discretz.
Et sy le sage est dispose de vi Sapien.v.
ure de bōne vie/ce fol sera en
uieulx sur luy/ ⁊ sil estoit lieu
delectable pour faire bien/ ce
fol se mettra a crier/le tour/
menter/⁊ fastiguer. Et fai/
gnoit auoir grāt sciēce/il dif/
fame le sage de diffamation
mondaine nō pas ql puist a/
maindrir sa vtus p ses vains
ditz. Ainsy espris de folye cuide auoir science ⁊ raison/⁊ cuide estre plus sage que Luce.xii.
les aultres/il veult viure a secret cōme inuertueux ⁊ fol. Toutes choses ordes/⁊ i.thimo.iiii
ioyes mondaines luy plaisent A dieu despere par sa folle mondanite/⁊ son cueur
fait de lipocrite au moyen de quoy il decoit plusieurs simples gens. Noz voulen Math.v.
tes sont quasi semblables a celle de cestuy fol/lequel ne veult endurer miseres/ ii.thimo.ii.
ne souffrir pouurete/⁊ sans bien faire il espere le ciel precieux cōme nous/ ⁊ na/ Ec.vi.⁊.vii.
uons desertuy de lauoir. Mais le sage q̄ veult bien viure ne fait pas ainsy: mais xxviii.q.i.c
se prepare ⁊ esmeut a faire bien ⁊ dieu seruir/pour acquerir lamour de dieu/en e/ sepe. Luce.xi.
uitant vilitez opprobrieuses suyuent cōuersation infame portant dōmage a son puer.xiiii.
amy. Cest pource qlz sont cōuersans auec les fotz/car ilz sont plains de vicieulx Eccle.xxvii
pechez ⁊ crimes/sung son cōpaignon opprime qui cause societe. Fol se tu es plain Hiere.xxix.
de maleurte ⁊ q̄ tu nayes vertus/bōnes meurs/hōnestete/⁊ne peus estre sage/au Ad colo.iii
moins ne fais pas tant que tu seduise ceulx qui font bien/ mais laisse les viure
en bien sans estre cause du mal daulteuy.

De lobmission de bonnes oeuures.

Quicūque a sa lampe remplye
Dyulle sa lumiere remplist
Et sy apres est desemplye
Et de bien faire nacomplist

Par ce que sa vertus nemplist
La porte des cieulx descouuerte
Aux bons ne luy sera ouuerte

Quicūqz sa
tue accentis
lāpadib⁹ nō
sumpserūt
oleū secū et
clausa est ia/
nua.

Boetius. mat. xx v. Luce. xiq ps. vi.

[E]Ntēdes cy poures folz ignarez q̃ na/uez point fructifie le temps passe/mais estes demoure dedās la fange de pe/che. Les cueurs plōgez en vicez mortelz Je voꝰ prie querez salut gens mōdains/car voz pēsees sont mortifiees en tenebres/nul ne doubte les flagellatiōs de iesucrist. La vie des humains est soullee. le cueur est enseuely aux tenebres defer. O hōme tu es a blasmer quāt tu amasses tant de vil/lains pechez Il te semble q̃ tu es dispense de mal faire pour les biens q̃ tu as fait au tēps passe. o vil pecheur q̃ te pourront tes biens prouffiter Se tu as eu le cueur net de toꝰ vices: Que puffiterōt les sacrifices dencēs/ne toutes tes offrandes ne offices/q̃ puffiteront tes grās fructures des eglises/q̃ prouffiterōt les beaulx aulters/q̃ puffite/rōt les grās pardōs q̃ tu as gaigne. Que prouffitera q̃ tu as este sage ⁊ vertieux en ta ieunesse. Et tu es maintenāt fort vieulx ⁊ delaisse vertus ⁊ bons enseigne/mens/certes se tu ne acheue de bien faire iusq̃s a la fin tu pers ton tēps/car la fin couronne. Dieu le hault roy puissant vray iuge. Juge chũ hōme mortel a lheure ql le trouue bon sans prendre acces. Quāt vient a la mort/il les appellera ⁊ leur fera rendre bon cōpte des biens ⁊ maulx qlz aurōt fait/⁊ les pugnira bien aigre/mēt/celluy q̃ aura mal vescu trouuera la porte fermee ⁊ yra au gouffre denfer. Mais ceulx q̃ aurōt bien fait en ce mōde la porte leur sera ouuerte/⁊ leur dōnera dieu le royaulme des cieulx. Celluy q̃ aura sa lāpe estaincte ⁊ naura point dhuille dedās/aura mue ses esperitz ⁊ toutes vertus. Pour auoir lumiere il veult emplir sa lampe de haulte huille/icelle demāde auoir p volente inuertueuse il est fol ⁊ demāde trop de requerir sy hastiuemēt la saincte ⁊ diuine lumiere/⁊ ne pēse a enfer ne aux diuers iugemēs q̃ dieu luy fera Et se le sage fait qlque bien/⁊ soudainemēt il meurt/dieu luy pdōnera: car selon ce q̃ on a bien fait en ce mōde/il retri/bue. Aux bons il dōne les cieulx ⁊ la haulte lumiere. Et aux mauluaix la peine dēfer. O pecheur q̃ viue en peche aueugle gros cueur dur cōme pierre/pourquoy nas tu d toy mercy/q̃ ne pēse tu a lorreur du grāt iugemēt espouētable ⁊ perilz q̃ noꝰ auōs toꝰ a souffrir. pēse tu poīt ql te fault pñter ⁊ offrir ton corps beau ou lait au monumēt/⁊ q̃ p auēture ton ame yra en la flamme infernale O quel douleur quel horrible sentence sur nous mortelz q̃ ainsy peu prisons noz faitz aduenir. Le

xii. q. i. c. omnis. ad heb. xii De cle. nō resi. i cle. c. relatuz.

Luce. xii. d renũ. c. i de etate ⁊ qlitate. c. i tellex imꝰ math. x. i. regũ. xv ma. xxiii i. cho. xiii

xxxi. q. vi si p̃sbiter in glosa mat. xx v. Sapie. in eccle. vi. deute. viii ad heb. ii. Seneca. Eccle. vii

royaulme de dieu point no⁹ ne regardons leuãt les yeulx. Mais regardons aux choses inferiores sans regarder a la mort soudaine ny a nostre heure q̄ est limitee et que nauons nulz repos asseurez quant deuons de ce monde partir.

Mathei. xi.
De pe. disti. vij. c. nemo.
Eze. xxxiij.

¶ De loyer de sapience.

¶ No⁹ pouuōs prēdre a la main dextre
Du palme ⁊ la couronne attendre
Mais toutesfoys a main senestre
Mittre que chascun fol va prendre
Aussy maint fol la va descendre
Et y prent sa piteuse certe
Lon na loyer selon sa serte.

Spaciosa ē via q̄ ducit ad pditionē angustia vo ⁊ arta ducit advitā⁊ pauci inueniūt eā

l Unatiq̄s folz estourdis qui pardōnes le plus souuēt a pdonner sy thalia vous touche p dōnez no⁹/car no⁹ voulons ciuilemēt parler ⁊ nostre sens employer de iustice: ⁊ scauoir quelz dons doiuēt estre dōnez a la haulte digne sophie en laquelle lhōme a fiance dauoir vrus ⁊ grãt sciēce/plusieurs dhōneur se sont vestuz/cōnoi teulx/auoir les haultz tiltrez ⁊ haultz noms du vray degre de sapiēce. Du lung q̄ neust iamais tiltre excellent/mais vsurpe le nom magistral/et neust oncques sciēce. Lautre ambicieux le va prēdre/non pas pour enseigner ne endoctriner le peuple/mais pour loněge auoir/affin quon dye ql soit sage: ce engēdre viciositez/aduisez a quoy veullent tendre/affin que en plusieurs bancquetz ⁊ grãdes viãdes soyent vacquez tous les p̄miers es assemblees/pource q̄ aures tiltre sans science/car il est escript q̄ sciēce est a dieu auec son pere la sus au ciel. Mais de sciēce ie vous dis q̄ nous ne lauons point au monde/ains celle a laquelle on se fonde en luy fut acōplye/ce nest pas science mais folye. Plusieurs pour leur grant estude ont labeur ⁊ peine/lesquelz veullent tousiours demourer en ce grant meschief/parquoy leur est aduis en faisant cest oeuure qlz acquerent la gloire de padis. toutesfoys sont bien aueuglez/car dieu voit qlz ont les cueurs trop endurcis/ne les tient ne recoit/pource qlz sont en tenebres ⁊ ne peuuēt chemi ner le vray chemin qui est estroit/difficile/⁊ espineux. Ains vont plustost choisir le pire ql les meine iusq̄s a la gorge dēfer pleine de serpens. Qui veult ensuiuir folye ⁊ en elle viure/il ne sera point sans peche. Mais quil se tient auecques

Prouer. xiij vi. ⁊ viij.
Math. vij.
Job. xxvij
Thobie. iiij
xl. di. c. si.
vide gl. xliij di. in simu.
xlvi. di. hz s̄
De maio. et obe. c. hūilis

Abdie. i.
i. Chorin. i.
Esay. xxxiij

Judich. viii
Actuū. xiij

Luce. xiii.

Ecclesia. vii

plato ꝺ quo hiero. in p logo biblie.

sagesse sera en fin bien remunere. On voit tous les iours la renōmee de plato et des aultres q̄ est a present sy renōmee/cōme silz estoyēt viuās au mōde. Au iourdhuy nul ne se tient de la ptie de dame prudēce/parquoy ne esli sent point les mondains le chemin des cieulx. ¶ Du desprisement de son infortune.

Qui amat piculū i illo pibit Si vē tis vela cō mittas non quo volūtas sed quo ipetas ipellit p moueris Boetius

¶ Celluy est fol qui sent fortune
Peruerse tresmaulsuaise ꝛ nice
Et qui peut a ceste infortune
Resister par fait bien propice
Et son bien prouoyant naspice
Qua reparer il nadujendra
Ains plustost sa mort suruiendra

In auctē. de nō alie. aut pmu. re. ec. colla. ij. Prouer. xi. Sapien. iiij Tullius Seneca Hora. i arte ff. de vo. cau mor. l. senatus ꝛ C. de nego. ge. l. iij. Hiere. li. Ezech. xxvi ff. cōmo. l. si vt.

Impetueux folz infortunez q̄ ne tenez cōpte des infortūez venes lire ceste satyre/ ꝛ vo⁹ verres q̄ ceste dinfortūe chūn soit a son cas pensant/ ꝛ q̄ de foy soyēt estains/ ꝛ cōstance tous pecheurs soyēt estables cōgnoissans les grās tumbemēs/les fais soudains de fortune mobile. Nous voyōs q̄ ces choses mōdaines ne sont point seures/ceulx q̄ cuident estre au mōde bien heureux/cheent incōtinēt: car les fortunes sont soudaines. Il nya main tāt soit forte q̄ puist alles au cōtraire. Il nest chose au monde ql ne preigne fin. ꝑquoy iay pēse en mon esperit a ceulx qlz nont arrest ausqlz fortune est agreable ꝛ cōbien quelle ne viegne au secours de leur ruyne. Ilz sont tousiours a elle sonāt cōbien qlle soit innaturelle a bien faire/ains plustost a mal. Celluy se trouue dedās la mer tellemēt q̄ sa nauire rompt/ꝛ ses voilles ꝛ mat cheēt en la mer. O hōme se tu as infortune cōbien q̄ tu ayes la teste pignee/sil luy suruiēt poulz ou ordure/les prudens dient vng pverbe cōmun. Sil viēt mal iamais ne sera seul: ꝛ ꝑ nostre faulte croistra Nous voyōs to⁹ les iours q̄ fortune no⁹ croist. Son fait est sy grief ql nest digne quon le recite. Toutesfoys ne pēsons aux imitatiōs quon contēple/de maintes choses qlz no⁹ viēnēt. Il aduiēt souuēt ainsy q̄ lon pēse/affin q̄ lhōme ne soit sans sy. Celluy fait bien q̄ se garde de mal quāt il cōgnoist cōment il se doit

Prouer. vij.

garder ꝛ il se garde. Pour auoir son pied bien seur/il fault regarder ou on le met/car souuēt fortune se cache dessoubz le pied de lhōme/car ainsy ql veult aller sur mer elle croist ꝛ senfle, ꝑ quoy celluy est a blasmer q̄ veult entrer en la nauire q̄ se

vire pour vne petite vague/car pour vng petit vent la nauire submerge pour la Ec.lviij
vague & vent q̃ sur mer aulcunesffoys habonde. Dont le fol q̃ ne peut pas gouuer puer.xxiij
ner les auirõs prent excessifz & grãt dõmage. Mais le sage se garde des dãgiers Luce viij
preditz euitãt les orages de la mer q̃ peuuẽt aduenir Pour ce chũ doit prendre bõ Eccle iij
ne nef/affin q̃ ɔtre les tẽpestez de la mer puist resister. Pource pecheurs ɔsiderez Esaye.xxiij
les infortunes de ce monde & amẽdes vostre vie/affin q̃ vous soyes des bien for/ Job iiij
tunez au royaulme de paradis. Sapiẽ xiiij

¶ De la detraction de biens

¶ Qui lhonneur du sage discret
Dung peruers courage & vouloir
La sonnette comme indiscret
Mettre a la chatte il a vouloir.

Et cuide beaucoup mieulx valoir
Sans au chien seul petit toucher
Luy criant faire los lascher

Nõ opus est catti pẽdere in guttura nola Bella gerent mu/res pTimus absq3 metu

Folz qui detractes les biens par voz indiscretions apro/chez vo⁹ & venez tost lire ceste satyre/car certes vous trou/uerez chose q̃ puffitera a voz corps & a voz amez. Car les discretz/prudens/& sages qui ont vouloir d̃ bien faire se de/lectent de tous leurs mẽbres pour ce q̃ tãt de folz sont ɔgre guez en nostre liure/lesquelz auons mis en la grant nef a quatre hunes. Nous auons des carbases q̃ volent p mer mainte terre. no⁹ ne voulons pas escripre leurs destracti/ons & renõmees. No⁹ disons des malfaicteurs iniques et peruers q̃lz se doiuẽt amãder Des bõs q̃lz se doiuẽt esiouir et maintenir en bonte. Par quoy nous mettõs la medeci ne & enseignemens pour in/struire & guerir les malades

Prouer.i
Ecclesia vii
Eccle xxi

Nostre liure en est plain/par quoy se vous y lises & incorporez vostre cueur ne se ra point lye de peche. Et au cõtraire/celluy qui peche est par nostre nef blesse/car no⁹ auõs repris plusieurs folz p noz escriptz. Se ces folz vouloyẽt rõpre mes ditz ou me nuire p leurs parolles. Sachent pour vray q̃ ie ne les doubte. Se q̃lque ieune fol se met a cõtaminer ou de mocquer pour destruire noz petis ieux/ mais toutesffoys silz ont clers yeulx & entendemẽt soyẽt sages/ie vo⁹ prie gens lettrez et discretz/ne no⁹ infestez nulz molestes.car no⁹ ieunes auõs ce dispose/ no⁹ auõs compose iours ouuriers & festes. Pource se le stille & translation nest plaisante/

Loquitur ad sagaces

pardõnes au trãslateur/q̃ tant denseignemẽs descueuure. Sy vo⁹ estes mutins
vuydes sans faire murmure/ ⁊ pose q̃ voz languez serpẽtines plusieurs parolles
diront/ vous ne no⁹ scaures nuyre. Se nostre liure ne voulles veoir/ alles hors
Horatius — faire vostre mine/ ou prenes les ditz q̃ vous seront notables/ car iay escript autãt
pour les sages q̃ pour les folz. Au regard des ditz mon estude ne gist en eulx/ ces
folz se veullent aussy bien faire q̃ cõe lasne au ieu des cimballes/ car autãt vault
bien iouer q̃ mal. Aussy le fol ne prẽt saueur ne goust en mes escriptz. O lecteurs
Translatio ad lectores — ie vous admoneste se vous lises noz ditz ne soyez debiles dentẽdemẽt/ ⁊ retenes
les bonnes parolles ⁊ belles doctrines.

De limmoderee layde/ vile/ ⁊ orde/ turpitude de la table.

Maintenãt nous sõmes esmeuz
Paindre les grans enormitez
En nostre liure/ ⁊ des cõmeuz
Seulement a difformitez
Toutes ordes yurognetez
Lesquelles sont plus salles ⁊ ors
Abhominables plus que pors

Fiat mensa eorũ corã ep̃i scopis in laqueũ ⁊ in retributionẽ ⁊ in scandalũ

Prouer. iiii. et. xiii. ps. lxxviii. Eccle. xxix. i. Chorin. Ad gala. v. iiii. dist. ca. deniq̃ Esay. xxviii xiiii. di. c. i. ff. de origi. iur. l. i. Math. xv. Actuũ. vi. xl. dis. c. pro reuerentia De cõse. dis. v. c. in oib⁹

Nous esperions a/
uoir tout rẽply no/
stre liure des folz
du mõde/ neautmoins la tur
be ⁊ nef de ceulx q̃ sont disso/
lus a table/ ilz ne sont poĩt fa
lacieulx pipeurs/ trõpeurs/
ne auaricieux: mais sont gẽs
tous enormes/ dissolus a ta/
ble ⁊ insaciables a gormãder
sans auoir honte. Ilz mẽgent
villainemẽt ⁊ boiuent cõme
pigons/ tant q̃ alaine leur du
re/ ou cõme esponge. Ilz boy/
uẽt vin ⁊ brouet ensemble/ ilz
se mettent a table sans lauer
leurs mains/ deuãt q̃lz ayent
auale leur morceau ilz boiuẽt
sans remissiõ/ ⁊ auallẽt leurs
morceaux sans macher pour
haste de retourner a lautre.
leurs trẽchoirs sont charges
cõme [illegible]/ ⁊ leurs voir
res sont plain de vin. Quãt
ilz ont disne ilz se lieuẽt sans
rendre graces a dieu des biẽs q̃ leur a dõne. Mais les verres la bouche orde ⁊ les
Plini⁹ in li. iii. circa finẽ — mains graces/ gettãt crachats p la bouche/ cõme vuytres. Leurs labres ont tou
tes gresseuzes/ par le nez sort en liqueur blanche/ ⁊ par les yeulx se conuertist en
lermes par habondance de boire. Ilz ont les dens noires pour les boirres de vin
q̃lz ont deuore. Ilz rottent ⁊ vomissent/ ⁊ vuydẽt p la bouche. Ces gens ont receu

mains breuuagez. Ilz inuoquẽt les vngz les aultres en leurs maisons/puis boiuent cõe quẽnez bourbetãt les voirres tous plains de vin ingurgitãt en lestomac
Puis boiuẽt a leur dieu bacchus lung a laultre ⁊ bautãt en leur efforsant de mieulx boire. Ilz sont excessifz au corps ⁊ a lame. Puis par leurs yurõgnetez ilz se
batent cõme coquins/cheãt aux ruceaulx ⁊ aux fanges cõme pourceaulx. Apres
ilz sont malades ⁊ ont les mẽbres contaminez/les nerz retraitz/⁊ perdent le sens
dormans comme loirs. O pouures folz nauez vous honte de faire telles diffor-
mitez/en lieu ou iamais vous naquerres hõneur. A table vous deuez estre hon-
nestez/mais vous nestez tant vilains/on y aprent maintes males cõditions. Il
ne vous apptiẽt [illegible] de bien. On voit maintenãt q̃ le ieune veult
estre assis au dessus [illegible] de viãdes delicieuses ⁊ sorfuez/⁊ nont poĩt
de hõte/ car soit bourgois/ marchãt/ou aultre: telles gens se mettront tousiours
deuant le plat/ilz boiuẽt en mengant leur souppe/ilz cõsummẽt tout. Et de leurs
mains vilaines ilz toucherõt la viãde deuãt les aultres. Ilz moucherõt leurs nez
puis prendrõt sans nettoyer leurs mains la viãde. Sans nettoyer leur bouche
grasse ilz beuueront/⁊ sera le vin ⁊ le voirre tout gras/puis ilz chantent a gorge
desployee/sy q̃ les grans cris retondissent en lair/faisant maint lait sacrifice au
dieu bacchus/puis rõpent voirres/gettãt potz/platz/⁊ escuellez a terre cõe gens
marris/puis a gouter ilz mengẽt ce q̃ les seruiteurs doiuent menger. O sardana
palus tu as plusieurs consors au monde/car nous ne voulons pas mettre en nostre oeuure tous ces gormãs/lesquelz nont forme de viure hõnestemẽt. Cõbien
q̃ lung soit de grece/laultre latin/ou ebrieu/chũn a sa maniere de viure. Lung est
gras/laultre maigre/et chũn ensuyt la condition de son pais en toutes choses ⁊ diuers affaire/tant en coustumes q̃ en viure. Les vngz sont simples/ les aultres
gracieux/hõnestez/les vngz sont vertueulx ⁊ saiges/les aultres sont yurõgnes
et gormãs. Apres q̃lz ont bien beu ⁊ menge q̃ la pance leur tire/ilz desirent la ioye
pdurable. Ilz ont la pẽsee oultrecuidee de cuider ainsy aller en padis. Helas iesus
tu nous a fait pour boire vin ⁊ menger en ce monde. Mais aussy nous a cõmãde
q̃ ne soyons pas gormans/⁊ q̃ prenõs repas moderemẽt. Hellas nostre corps fu
me dabondãce de viãde/nous auons fiãce q̃ pour fort boire nous viuõs plus lon
guemẽt/⁊ que le vin nous fait bon sang/⁊ aussy q̃ nostre ame se entretiẽt auec le
sang/ toutesfoys dieu ne le dit pas: ains a ordõne mesure/tẽps/⁊ heure de boire ⁊
menger/car qui est excessif il brusle corps ⁊ ame [illegible] abrege sa vie. Toutes vtus
estoyent au tẽps iadis en noblesse ⁊ en la court des [illegible] mais maintenant ilz
sont plus estourdis q̃ boisons. Ilz sont tous corrũp[illegible]mpes ⁊ estas/
plains de flateries/ilz ont pdus le non des ancien[illegible]nõmez gens in-
discretz/les oeuures des anciens appetent p les sainctes [illegible] qlz ont escriptez et
plusieurs beaulx liures. Et maintenant ilz ne sceuent rien ne que bestes brutez ⁊
est science gouuernee par les pouures vertueulx que science eslieue en honneur ⁊
sont souuent preferez deuant les nobles.

Devita ⁊ ho
ne.cleri.c.a
crapula
hora.i. eplis
persius
De reli. ⁊ ve
ne.san.c.i.
xxxv.dist.c.
luxuriosa
Eccle.xxxi.
Osee.iiij
Luce.xxi
Prouer.xij.
puer.xxv.
Irreuerẽtia
mense
Luce.xxix.
Justi.d̃ iur.
na. ĩ glo.fi.
⁊ co.li.d̃ bo.
pos.
De offi.i.c.i

Sardana
palus
Justin⁹ li.i
De seruil.c.
certi.futuri
c.q⁊ diuersi.
de concusi.
preben.
Terentius
Persius
Quintilian⁹
l.ij.ff.ad tre
bel.q⁊ põte.
Prouer.iij
Ad col.iii.
Thobie.ii
Esaye.li.
i.thes.ii.⁊.v
Aristo.ii
de aia
Ecclesia.v
xxxii q.ii.c
moyses
horatius
Eccl.xxvij
Curialitas
ãtiq̃ ⁊ noua

Des folz deffigurez et lerues ou prenans dissimulee vesture.

perpetuo ri
su pulmonē
agitare sole
bat. Demo-
crit⁹ sapiēs
fleuit cōtra-
rius alter.

¶ Democritus le sapient
Par ce quil vit la grant folie
Des folz/et vain plaisir rient
Fut de la chose non pollie

Mais au contraire se delie
Cinicus ⁊ pleure le monde
Qui en grant vanite se fonde

puer. Liiii.
Juuenalis
in satyra oi-
bus i terris
l. si qs. C.
de pe.
plini⁹. li. vij
Solinus
Crassus de
quo plini⁹.
De vita ⁊ ho
nesta. cle. c.
cum decorē
De rude de
qb⁹ lucan⁹.

Ouidius

Si democrit⁹ viuoit
et ql vit tant de folz
quil ya maintenāt
ꝑ le monde il riroit. Crassus
pareillement riroit de veoir
les ieulx enormez des folz mō
dains/duquel oncques ne fut
en son vouloir q̄ rire qua vne
fois ꝑ quoy les anciēs poetes
et philosophes lont voulu e-
scripre/neautmoins des tēpe
stes ⁊ molestes obscures riroit: ⁊ de veoir les folz larvez
et deffigurez q̄ sont plains de
vicez ⁊ pechez/⁊cuident estre
iustes. Vous les cōgnoistres
qlz resemblēt les prestres du
dieu mars/q̄ veullent faire
sacrifice en grāt fureur/⁊ sap
pareillent a faire ce vil sacri
fice remuent leurs corps par
maniere de dāce. Ces folz por
tent vesture dung simulacre
et resemblent vne chimere.
Lung gemit ⁊ pleure/lautre
affin quil appere beau se oingne de oingnemēs doulx ⁊ acerbes. Lung a le visage mortifie ⁊ viel/⁊ sy a achees ses dens q̄ sont adeptees aux gencives. Ilz portēt
la vesture dung mignon. Lautre a tousiours habis emprūtez/lautre a la vesture des parture/lung a la robe du pays de geticque/ainsy font leurs pompes. lautre prefait visage de dyable espouātable ⁊ murmurāt. Lamoureux porte instrumēt de musique iouāt son melodieux/affin q̄ les ieunes pucelles le puissent ouyr/
ou devāt la porte de q̄lque bourgoise ⁊ aultre fēme courāt de nuyt en ꝑdant tout
leur tēps/la pucelle sen esiouyt ⁊ aultre fēme pēsant leurs voulentez q̄ ne font q̄
a decepuoir. Et sy dilamēt le cueur de ces belles pucelles ⁊ la liqueur virginale/
leur doulx lit ⁊ ꝑ toutes voyes difformes q̄ sont qua faictes au monde par ces pe
cheurs laitz ⁊ ors. Lautre yra en ta maison ⁊ te robera tes gelines. Qui ne fuira
celle gent/il fera des pechez innormes/car ilz font incessāmēt noisez/debatz/cris
clameurs/⁊ hullemēs. Ilz representēt ceulx q̄ faisoyēt la feste de saturne cōe gēs
hors du sens vont de leurs peruers cueurs mutins courir cōe ces lutons cachant
leur visage dune aultre hydeuse face q̄ resemble quasi la mort/⁊ leurs corps cou-

Eccle. xxxv.

C. de ep̄is ⁊
cle. l. minie.
In auctē. de
sanc. epi. col
la. ix

Saturnalia
cōpitalicia.
māmurius

uers de viles vestures. O folz peruers voules vous chāger voz naturez/corps et visage aultremēt q̄ dieu ne vous la dōne/& voules refaire de imaculation vostre hūanite. Je voy q̄ maint p vanite ceste forme scra aueuglee/nō pas seulemēt a telz gens/mais a ces bourgois & seigneurs plains de richesses. Je cōplains plus ces simulacres deceptifz es sainctes festes/cōe noel/pasques/sainct iehan/en lieu de seruir dieu sont aux dances/luxures/& ieux sans estre en rien obseruāt la saincte feste/& au tēps de quaresme quon doit auoir de dieu benediction/prenōs faulx visaiges selon nostre vouloir plain de vice ou nous sōmes tousiours couches/ et sy nous en leuons/certes cest bien tard/car nous pseuerons iusques a la fin. Et sy aulcun nous vient corriger nous ne faisons conte/de pecher ne sōmes point hōteux/& cōgnoissons bien nostre macule/& ne pouons prēdre la correction. Hellas ou est correction/ou est elle allee maintenāt/elle est clere semee p my chrestiente/chūn ne fait selon nature/ne droicture a celluy on doit faire iniure q̄ porte habit de dyable/car certainement il les emporte en enfer.

Faber
C. de pe. l. si quis
De cri. fal. ad audiēnā
De cōse. di. v. c. fucare.

De cōse. di. v. c. quadragesima

De la vraye description dhōme prudent.

Le sage reprent maint fant turpe
Et le blasme & sy endoctrine
De science affin quon lusurpe
Et sy toutes vertus attraine
Plus ferme que la forte traine
Naime que seulement bien viure
Et de tous maulx estre a deliure

Victrix fortune sapientia iuue. virtus p̄miū ē optimū. oia adsunt bōa quē penes ē virtus. plutarchus.

Venez ouyr bōne doctrine folz estourdis q̄ ne scaues que cest de prudence/& vous congnoistres la description dlhōme prudēt. Les enseignemēs de virgile & de socrates ont este sy autētiques q̄ on dit q̄ au monde vniuersel/on ne scauroit trouuer sēblables en sciēce/par quoy il me semble ql̄z estoyent dignez dauoir degre pour leurs souuerainez louēgez. Si socrates estoit si grāt q̄ virgile dit en ses vers. Diuine science & sagesse pendoit en luy/vertus & bonte se faisoit refulger. Le iuge qui na point de cure/quāt son peuple le tance/le crie/& moleste/duquel yst grāde sagesse/lumiere/& iustice/a equite nuisant/Il est tousiours au chemin droit/le iour il ne dormira point ql̄ naist pēse a ce ql̄ luy

Socrates
Virgilius
Seneca in epistola. xv.
Tulius in paradixis.

Ecclesia. iij
Sapien. vi.

Eccle.vi
prouer.x.
Eccle.xviij.
Ecclesia.xij
Eccl.xxxviij
Ecclesi.i.
puer.iij
Esaye.v
puer.xxix.
Aristides
Curius
Fabricius
plato
Cato
puer.ix.
Sapien.v.
Germanie
defectu

est necessaire/tout hõme sage fait ainsy/ꝛ a toute heure grãt vertus luy est adiugee/ꝛ p ses grãdes louẽges porte des anges la semblance. O iesus a ma voulente ie vouldroye bien que chascun reluisist ainsy en science/ou q̃ chascun eust nette cõscience. On verroit luire lescolle digne ꝛ la sapience sur chascun auironnee de vertus ꝛ de doctrine. Ce nest pas merueille sy a present on voit tant de folz / car ilz excellent la grant dame science. Sy vng ieune courage a sapiẽce par trauail demourra sans nul bien auoir. Mais trõpeur plain de fraudes ꝛ de malices/ on dit ql a le precieulx tiltre de noblesse/ ꝛ ne sceust il rien. Hellas aristides le iuste le grant noble curius/le bon fabricius/le souuerain plato/le grãt cathon/nauroyent point maintenant la preminẽce quilz auoyent au temps que sapience regnoit a cause de ces folz qui ne sceuent rien/ꝛ se mocquent des sages/ ꝛ leur est donnee gloire mondaine/honneur ꝛ loz. Ilz ont les grans auãtagez:combien quilz soyent incensez. Ausquelz grant fraude ꝛ roberie est adressee. Ilz vsurpent les places qui sont ordonnez aux sages qui lont mieulx deseruy. Sy alemaigne victorieuse eust baille loyer a chascun sa renõmee ne fut pas tant abolie/ꝛ ny eust point tant de folz en nostre nef. Mais aulcun ne veult explorer la saincte science/ne garder les saincts mandemens de dieu:ains portent vestures folles plaines de miseres

puer.xiij

cõme nous auons escript ꝛ mis en figure. Le fol qui veult viure sagement tant que au monde regnera/viuera selon les escriptz de virgile. Saches quil aura en brief temps pour ses bienfais la sus en gloire ꝛ repos pardurable. Pour garder

Virgilius
Eccle.iij.
Sapien.vi.

ton corps ꝛ ton ame/amende toy/affin que tu puisses gouster de ceste herbe qui se appelle ambrosia. O gens acerbes venes escouter que dit sagesse ꝛ gouter de sa digne pasture/offres enfans a sagesse q̃ est la dame principale/ affin que puisses auoir discretion. Les roys du temps passe estoyent plains de sapiẽce:mais maintenant ilz nen ont plus/car leur desduit nest q̃ a vanite/violer les saincts escriptz

Alexander.

Alexãdre le grant estoit sy littere quil faisoit ses croniques luy mesmes en latin et belle rethorique. Il ne faisoit chose qui ne fust iuste ꝛ faicte.

¶ De la cõmendation ou recõmendation de philozophie.

Conscidisti saccũ meũ ꝛ circũdedisti me leticia.

¶ Doctrine a present nest en pris
Des biens chascun quiert les vestures
Porter/lesquelles nont apris
Et destruire soubz couuerture
Dung sac/le scient bouuerture
Et mettent la digne sophie
Soubz les piedz et philozophie.

Ps.xxix.
Iohel.i.
apoca.vi
Sapien.i.

Esueilles vng peu voz esperitz vous qui tendez aux supperioritez/car quicũque y pretend ꝛ sans propos voulant hault monter/il ne se y doit pas cõuenir ne pretendre dy estre sil nest net de tous mẽbres: affin que es haultains sacrifices dencens cõme a philosophie appartiẽt ꝛ collustres deseingnemens/ ꝛ par sa doulce ꝛ diuine accointance deloquence doulce ꝛ plaisante la solaige de ses vains desirs ꝛ inutilz les enseignemẽs de bien viure ꝛ de sainctete

ensuyure le boulx chemin de Tuli⁹ par
paradis. Hellas nous pouõs chia opona
tous maulx mettre a nõ chal Ecclesia.iiij
loir & euiter tous ordoux vi-
ces & auoir allegemens: car
bien no⁹ a mesme enuoye en
ce mõde pour bien viure Aus
sy quant nous aurions affai
re de sa sapience & vertus/af- Prouer. ij &
fin que a nostre besoing no⁹ Ecclesia. j.
le donne/ pour veu que nous
luy demandons de cueur fin
car en luy est le receptacle de
tout le pouure genre humain/
lequel de ses beaulx ornemens
est pare/ & de vesture saincte
dung peuple/ ou drap de fin
sandal/par tout ses mẽbres &
sur son chief la grant frontie
re. Toutesfoys nest pas dũg
tenant des minerues du tẽps
present/de ses pierres perles
& ioyaulx/ses ornemens sont
veritables establis en aultre
facon sur chief & teste/& si espant encores mieulx des piedz les roses en toutes pla Sapien.vi. et. ix.
ces. Le sage le doit bien seruir de bon cueur/car il porte la vraye doulceur de diuin Eccle.xxvi.
nectar & liqueur/& lherbe dambrosias/il la dõne iusques lhõme soit refectionne.
Tout seul il tient son cueur/il dõne les auctoritez/il est souuerain/il dõne liberte
et hõneur/il deboute tout grant peche/du bien quon a fait remunere/& sy iamais Prouer. ij.
lhõme nasse/ne despuis quil a ainsy bien fait/ains le met au lieu eternel/ cest le
lieu/nous monstrons trestous se nous sõmes sages & prudẽs/il ya vie pdurable
Nous pouons bien surmõter tirans qui sont ennemis de la foy: car en ce royaulme auons hault roy q̃ nous peult tousiours faire viure/& pour gouuerner en ses
temples/nous auons foy nostre mere/& iustice nostre tante. O ieunes & vieulx Sapiẽ.viij.
hastes vo⁹ de venir a pallas: vous ny trouueres nulz q̃ soyẽt las destre auec elle. Prouer.vij.
Sa fontaine est sy naturelle q̃lle rassazie tous humains. O saiges hastes vous Prouer. iij.
pour garder la belle minerue/quelle ne soit blessee de cez folz qui la veullent met
tre en vng sac. Ce vous serdit bien grant deshõneur que ceste deesse fust en la ser
uitude des folz/veu quelle est reueree entre les anciens. Pour ce mettes peine de
la deffendre; car certes vous y estes tenuz.

¶ Concertation de vertus
auecques volupte.

rgumētū

¶ O vous aultres icy commis
Visez visez tous mes amys
Visez cy la dame vertus
Qui a corps ⁊ membres vestus
De science/⁊ amour diuine
Vises apres la folle mine
De vile voluptuosite.

Isons nous pas cõment alchides veit en songant deux voyes/lesquel/ les estoyent fort difficilles. Toutesfoys il regarda les estatz vtiles/ et mauluais par gracieulx entendement. Adonc il print la meilleure voye/ la plus iuste/ ⁊ la plus seure. Et pour venir a ma matiere/ voluptuosite cõme vne femme plaine de tous mondains desirs/ soulas/ ioye libidineuse/ et sa sante est de vaine ordure/ fange ⁊ fiant/ ⁊ sy a bien pou de duree. Mais vertus veult oppugner contre volupte/ bataille esleuer/ de flesches ⁊ arcz/ ⁊ de ses dars vigoreux par son siege ⁊ beaux ditz qui sont venus du ciel/ elle ayme iennes en/ fans imbarbes/ mondains/ gorriers. Elle tient en cest amour vng estat de prin cesse. Et cecy tient comme eternel/ cõme se iamais nauoit fin. O femme de peur que tu ne perdes ton ame/ fuis charnalite ⁊ vile delectation qui oste de ton corps grant vertus/ ⁊ se tu es sain de corps/ ne macule pas ta poictrine/ tu infectionne ton engin & ses cultiuemens/& sy destruis tes loyalles pensees/ & par operations pudiques Vomis le venin. O ieunes gens ie vous prie consideres a present q̄ cest que de belle vertus & q̄ elle scet faire/pareillemēt cōsideres que venus de tresmal affaire vous peult estre contraire en embrasant vostre corps du feu damours. Qui est assez pour vous mener au gouffre infernal q̄ est enfer. Ou sont pugnis les pecheurs. Tulius in officijs

¶ Obiection de voluptuosite blamant vertus.

¶ Ne suis ie pas doncques ennemy
De vertus lequel nay ma mye
Ains maine grant guerre mortelle
Et pource quel se remort telle
De mener grant ioye & soulas
Et moy ie suis soubz ses delas
Et belle la vindicateresse
En mon iardin plain de liesse.

Finis voluptatis mors est. Seneca.

e

Entendes en cest escript/commēt voluptuosite blasme vertus/& retenes bien ses paroles/car vous orres chose nouuelle. De vertus ie suis ēnemye pour luy mener guerre mortelle/ autrōnce suis comme princesse de laurier soif odorant/de tous arbres iay couuertures. En signe de victoire mes tentez en sont tēdues/ie sens bons ongnemens & liqueurs/florettez/ et herbes odoriferātes. Mes habis sentent souefuement bonnes oudeurs. La soye de quoy ie lye mes cheueulx iaunez comme lor/ sentent plus que le fin basme. Je porte ma large māche a grās rebras. Et voz demyez māchez de drap dor ou de velour pour estre plus gorriere. Jay chemise plus blanche que cristal Mes vestemēs precieux & luisans. De mes doulx yeulx ie gette plaisans regars. Jay beau front grant & esleue/aux oreillettez ie porte perlez/ pierres precieusez/& ioyaulx. Jay les deux iouez vermeilles cōe deux roses/ petis tetins faitz a merueilles. Et a tous ieunes iouuenceaulx qui veullent rompre leur ieunesse auecques eulx ie prens mes esbas. Je leur espans de mes delices/& miel ilz prennent/& apres ilz sont pris de mes penseez/ vouloirs/& rethz/& fussent ilz sages et subtilz. Je tiens icy pres de moy luc & harpe resonās/& se sied autour de moy/mes mignons/chantās/dansans/iouās aubades/faisans balades/rōdeaux/ virelaiz dictiers de musiq̄/ou laiz pour resiouyr mes esperitz. Jay belles pucelles au pres de moy/& suis blāche & polye/au mōde ny a la pareille. Le cheualier naura point Ecclesia.ij. Sapien.ij.

labeur en guerre ne peril. Ains sera franc a entrer au maculeux crime/ ⁊ sy na
garde de mourir/car il ne se trouuera point aux batailles de paeur des coups/ou
de froisser le harnoys/cõme les princes du tẽps present. Au son de larmee ilz sont
pesans ou malades/car il pensera tousiours a ses amours. Ne suis ie pas la grãt
deesse/de laquelle mes faitz sont cogneuz par lempire ⁊ p le mõde/⁊ de ma poictri
ne sort chose doulce/plaisantes cãtiques/estatuz/ie prens ioyeusete mondaine/le
temps a present est haicte/lheure/le iour/⁊ la saison/ce pendant que raison vien-
dra/⁊ vieillesse qui ladmoneste/⁊ ieunesse ystra de nous ⁊ son beau desduit. Re-
Paris Helena — gardes cõment paris rauist la belle helene/⁊ les regretz que pour elle donna aux
gregoys. Iay fait flourir maintz signez en plusieurs royaulmes. Et selon ma
grande puissance/iay pardõne aux bons: puis ont este mauluais. Cleopatra sor-
Cleopatra — guilleuse femme ma seruy liberalemẽt. Canopea aussy aymoit ma delectation.
Canopea. Affrica — Et affrique mist son amour en moy/aussy bien q̃ fit ammon. Numide. Mauri-
Hammon — sia ⁊ athas honorẽt les cieulx par tout la region dinde/car mes delices leur plai-
Numide — sent. Sobriete par moy est dechassee. Les anciẽs haultz philozophes me ont grã
mauritania — demẽt honore/ilz me prisent ⁊ decorent: il appert en leurs bons ⁊ loyaulx escriptz.
Athlas Iudia — Quant suis absente daulcun/son labeur ne luy plaist point. Auec nous est dele-
Eccle. xxxi. — ctable ⁊ plaisante quãt auec nous est/no⁹ prenons plaisir a mẽger/⁊ no⁹ resiouis-
sons a table. Nostre vie nest dissipee en guerre par fer/car nous sommes plustost
Iuuenalis — couchez au lit en acõplissant delectacion charnelle. Plusieurs roys/ducz cheua-
oib⁹ i terris. — liers/princes ⁊ seigneurs/ont fait tant de vaillances ⁊ belles prouesses/⁊ gaigne
tant de chasteaulx/villes/⁊ citez/dont ie suis cause: car iay du monde la domina
Sardanapa — tion. Sardanapalus print noz vestemẽs ⁊ laissa les royaulx. Rome du temps q̃
lus de quo — florissoit estoit honoree sur tout le monde/ceulx qui faisoyent cest auãtage may-
dyodorus ⁊ iustinus — moyent bien/⁊ apres qlz mauoyẽt/toute vertus/science/⁊ sagesse en eulx estoit.
Roma, — Entre nous ieunes/iamais nous nauõs froit/ains sõmes tousiours en chaleur/
Verba sar- — nous prenons repos ⁊ no⁹ delectons/oyseusete auons pour meubles. Doncques
danapali — vous ieunes aymes ces choses delectables: ⁊ passes en moy vostre tẽps. O vous
Sapien. ij Ecclesia. x. — vieulx qui passes vostre eage entendes a mes ditz/puis q̃ ainsy est q̃ vostre tẽps
se passe/⁊ perdes voz iours sans prendre ioye ne plaisir/chũ de vous se resiouist
beuuant/mengant a tous repas choses delicatiues. Car apres la mort vous ne
aures nulle voluptuosite.

¶ La responce de vertus a voluptuosite.

¶ O voluptuosite pourquoy
Virtutis su — Me metz tu en sy vil arroy
dorẽ dij lon — Pourquoy trop vile menteresse
ge posuerũt — Mal saine inchaste ⁊ puteresse
Me blesse tu en telle sorte
Eccle. xvij. — Et pourquoy est ce que tu porte
Sapt. i. ⁊. vi — Alencontre de moy bataille
Baruh. iij. — Qui na de corps aulcune taille

r

Espõdre fault a Voluptuosi/
te: laqlle veult exercer batail
le. Or me dis donc a qlle cau
se tu veulx cy assister. Toy q es porciõ/
neuse de dol & deception: ꝑ tes mains
miserables: tu decois le soudart pour/
quoy as tu abbatu gens puissans ꝑ ton
ordure. Pourquoy loues tu tes vices:
luxure: & supfluitez: oudeurs odoran/
tes. Helas tu scez bien que de toy nest
que vaine gloire qui ne dure que petit
de temps/de sobriete tu es ennemye/et
de ebriete cousine & ppre seur: ton corps
nest plain q dinfamete. Je concede bien
que tu es mignõgne/& a mõdain plaisir
aduenãt./& q tu as lacz & belles saintu/
rez/ & la tout ton corps & teste bien ri/
chemẽt aornez. yeulx tẽdres gracieulx
delectables/souefz & doulx/beau fronc
et visaige plaisant. Mais tu nas pas pour resister cõtre moy & garder ta vie. Tu
veulx batailler ꝯtre moy dũg harnoys q vais apkester q est vng mãteau de pour
pre/& tout le residu/ton harnoys ẽtier en lieu du bodrier tu porte drap de caliminie &
ne porte nul coussinet/espee: salade: lace: au autre ĩstrumẽt. ains sans estre arme
de corps nue & toute ignare: tu es trop facille a corrũpre. Tu prẽs au mõde tes plai
sirs delicieulx: et vanitez mondaines. Au pres de toy est cupido & sa mere venus
lesquelz sont en charnalitez confiz. Cupido est aueugle de droicte nature q est pe/
tit tenant en sa main son arc & ses flesches & dars: de quoy tu frappe damour fu/
rieuse: & les fleschez tu as forgeez: que gettes de ta main dextre. Tu as deuãt toy
vng mirouer: lequel monstre en particulier les maulx superfluz. En ton fronc
point ne gist splendeur: ains tout grant bruit & grant scãdale: toute luxure & tout
orgueil: & nas point de honte en parolle. Ton cueur a vile amour empraincte: tes
yeulx: ta poictrine: & ton corps est adonne a tous meschiefz. Tu fais venir toute
noblesse: & mettre discors en plusieurs lieux. Par toy souffrons grans vituperes
pestilences & mort amere Tu fais tuer le filz: batre le pere: & sy fais mendir & pe
rir mains hommes qui vont en enfer en misere. Tu causes les grans maladies:
donc la mort sensuit bien apres. Celluy qui a lentendemẽt pur & net: tu le hordis
villainement. Chastes cueurs infectiõnes: impropercs tant de vertus: les mẽ/
bres du pouure tu lyes de douleur: & fais menger viande de tourment de ta bou
che: tu dis motz dorez: les iuuenceaulx tu fais incensez par ton impetueuse ordu/
re q diminue les iours: & fut il ieune & imbarbe: te les rẽdras d mẽbres eslonez: ilz
font de maulx vng million: tu les induitz a aprehẽder le bien daultruy et piller:
sans espoir den iamais faire restitution ne amendement: quelque confession que
tu faces au mõde. Tu es ꝯtraire a bõnes meurs, iamais dame raison nest en ton

hostel/ne discretion de pensee/mais male langue veulx auoir. gens triūphans/
Troia fussent clers ou aultres/tous les tourne a ton seruice. Lisez icy le grant oultrage
Parthi qui fut au noble daidamides/car ꝑ toy fut destruicte troye ⁊ tous les parthiniens.
Asie Ceulx dasie ont este peris ꝑ la luxuriosilte. Pareillemēt les gens daticque/⁊ da
Attica naique/les citez ⁊ murales ont este perduez es odomie ⁊ gomorre ont este fulmi/
Sodoma neez ⁊ mis en abisme. Dont aprīt a vng val deaue expessif ⁊ plain de cruelle de/
Gomorra struction que les corinthes souffrent/⁊ perissent leurs biens ⁊ maisons. Par toy
Corinthus mains beaulx royaulmes degipte ⁊ dassirie furēt destruitz. Tu tendz tuer les ro/
Egiptus diens/millenoys ⁊ sibariens ⁊ plusieurs gens/lesquelz tu veulx miner ⁊ destrui/
Assiria re/tu pretendz abolir les sobes/⁊ traces. Par ton faulx parler tu veulx corrōpre
Rhodus flandres. Tu veulx dominer en france/de quoy ie doubte vng grāt mal/car tou
Miletus tes ces natiōs cy dessus nōmees ont este pugniez ꝑ toy ⁊ ta charnelle voluptuosi
Sybaris te. Mais moy ie suis plus opportune/car la vie ꝑdurable ⁊ les cieulx mapartien
Thrana nent/mōdain est ce territoire degenerāt de bon vouloir/pour le faire bon ie pretēs
Bete de le mettre en la voze de vie/⁊ le couope au port/la porte des cieulx mest ouuer/
te/⁊ a este recuperee moyēnāt moy/⁊ est aux pecheurs mortelz quāt sont en moy
arriuez ouuerte. Hercules surmōta ꝑ moy son naturel ennemy. Je les fay esta/
Hercules blir deuāt le hault dieu. Les vngz honnorent ⁊ prisent les cieulx/ par moy furent
bas subiugues les barbaries/par iule cesar empereur de rōme/ꝑ moy luy fut mō
Julius cesar. stree ma doctrine: des doctrines en bōne vnion. Par moy alexādre le grāt eust vi
Alexander magnus ctoire ꝑ tout le monde vniuersel. Par moy paulus emilius mena bataille aux
paulus emilius perses/⁊ subiuga le roy ⁊ eust triumphe au pays rōmain. par moy rethorique la
Cicero doulce fut habondante en cicero. ꝑ moy sont leuz les haultains fais des rōmains
Virgilius aux oeuures de virgile. Par moy sont ensuiz les vestiges de aristote hōme pru/
Aristoteles Plato dent/⁊ de platon duql au monde iamais ne fut plus sage q̄ baillast plus de grans
doctrines. Par moy furēt ces excellans philozophes/lesquelz estoyent plains de
sciēce ⁊ de lart deloquēce. Que diray ie plus/ma renōmee court ꝑ tout le monde/
de moy sourt toute grande louenge/hōneur/salut/ie resioys lentendemēt/la sciē/
Prouer. viij ce ⁊ hault fait diuin/⁊ ie rens mes subiectz tous instruitz. Mais toy tu es toute
Sapien. iiij remplye dordure/tu as luxure sans le vouloir euiter/ains a chm̄ tu admoneste
Prouer. ix. de viure cōme toy/de ta bouche ne ꝓcede q̄ mal. En moy habōde richesse damitie
iuste pitie/tout bon cōseil ⁊ gloire. Ma maison est chaste. Je nay point darrest en
ce monde/car au ciel est mon seul manoir/car mon labeur monte plus en raison
q̄ le tien. Je tiens celluy de vtus/⁊ toy de voluptuosite tu aymes ieunes ⁊ vieulx
Mais se tu voulis auoir hōneur ⁊ porter signe de deesse/tu seroys grāde princesse
aux cieulx se tu voulois faire cecy/il te couiēdroit sans auoir le vouloir corrūpu
faire selon moy ⁊ prēdre mon ioyeulx remede leql embrase tout mon cueur de ver
Prouer. viij tus diuine/⁊ est du tout ma grāde peine apres en ioye/la sus es haultz cieulx mon
terois ou tu reposerois a iamais sans fin ꝑdurablemēt. Vertus fait elle pas les
guerres iustes: ⁊ regist les terres/elle gouuerne le monde cōtinuellemēt ⁊ diuise
plautus in amphi. ꝑ bonte selon ql luy plaist. Tous ioyeulx vo⁹ ont ꝑ moy habandon quāt on est a
mon seruant. O ieunes gens mettes vanites hors de vo⁹/⁊ aymes bien mes ditz
porver. vij. ie ne vo⁹ tien poīt blasmes se vo⁹ ꝯtinues mon seruice/deboutes ce vice ⁊ lordure

de vostre corps. Se vous senties q̄ ceste ordure vous voulist tenir venes a moy et fuyes ce peche dãpnable/prenes vertus ⁊ vous vestes de doctrine ⁊ mes enseignemẽs ⁊ les sauoures en tous tẽps ⁊ vo' aures vraye foy ⁊ de saincteté lestude.

¶ La nef latine ou barque sociale.

¶ Aux folz en nefz innumerables
Sans fin ⁊ tous furibondes
Nous leur voulons estre aydables
Soppimez estoyent entendes

Vous qui a folye tendes
Qui nauez nef trouue ne forte
Venez a moy ie vous assorte.

Gaudiū est miseris socios habere penas. Sed nō min' ar- debūt q̄ cū meliis ardēt

O folz acoures au riuage auãcez vous hastiuemẽt venes folz q̄ estez a blasmer coures a la nef sociale ou bien tost elle partira. Ceste nauire prent innumerables peuples de to' estatz/boiteux/bossus/aueuglez/foibles/⁊ fors/de tous portz ⁊ toutes nations/sy q̄ p sa grant trace tout le monde quasi y vient. Ceulx dastrie font grãt appareil pour eulx retirer deuers nous/semblablemẽt ceulx de libye/ethiopes/esperice/alemaigne/frãce/mausirie/thillia/bretaigne/flaues/cimberiens/sicãbriens/lacie ⁊ archifilie to' ces peuples sont a noz escolles. Et la turbe de gette vaillante en armes/⁊ celle de sarmatique/thracicque/aigelizie/⁊ finablemẽt to' les mondains marchẽt en la monarche/tant ieunes q̄ vieulx/incẽsez/folz/pucelles/filles/peres ⁊ meres/oncles/nepueuz/cousins/cousines/⁊ toutes gens sans nulz excepter doiuẽt venir a noz nauirez/car le songier ne leur vault rien. Gens indiscretz ⁊ inutilz le tẽps est venu ⁊ le vent/estandõs nostre voille: car la mer sen va a grãs vndes fluctueuses: pour ce courõs affin q̄ la region ⁊ grãt nation q̄ arriue ne puist nostre nef penetrer. O folz doncqs auãces vous: car nous voulons tendre en plusieurs lieux p le monde: toutesfoys nous fault esmouuoir fortune ⁊ ses cas q̄ voyons sur no' aduenir au nauire/⁊ nous gardons q̄lle ne no' dõne ses dures rencõtres: tẽpestes ⁊ grandes fulminations: car la mer a sy fort mine les trabs q̄ rien ne fault que tout ne tumbe/ce neautmoins nous courõs dessus en grant dãgier de submergier nostre vie nous y prẽnõs souuẽt des horribles saulx. Apres souffrõs molestes importables

n.q.i.multi
Eccle. xiii.⁊ vij.
Job. xxx
i. Esdre. v
Sapiẽ. iiij.
Ecclesia. j.
Asie
In oẽm terrã exiuit sonus eorum.
Lybia
Ethiopes
Germania
Gallia
Britãnia
Flan.
Cimbri.
Siccambri.

De hac materia vgil. in i.⁊.iij.eneid.

Scilla / Caribdis / Sirtes / Syrenes / Delphinus / Cyclops / Ulixes

perilz enormes & soudains/en mer sans esperãce de viure/en passant alant venãt de ca de la sans craindre en rien le grãt peril de scilla/ou celluy de caribdis/ mais noꝰ cõe indiscretz a regir la nef chéõs en grãs pertes/& ne noꝰ en pouons degetter car nous noꝰ allons bouter en sirtes peril horrible/les casure & terribles sons daulcuns poissons durs & enflez cõe des daulphins serenes/phoca:ou les chãs des serenes/si q̃ noꝰ sõmes opprimez de dormir/les ciclopes noꝰ suruiẽnẽt/lesqlz p leurs malins reprobles/le prince Ulipes craignoit. Ou pouõs noꝰ donc aller/entre noꝰ poures folz puis q̃ en mer ny a rien de seur/& q̃ pour nr̃e demourãce ny pouõs rien edifier. Nous sõmes si craintifz de peril:& cuidõs prẽdre bon chemin. Toutesfoys il noꝰ desuoye & le prenõs/car noꝰ nauõs point sapiẽce en noꝰ/& nest point nourrie en nostre cõpaignie/mais cõme chetifz malheureux luy faisons armes & batailons a bõnes mains.

Circes

Circes deesse de follie a brasse vng villain brouet/duql de present noꝰ dõne a boire/& d son chãt q̃ est si vil noꝰ fait mourir. Hee cõpaignõs q̃ voꝰ faignes a bien faire & erres ainsy sur la mer/q̃ voꝰ prouffite ceste chose/ gardes que neptun ne englutisse voz nauires & perisses a tout iamais

Neptunus

¶ De la nef sociale mecanique.

¶ La turbe de plusieurs iniques
Meschans malostruz mechaniques
Qui de bras & leurs instrumens
Gaignent leurs viures & alimens
Huche nostre nef & appelle
Et les retire tous a elle.

S Ans seiourner venez ouyr ma satyre folz mecaniquez/& apportes voz instrumẽs/affin quon sache a quoy vous gaignez vostre vie/le voile est hault leue: p ces gens ilz tirẽt les auirõs voulant trauerser la mer. Il voꝰ semble quil nest pas bon de les appeller pour venir en nostre nef. mais ie voꝰ dy q̃ si/car il nont point seure cõdicion ne loyal estat:mais sont trõpeux & est leur artifice muable cõe eulx mesmes. Nostre crime porte ces folz:pour le premier on y troue q̃ le seruiteur na point darrest & tousiours conuoite en tous lieux estre le maistre il ne peut endurer d nul:pource ql veult estre prise sur toꝰ. Pour le second elle porte les vacabõs q̃ ne veulent beson

puer. xi / De electiõe i magistuũ / lxi. di miser / xlix. di c sa/cerdos giner/ne faire marchādise/ꝑquoy tout leur estat diminue. Elle porte aussy ceulx q̄ mettēt peine de faire dōmaige a aultruy/celluy la est confit en folye: ⁊ tot se de/coit. Oultreplus elle porte celluy q̄ de rien veult faire vng ouurage excellent/ꝑ chichete de peur de trop despendre/⁊ en la fin il ne fait chose q̄ vaille/ tellement q̄l chet en pouurete/ Vng aultre y est q̄ dōne ⁊ vent son ouurage a petit pris/⁊ luy a couste beaucoup a faire/plus a lauēture ou autāt q̄l luy coute. ꝑquoy il est tous/iours pis q̄ deuāt. Lung va vēdre oeuure q̄ rien ne vault a grāt pris: parquoy la/chetāt a grāt perte. Lautre q̄ a marchādise faicte de mauluaises estoffes ⁊ vend tout pour bon/⁊ iure cent foys dieu q̄l est bon: leur intētion est mauluaise. O pouure fol pēse tu point q̄ dieu sache ce q̄ tu fais. Lises cy mes escriptz vēdeurs: gens de mestier/⁊ marchās q̄ estes cōfitz en trōperiez ⁊ doulces polles/telles gens doi/uēt souffrir vng carathaire/puis q̄ sy faulcemēt viuēt faisant dolz/trōperiez/et deceptiōs/ces marchās ne sont point loyaulx/car ilz sont sy ꝑuers q̄lz font tous/iours q̄lque deception. Ilz sont chiches affin quilz puissent amasser ⁊ estre riches Ilz veullent peu acheter ⁊ bien vendre/ les drapiers ont leurs maisons obscu/res ⁊ tenebreuses/affin q̄ meschāt drap semble fin. Ilz cōmencēt faire leur enfer en leurs boutiq̄s tant y fait obscur. Ilz sont to⁹ enuieulx lung de lautre/⁊ blasmēt lung lautre ꝑ leur grāt auarice ⁊ desir de gaigner. A grant peine trouue lon vng loyal marchāt. Se on voit vng marchant loyal q̄ vende bonne ⁊ loyalle mar/chandise/les aultres folz marchās en diront mal/pour ce q̄l aura bon bruit/ ⁊ q̄lz aurōt meschāt renom. ❡ De la singularite daulcūs nouueaulx folz addicion.

Ezech. vij.

Leui. xxv

Eccle. x xvij

Cogitatiōes hoim oi poa tēti deo ne queūt occul tari. iij. ca tua de simo. extra

❡ Pource que deuons auoir soing
En nostre nef soit pres ou loing
Non delaisser aulcuns folz mettre
En composant cy nostre metre
Il nous est pris a souuenir
De plusieurs folz faire venir
En noz barques hastiuement
Pour gouuerner diligēment.

Singularis ferus depa stus ē cā La uēdū ē a be guinis ꝺ fri gi. c. frater nitatis post pun. glo. in cle. i. ꝺ relig.

Ne oubliez point a lire noz escriptz folz nouueaulx/ car vous y verres
n choses licites pour vous. Je pēsoye lautrier q̄ il fault q̄lz viēgnēt vng grāt tas de gens en noz nauires/begars de tiers ordre/ ⁊ beguines tant hōmes q̄ fēmes plains dordeuse ⁊ vile hypocrisie ⁊ heresie. Et pource q̄ la nef est estroicte ⁊ petite. Pour mettre ceste gent indiscrete/il nous fault faire vne burnenasselle ou liburne pour passer toutes nations/ royaulmes ⁊ pays lohardes be/guites. Venes beguines discoures ⁊ begars/car on dit q̄ vo⁹ faictez aller lesperit vous pēsez q̄ lhōme estāt au mōde soit vertueulx ⁊ ꝑfais/cōbien q̄ soit pour hōme en cher sy souuerain ⁊ q̄l peult estre au plus excellent siege autāt q̄ de crisme ⁊ pe/che ne peut estre macule/ains tousiours mieulx ꝑffiter ⁊ est heureux ꝑ faitz et ditz/nonobstāt leur ꝑfection: nostre nef les attent Or vous to⁹ cōpaignōs vagās ou aultres gens subtilz (acoures) la nef sen va/no⁹ le voyons beguines suiuons ceulx q̄ sen vont/affin q̄ sans vo⁹ ne soit ceste caterue. Vo⁹ voyes la mer si grāde q̄ cōtient tant de nauirez. Soyes y donc pour les secourir/ sy on leur fait encōtre Estes vo⁹ ceulx q̄ faictes morir/au moins tēdes a ces fins/⁊ bailles aux hōmes a entēdre q̄lz sont mors auāt q̄ leur heure soit venue/ ⁊ que laheure mort sur eulx ou vueille ordōner a tribut naturel dōner. O vo⁹ q̄ auez veue de cloutre a vng chm̄ les ꝑeulx a noz folz en tresgrāt dāger/veullez scauoir q̄ a nr̄e oeuure mette

In clemen. ad nostrū. de hereticis

o

reigle: ꝛ tous les princez de lumiere: ꝛ sy soyes fort enclin
de les mettre dedās la voye/
aussy bien cōtens de lhōneur
q̄ vo⁹ auez fait sur aultres/ ꝛ
veu q̄ ne vo⁹ auons pas mis
en la nef cōmune/mais en car
bases seule cōe cōsules pour
ceste cause ainsy unifiez auec
toute ceste folle gent/ ꝛ q̄ soyez de leur bende Aumoins sy
vous estes notez de crimes ꝛ
dinfamie sur terre/ ꝛ q̄ ne soy
ez entre les sages/ ꝛ soyēt par
voz auātages exēptz de tout
vostre grāt bruit/pource que
fruit ne portes/ ꝛ pource q̄ ne
voulles estre cōe le peuple ple
be ou gouuerneur:ou daultre
religion/cōme aultres clercz
prestres ou moynes ne vous
appelle:car trop auez nicez co
gitatiōs/lesquelles ne sont di
spēsees vser de voz faictz in-

Clemētina d religiosis domibus dic.clemen. ad nostram

terditz/ainsy cōme nayans credo/vous nestez es sages plus dignes en nostre nef
vostre faulce religion brasse grāde faulce de venin/ ꝛ p alemaigne scintulle: ꝛ en
theutonique pullule tant p vostre grāde rigueur vostre secte a trop grant force.

Protestatio nihil dicere volumus ꝯ bonos aut approbatos

O mes loyaulx amys affin q̄ ne infectez voz esperitz/car p auēture vous pour-
riez entēdre q̄ ie voul droye dire mal de vous. Je ꝑteste q̄ ie neuz iamais enuye de
mal dire de vo⁹. Vous q̄ auez pris la saīcte norme des saincts peres ꝛ de iesucrist
lon vous deuroit hōnorer p excellence:mais la turbe indiscrete q̄ ne veult prēdre
en pacience dapprendre ꝛ ne scet rien/ ꝛ toutesfoys il enquiert ꝛ demāde auoir la to
gue/habillemēs ou estatz moraulx: ꝛ celluy saffeuble de dol ꝛ mauluaistie ꝛ labeur a son office ne veult prendre pour gaigner sa vie. A celluy ie me courrouce q̄

ij. Tessa.iij.

vain repos veult auoir ꝛ na vng seul bon ꝑpos de en vng iour vacquer vne heu
re a sa vie ꝛ son bon labeur. Il na pas la voulente de la magdelaine:ains a la cō
dicion des buffons ꝛ plains de grant paresse ꝛ occiete en tous tēps. Vous beguines auez cōmys a cest ennemy ancien de paresse:cōbien q̄ en la terre soit gisant na
uoir bataille. Par vostre mauluaise cōdicion cuides toutes choses bien faire ꝛ q̄
iamais ne soit desprisee chose q̄ facies:ains honores/p ce point vous cōtrefaictes
plus dictes la voye approuuee du sainct esperit. Quāt liberte y est adiustee/affin
q̄ ma parolle soit bien receue:quant liberte est cōgneue souuerainemēt a aulcun
hōme:a lors le sainct esperit laspere pour sa grāt liberte: ꝛ vo⁹ dictes bien pis/car

vt dicere possint ad eccle.li. ꝛ de cele.missa.c cū marthe. dic.clemen. ad nostram ij corin. iij.

Vous dictes q̃ nauez nulz obgectz de maistre/⁊ que nestez point subiectz au souue
rain ou principal: ains chascun est semblable cõme acephales voules viure ⁊ ensuiure leur cõdition en toutes choses inuertueuses q̃ nont souuerain prince ne roy
pour pugnir leurs crimez ⁊ malfaictz/ainsy voules estre sans chief. ꝑ voz here-
siez ⁊ loix/quãt voꝰ cõfessez les gens laix voꝰ dictes q̃ pour delectation charnelle
acõplir/ce nest q̃ peche veniel. Mais baisir vne fẽme est mortel/⁊ de la est q̃ tous
voz freres en viles ordures/demãdẽt pour eulx soulagier ⁊ leurs voluntez rassa
sier. Vous auez vng mãteau/⁊ dessoubz celle couuerture vne courte robe affin q̃
ie ne faille/ce sont voz les lolhardiens apres voz beguinez sen vont/lesq̃lles por
tent grãs souliers ⁊ les chaussent sans auãtpiedz/ꝑ ce q̃lz sont sy largez: ⁊ voz be
guines ⁊ lolhars selon voz loix faictes voz viez sororines en plusieurs vilitez fre
res ⁊ seurs est tout cõmun/tout est vng en vne maison/⁊ sil ya vne des seurs qui
vueille estre chaste ⁊ de meurs plaine sans se habandõner a vng des freres: il la
violera/puis elle sera forclose dauoir benediction ⁊ de sa part/⁊ sy assignent ses
freres q̃lle soit pugnie sans auoir ꝑdon ne mercy. Lhõme a liberal arbitre pour
faire bien ou mal. O lolchart gormãt ⁊ vilain ton vẽtre tout rẽply appert/affin
q̃ dye ce q̃ ie p̃se: tout ton dieu nest q̃ ton ventre. En mes escriptz ie ne parle point
des bõs religieulx q̃ gardẽt bien leurs reigles: car ilz sont dignez dauoir hault
pris. Toutesfois aulcũs sont q̃ pregnẽt aulcuns escriptz du pape pour viure mieulx a leurs plaisances ⁊ delectatiõs: ⁊ quãt on les veult regarder disant q̃lz ne vi
uẽt point selon dieu/ou se leur prelat les veult reprẽdre/ilz dirõt noꝰ sõmes dispen
sez ⁊ nauõs q̃ faire de voꝰ/se sont aulcuns q̃ sont moines ⁊ nont habis de religion
Vng tas de fẽmes bigottez q̃ portẽt habis de vierges: toutesfoys nõt ouuertures
de virginite/mais ont tousiours este en macule. Aussy ceulx q̃ ont autẽtiq̃ vestu
re chaste ⁊ pudique cõe vng tas de chanoines/moynes/reguliers/lesq̃lz ont beau
souef ⁊ cher de regnard/delicieulx ꝑ dessus: ⁊ dedãs plains de malice. Ainsy plusieurs sont dissimulans estre bons/q̃ au cueur sont loupz affames. Les aulcuns
sont purs ⁊ sains de ame ⁊ de corps chastes cõe les dieux/ mais toutesfoys leurs
malins yeulx ne peuuẽt en bien ꝓsperer: dont ilz retournẽt en mõdain plaisir. He
dieu q̃ pourroit dire les grãs amertueulx delitz q̃ se font soubz espece de benignite
cõme ces gens ypocrites: a q̃ leur voulente ne vault rien/car ilz ꝯtrefont les gens
deuotz deuãt le mõde. Malediction ⁊ vitupere soit a vous gens infectueux q̃ por
tes nom de religion/⁊ sy voz cueurs sont sy tres infectz/vous faictes loeuure de
sathan ⁊ de leuiathan/voꝰ approuues son propre enfant/car q̃cũques est de hault
lieu venu ⁊ de son lieu engẽdre/sil garde ses cõmãdemẽs/est clarifie cõme lair: ⁊
est son ꝓpre heritier. Mais celluy q̃ est cõceu en terre: sera en tere enseuely. Aussi
le prenãt la saincture pudiq̃/mitre ⁊ couuerture: ⁊ ꝑ auãt estoit mauluais garne-
ment ⁊ plains de toꝰ pechez/⁊ sera sa voulente tachee de vices ⁊ plaisirs mõdains
O voꝰ estudiãs q̃ auez estudiez ⁊ prins labeurs/⁊ q̃ ne fustes iamais las de fueil
leter liures/⁊ vous q̃ auez don de grace naturellemẽt ⁊ plains de sagesse acquise:
vostre vertu est excellente. Je voꝰ prie mes amys nayes le cueur triste a lire mon
liure: auq̃l ie feray fin. Pardõnes oultreplus aux imprimeurs doulx ⁊ loyaulx
sy aulcune faulte ꝑ eulx y trouues: car il ny a celluy q̃ aulcunesfoys ne faille en

xxiii. dist. c. nulla.
Prouer. iij.
glo. xxv. di. c. vnũ glo. d offi. ordi. c. pastoralis
glo. de fur. c. ij. dic. clemẽ ii. ad nostrũ
glo. iii. cle. j de reli. do. cõtra. c. diffi nimꝰ. xviij. q. ij. ⁊ c. pni ciosam.
Actuũ. x
ps. cxxix.
cle. i. de v. et hom. cle.
Prouer. xi.
C. de epi. et cleri. deo amabiles.
Ezech. xiij
Mathei. vij
Ouidius
Iuuenalis saty. vltima sauroãtas
Ezaye. ix
Math. xxiij
i. Thimo. ij
Puer. xx.
Johã. ij. iij. et. v.
Ad collo. iij
Luce. vi.
Johan. iii.
ij. petri. iii.
Exhortatio ad lectores.

aulcune chose. Vous folz ne me molestes en vilipendāt mes escriptz/se aulcune chose mal couchee y trouues/ce neautmoins le liure est plaisant a ceulx q̄ veul/lent bien viure/Vous pouez dire plusieurs choses: car vostre cueur na point dar/rest/lhōme cruel q̄ est dissipant p̄ les chāps montāt sur vng arbre pour auoir des oyseaulx q̄ prent en vng nid ⁊ puis se laisse cheoir/il est bien trompe ⁊ deceu de sa voulente: car cōme on dit cōmunement: lhōme propose ⁊ dieu dispose.

puer.xxviij. Ecclesia.x ps.lxxix.

¶ De ceulx qui veullent corrōpre le droit: adition nouuelle.

¶ Voyes le droit auironne
De plusieurs gens en general
Chascun luy a vng coup donne
Pour les humains cest vng grant mal
On luy baille du riagal
Pour le faire soudain mourir
Ce nest pas bien pour le nourrir.

Qui male agit odit lucē.ff. de vē. inspici.l.Et nō venit ad lucē vt nō arguātur opa ei9. Qui aūt facit virtutē venit ad lucē vt manifestēt opa ei9. Johan. iii. Cōscientia plus q̄ famā attēde fama pōt falli. cōsciētia nūq̄ Seneca.

ff.d̄ ori.iur.

Atendes aux pleurs/regretz/⁊ pitoyables lamētatiōs q̄ fait droit/soy cōplaignāt de ceulx q̄ le veullent tuer ⁊ mettre a mort. Je suis le droit q̄ fuz p̄mieremēt mys en table diuuyre ⁊ chieremēt garde p̄ les rōmains Je naquis des senateur plains de prudēce/⁊ p̄ eulx ay este doulcemēt nourry ⁊ entretenu au berceau. Sans moy nulle cite ne peult bōnemēt viure. Mes cōmandemēs sont: viure hōnestemēt sans blesser nul: ⁊ faire droit a chūn. Je pugnis les malfaicteurs selon le mal q̄lz ont cōmis Je suis don de dieu ⁊ tres ferme au mōde Je suis prouffitable a chūn. Je fay naistre lhōme franc. Je suis īmuable ⁊ souuerain bien. Ma prudēce est q̄ iay cōgnoissance des choses diuines ⁊ humaynes. Je discerne la chose iniuste de la iuste. Je suis a lutilite de chūn. Je enseigne naturellement toutes bestes q̄ naissent en lair/en la terre/⁊ en la mer/a viure/⁊ a la p̄creation de leurs petis De moy sensuit naturelle p̄iuction de lhōme ⁊ de la fēme ⁊ des enfāns p̄creation ⁊ nourriture. Je suis cōmun a tout genre humain. Jay estre alimēte en ma ieunesse par brutus premier cōsul de rōme/ par tiberius coruncanius

Justi.de iusti.z iu §.iuris p̄cepta.

ff.de legi. et senatuscō.l. legis virtus z bald9 ea.l. iusti.d̄ iusti et iure.§.iuris prudēna iusti.de iur. na.gē.zciui. in p̄inci.

Quintus mutus/Apius claudiꝰ/Diuus titus/Augustinꝰ pius/Publiꝰ elius. Marcus cato/tuffus/septꝰ põpeius/Celius antipater/Luciꝰ crassus. sextus papirus. Seruiꝰ sulpiciꝰ/⁊ plusieurs aultres. Et quãt ie fus en plus grãt force iay eu balde/bertholle/cinus angelus/alexãde de aymola/panorme/ iehan andre/ de rota/accursiꝰ/anthoniꝰ de butrio/⁊ plusieurs aultres q̃ humainemẽt me ont augmente ⁊ maintenu. Je suis droit canon ⁊ ciuil: sans moy nul ne peult rien faire. Justice prent son nom de moy: laq̃lle me garde: souffrãt q̃ chũn me vulnere. Quãt ie suis entre les armes ie fay silence ⁊ me tais: car crainte ne opprime trop. Jamais ie ne fis tort a nul: ⁊ on ne quiert q̃ a me destruire. O pape q̃ es vicaire general de iesucrist: tant es choses spũelles q̃ temporelles: ⁊ chief de leglise vniuerselle. Tu peus excõmunier lempereur tãt a grãt puissãce. A quoy tient il q̃ tu iettes ce dart en lestomac de droit/leq̃l tu dois deffendre: il te vaulsist mieulx mettre paix entre les chrestiẽs. Tu ayme mieulx entretenir guerre: ou tu deuroys mettre paix. Tu prens roys ⁊ princes en indignation/tu ne dois auoir haine a nulz: mais estre en paix auecq̃s les chrestiens. Tu peus bien porter armes ⁊ faire bataille. Il te seroit necessaire aller donc cõtre les infideles: ⁊ point nourrir guerre entre les crestiens. Tu baille tant de dispenses: ⁊ tu sces bien q̃ cest la playe de droit/la q̃lle est odieuse. Que vault vng religieulx ou hermite laisser son habit de religion: ⁊ prẽdre habit seculier. Que vault a vng homme deglise auoir troys ou quatre cures prebẽdez/archeueschez/eueschez: ⁊ aultres benefices/⁊ les bons estudiãs nõt rien les sages ne sont point prisez/mais les asnes serõt honorez Que vault bailler tãt de dispẽses aux mariez/le peuple est tant desrigle/q̃ le cõpere ⁊ la cõmere ne font point de cõsciẽce dabiter charnellemẽt en semble. Certes de cõperage ce nest q̃ entree de maison. Le cousin ⁊ la cousine/le frere ⁊ la seur sont tout vng. Il te vauldroit mieulx saīctemẽt gouuerner ta papalite. chũn doit garder sa dignite ⁊ bõne renõmee. Helas aps̃ q̃ seres mortz mõdains papes: voꝰ naures q̃ sept piedz de terre/pẽses donc bien a entretenir le droit: cõe a ce faire estes tenuz. O maieste imperiale/toy q̃ porte le dyademe des rõmains/tu ne dois point seulemẽt estre decore darmes: mais de droit arme/affin q̃ le tẽps de paix ⁊ de guerre puisse gouuerner. Tu dois estre vniq̃/nõ rauissant ⁊ cõsul de la chose publiq̃. Tu es seigneur quasi de tout le mõde. Tu dois deffendre le droit plus q̃ tous les viuãs/ tu luy baille de ta hache au corps. Nest ce pas grãt horreurs q̃ tu peuz maintenãt viure en paix/ et tu fais guerre au plus puissant roy q̃ soit sur terre: voire contre droit ⁊ raison. Mieulx te vauldroit aller cõtre les infidelez/q̃ vouloir mal aux chrestiens. Tu scez bien q̃ celluy q̃ frappe le p̃mier fait la noise. Rõme est escripte de quatre lettres/cest a dire. r. o. m. a. r. radix. o. oīm. m. malorꝝ. a. auaricia. cest a dire rome est racine de tous maulx dauarice. Tu as mal leu les croniques rõmaines: ⁊ les beaulx faitz des empereurs rõmains. Ou sont maintenãt les senateurs q̃ anciẽnemẽt ont gouuerne rõme/nen est il plus nulz semblables: non: car lempire est au plus bas q̃ iamais on la veist. Au lieu ou se faisoit iustice/maintenant il nen est mẽcion: a quoy tient il: cest faulte de pollice. Qui en est cause: Cest le chief imperial q̃ nest point obey (pourquoy) Pour cause q̃l deuroit nourrir paix ⁊ droit au monde chrestien: ⁊ il entretiẽt guerre. Qui en est principale cause. Faulte de bõne

Baldus de ori. iur.

Johan. v l. in prin. ff. d̃ iusti. ⁊ iur.

Seneca trage. pri.

Ad papam ij. q. vi. si q̃s ad nostrã ⁊ c. ad romanom

Inno. i. c. i. de offi. ord. ⁊ c. nos iter di. si inimicꝰ

xxiij. q. viij. c. ⁊ ve pridẽ.

Dispẽsatio ẽ vulnꝰ iuris xxiij. q. iiij. ipa pietas d̃ fi. presbi. c. si. d̃ p̃bẽdis c. nõ põt. li. vi. de cõsãg. et affi. q̃d di lecto

ff. de ven. in spi. l. i.

Ad ĩpatorẽ Justi. ĩ phe.

ff. d̃ ori. iur. ff. ad. l. rodi ani. de iac. l deprecatio ff. ad. l. acq̃. l. ix. plagijs §. tabnariꝰ.

xij. q. i. nolo

Vertuz et de bon cõseil. Mieulx luy vaulsist retirer son espee/ ⁊ maintenir droit
xij.q.i.nolo. cõme ses pdecesseurs. Celluy q̃ fait cõtre sa cõsciẽce est bien cruel/ ⁊ ne tient cõte
de sa bõne renõmee. Le palays imperial a este flourissãt en hõneur/puissance/ ⁊
noblesse/leql est maintenãt cheut en ruyne bien basse. Le palays royal des francoys a este sy bas ql nest pas possible de plus. Lequel maintenãt est flourissant/
en puissãce/hõneur/noblesse/⁊ force/tellemẽt ql nya terre au mõde ql ne craigne
la fureur de la gẽt frãcoise. Empereur pẽse a ton cas ⁊ cognois ql te fault mourir.
⁊ estre viãde aux vers ⁊ puis cẽdre deuenir: ⁊ q̃ apres tes biens faitz serõt peses a iu
Ad reges ste balance. O roys q̃ estez en maieste royalle: vous poues faire loix en voz roy-
volũtas prin aulmes/ vous auez grãt puissãce/ car p vostre arbitre tout est gouuerne. Que te
cipis est lex vault roy de tirer ceste flesche cõtre droit: voꝰ le deuez maintenir entre voꝰ roys ⁊
ff.d.ori.iur. le voulles mettre a mort. Voꝰ dõnes tãt de remissiõs q̃ cest pitie/ voꝰ pdõnes aux
Inno.de fi- riches: ⁊ pugnisses les poures. Ne souffres point faire iustice aux enfans orphe
de instru.c.cũ lins ⁊ fẽmes vefues/ voꝰ faictes les euesqs/abbez/⁊ prieurs en voz royaulmes: ⁊
certes vous ne pouez: car on les doit faire p lelection du chapitre/cela mest les pre
c.cũ in cũct de elec. latz en discẽtion ⁊ pces. Loys.xi. de ce nom roy de frãce demãda a vng euesq: pour
quoy les euesqs ne faisoyẽt miraclez/cõe ceulx du tẽps passe: le bon euesque luy re
spõdit. Sire la cause sy est: pource q̃ ceulx q̃ mettẽt les euesques aux sieges cathe
dralz nont point puissãce de ce faire. Mais quãt ilz sont faictz p vraye election: le
sainct esperit luy est met/leql peut faire miracle: ⁊ telz euesqs/abbes/ ⁊ prieurs/
lxiij.di.valẽ peuuẽt bien faire miracles. Lẽpereur ne se peut pas entremettre de lelection des
tia ⁊ c.verũ prelatz. On ne scauroit auoir maintenãt vng benefice sans pces/on y mettra gar
⁊ c.cũ adria nison des gensdarmes soit en eueschez/abbayez/ou priorez/ les benefices sont oc-
nus ⁊ c.ego cupes a force. Symonie regne elle point: les benefices se vendẽt ilz poit. Je croy
cũ multis si que sy: q̃ est grãt playe. Le tẽps passe les vilagois ne souloyẽt payer a lempereur
milibus cesar q̃.xx.vi. deniers pour chief dautel. Mais maĩtenãt cest horreur: car la peau
Baldꝰ in.l. du peuple est escorchee: tant q̃ a grant peine peust auoir esperit. Artaxerxes impo
ius publicꝰ sa pmieremẽt les tributz/les assiriẽs les ont payez les premiers/puis les perses/
ff.de iusti.et les macedoniẽs/puis cesar cõtraingnit les rõmains cõme dit est. Il ny a mainte
iur.et.ff.de nãt frãcoys/ytaliens/calabriens/ny les gens du pape/q̃ ne soyent ɔtrains payer
vbo.signi.l. ce tribut/⁊ pis encores q̃ tribut. Voꝰ souffres encores q̃ voz gensdarmes pillent
ager.§.i. in et mengent les pouures gens des villages. Quant vous estes en quelque ville
glosa. cest horreur que de la vie de voz gens: tant sont adõnez a mal faire: ⁊ se portẽt de
vous en faisant plusieurs maulx. Ilz sont habandõnez a luxure: telle que soit pu
celle ou mariee: ilz gattent tout/⁊ puis qui la fait/ vng tel seigneur/ vng archier
de la garde/on nen fera point iustice/car vous les deffenderes. Ilz bateront/tue-
ront/⁊ feront des maulx infinitz. Et pource quilz ne sont point pugnis: ilz font
David de pis en pys/⁊ nen ont point leur seigneur dhonneur. Penses vous point au roy
Bersabe dauid/qui pour ce que il fut amoureux de bersabee femme de vrie/il fut appelle
Urias hõme de sang: ⁊ fut pugny son peuple pour son peche. Il ne vous chault tãt estes
remply dorgueil/⁊ de mondanitez. Vous estes armez de grans pompes ⁊ dabis
larges ⁊ superflus/ vous ne auez pas grãt peigne de gaigner ce que vous despen
des: hellas vous ny penses pas. Le droit nest par vous en rien soustenu. Quant

vous faictes ioutez & tournoys a oultrance:ne scauez vous pas bien que cellup
qui est tue:ne doit point estre mys en terre saincte. Et doit faire penitence cellup
qui faict le coup. Nous trouuons bien au droit ciuil quil est requis de esprouuer
sa force/aultrement non:& en telle maniere nest point tenu a la loy acquilie. On
faict le cötraire qui est grant playe faicte au droit. Hellas roys/ducz/contes/ ba/
rons/cheualiers/ne vulnerez plus/ne souffrez point que on vulnere le droit/ sy
vous voullez que vostre royaulme ou pays prospere de bien en mieulx. O roy
de france treschrestien ne souffre point en ton royaulme que droit soit en rien vul
nere par tes subiectz & officiers. Tu es le plus digne roy et le plus noble qui soit
sur terre:car tu es oingt de saincte huile:& couronne de larcheuesque de reins. Tu
ne es point en rien subiect a lempire römaine. ¶ Toutes gens/soyët chrestiens/
sarrazins/iuifz/payens/turcz/qui prient pour toy gaignent pardons. Le bon roy
de france sainct loys a maintenu le droit & la nourry & substente en sa court. Il fai
soit percer la langue aux blasphemeurs du nom de dieu: mais maintenant q̃ mi/
eulx blaspheme:est en court le mieulx venu. Il nappartiët pas a villain de renier
dieu:ny aux nobles daller en padis. Vous döncs mauluais exëple a ceulx q̃ vien
dröt apres vo':& les choses de mauluais exëple sont a euiter:mais vo' les entrete/
nes/vo' faictes plusieurs belles statutez:mais elles ne durent gueres. Möstre
toy vaillant en vertus/ayme le prouffit & vtilite de la chose publique/ souuien/
gne toy des anciens römains qui aymoyent mieulx mourir pouures:que le bien
publique apouurist. Apres sont venuz aulcuns qui ont mieulx ayme leur enri/
chir:que le bien publique/par quoy sont venuz a bien grãde rupne. Les cösultes
et senateurs du tëps present nont point le bruit que ont eu les antiques römains
car ilz desirent plus le prouffit pour eulx:que pour le bien publique/& sont cötens
de vulnerer le droit pour complaire/a compere ou cömere/ou a leurs amys. La
cause sy est/pource quilz ne sont point remplis de vertuz. Mais sont loupz rauis/
sans/sans en rien supporter ne deffendre le droit. Tu deuroys cögnoistre que cest
que de droit/affin que quant on te demanderoit quelque pays/ rente ou terre/que
tu puisses respondre/cöme les angloys qui disent auoir droit au noble & puissant
royaulme de france. Tu leurs deuroys respondre cöme veult le droit. Cestassa/
uoir que fille ne succede point au royaulme de france. Car sy le roy dangleterre
est filz de vne des filles du roy de france:& il meurt sans auoir nulz filz/ & le roy
aulme est sans roy/cellup filz ne peut venir a la succession de la courõne de frãce
Pareillement le duc de bourgongne mourut sans auoir filz/parquoy la duche est
retournee au roy de frãce/car ladicte duche en estoit procedee/& ne pouoit la fille
venir a la succession. Metz gens iustes pour gouuerner iustice & droit/ car telles
gens peuuët gouuerner toutes puinces. Ny metz point loupz rauissans:ne gens
marchãs q̃ nont desir si nõ de gaigner & laisser le bien publicq̃ cheoir en rupne. O
iuges ne litez vo' iamais du iuge q̃ fut amoureux de vne fille/laq̃lle luy fut ame
nee pour estre hors de seruitute. Ny de la fille de lanion q̃ fut tuee. Mirez vo' y
et au iugemët q̃ fit pylate de iesucrist. Il est escript q̃ lamour des filles subuertit
le iuge q̃ ne fait bõne sentëce & vraye iustice/iuges iustemët le filz d̃ lhõme. Telz
iuges sont hays de chm̃. Vng bon iuge doit enquerir la verite de la chose/& iuger

c.felicis me/
more de tor
neamentis.
ff.de alea.l.
solent vt.l.
ff.ad.l.acq̃.
qua actõe.§
si quis
Ad regem
francie

S.ludouic'

l.obseruãda c̃
ff.d̃ iudi.&.l.
exemplo.C.
de proba.

glo.iij.c.i.i
prin.d̃ pac.
iur.fir.adde
no.de rege
frãcoƺ &.c.p
venerabilẽ
q̃ fil.sint le/
giti.&.c.ve/
nerabilẽ ex
tra.de elec.

Vide bal.in
repetitiõe.l.
i.i.xiij.col.
C.de sũma
tri.& bal.in
dicta.l.fi.
Bald' i.l.i.
ff.de sena.
ff.d̃ ori.iur.
ff.de ori.iu.
Baldus de
ori.iuris

Pylatus
l.iu apud.C
de edendo

C. de aduo. l. aduocati l. laudabili i princi/C. de aduoca: di uer. iudic.

selon les choses alleguees et prouuees: et nõ aultremẽt. Aduocatz vo⁹ deuez desirer le bien de la chose publiq et deffendre le droit: car vo⁹ estes equipparez aux cheualiers: car p vous cõme cheualiers la vie et le patrimoine sont deffenduz. Vostre office est necessaire et louable/pource laisses toutes trõperiez et faulces allegatiõs et maitenez le droit. Mettez sergẽs de bõne vie pour mieulx entretenir le peuple sans auoir vng tas de ruffiẽs et de pilleurs de pouures gens qui sont toute la nuit courãt p les estuuez et bordeaulx: et veullent dominer chũ pource qlz ont nom de sergẽs: sil vient debat en qlque lieu et q on leur fonce le poignet: ilz laisserõt aller les malfaicteurs/silz ont cõmission de prẽdre qlqun ilz beurõt auec luy en payant lescot il eschapera. Mais q auroit gens de bien plusieurs trõperies ne se feroyent pas/en aulcũes villes les sergẽs sont hõnestes gens et de bõne vie: ou aultremẽt ilz sont expulsez. O gens deglise menes saincte vie/sans porter armez/baston ny espee/si nõ quãt vo⁹ allez dehors pour le dãgier des larrons/ou pour deffendre la ville cõtre les ennemis/encores ne deuez vo⁹ point frapper sy vo⁹ pouez. Tenez vous en voz bñficez/sans aller courre de ville en aultre faisans des gaudisseurs vous despẽdez largent de leglise/qui ne se doit mettre si nõ aux choses piteuses vous tenes chiẽs et oyseaulx et de cheuaux grãt quãtite. Il vauldroit mieulx entretenir les eglises dont viẽnent les biens: lesqlles cheent et fondẽt en ruyne. Ne portes point longz cheueulx ne grãt barbe/il ne vo⁹ apptient pas: mais aux gaudisseurs mõdains. En plusieurs lieux vo⁹ vulneres et blessez le droit en luy baillant le venin au voirre. Par voz symonies dont vo⁹ estez plains. Vous ne deuez point tenir fẽme en vostre maison ou il y aist suspection. Mais cest pitie/car vous nen estes point hõteux au tẽps pñt/vo⁹ faictes grãt deshõneur a nrẽ mere saincte eglise: iay grãt doubte qlle ne demãde vengãce cõtre vo⁹. Helas folz humains q vulnerez le droit: scaues vo⁹ pas q lame est pferee deuant toutes choses Pẽses aux durez peinez denfer q sont appareillees pour pugnir les pecheurs. Si vous voullez en ce mõde bien viure/suiues les bons: et prudẽs vo⁹ seres bons/se les pueres entretenes: mauluais seres ie vo⁹ prometz. Viues bien en nourrissant le droit sy vous voulés bien viure aps la mort/car vous ne scaues lheure q vous morres/la mort quiert le bienheureux: et fuit les miserables.

De vita et honestate clericorum. xxiij q. vi. c. clerici et c. qcũqz Ar. xxiij. q. iij. maximianus
De vita et ho cle. c. si quis
De cohabi. cleri c. et me
C. de sacro sanct eccle l. sãcim⁹ § pe.
Nota glo in l si finita ff de dam infe § lz si i ples super verbo vnica
Gregorius
Seneca

De ceulx qui font toutes choses au contraire addition.

Celluy qui fait le cõtraire
De raison et de verite
Il fault bien dire quil erre
Et quil na rien merite
Dont il chet en meschansete
Selon que dit lescripture.
Qui mal vit/voit sa mort dure.

Inordiatio cã fuerit destructionis oim rerũ oia q in celo aut in terris vel in equorũ vni uni ordine suãt Quẽ si destituãt si i ordie viuere cessent cõtinuo itereũt in nihilũqz ruũt Ni elemẽta i ordie firmo starẽt statim pir et

Ay parle de plusieurs folz/lesquelz sont en nostre nef bien auãt. Maintenãt ie parleray de ceulx q font toutes choses au cõtraire/et ont les pensez inordõnez/laqlle chose est cause de la destruction de toutes choses nous voyõs plusieurs trauerser ceste mer sans auirõs ne sans vele. Ilz sont sans loy et sans ordre/lesqlz en passant on rencõtre aulcuns des perilz marins/cestassauoir Scylla Syrtes et Caribdim/ausquelz perilz ilz se sont boutez/et ont estez ingurgitez/aux qlz ilz ont souffert le naufrage de la mer. Je trouue ces gens folz dez leur naissance. Plusieurs sont perilz en ceste facon/lesquelz ont trãsgresse la loy et le chemin q dieu a determine aux choses. Toutes choses q sont au ciel/en ter

re/ ⁊ en la mer. Viuēt en gardāt leur ordre/ ⁊ se tiengnēt fermez en vigueur/ lesq̄lz silz faillent ⁊ cessent de viure en ordre/ incōtinēt leur vertu se passera ⁊ cherrōt a neāt en ruyne bien grāde. Folz estourdis prenes doctrine ꝑ aultruy/ vous faictes toutes choses au cōtraire/ ⁊ scaues bien q̄ vo⁹ faictes mal: craignes vous pas la pugnition de dieu: Cognoisses vo⁹ point cōmēt lucifer ⁊ ses cōpaignons ꝑ ce q̄lz nauoyēt point dordre en leur cas/ ⁊ q̄lz vouloyēt faire tout au cōtraire cheurēt en labisme denfer. Adam pareillemēt pource q̄l nauoit ordre en son fait/ ⁊ q̄l fit au cōtraire de ce q̄ dieu luy auoit cōmādé: cheut en ruyne piteuse. Cayn aussy pource quil nauoit point dordre en son faict/ ⁊ quil scauoit bien quil faisoit mal de tuer son frere abel/ il fit piteuse fin. Sy les elemens ne se tenoyent fichez en leur ordre/ ilz periroyent tous soudainement, Hellas doncq̄s nous deuons bien craindre

Job. xxxviij
Judicū. v.

Ordinatiōe sua perseuerant dies
De peni. di. ij. hinc etiā
lucifer
Adam
Cain
Abel
Gene. iiij

quāt les choses q̄ nont point de raison sont en dāgier de pugnition. Toutes choses ont ordre/certain tēps et heure de naistre/de viure/et de morir. La vertu de ceste ordre est garder certaine loy et cōmādemēs ordōnez. Le mineur doit obseruer au maieur et luy obeir/mais maintenāt le cōtraire se fait. Toutes choses quasi se font au contraire. Vous pouez veoir en listoire celluy qui est au chariot les piedz contre mont/la teste dedās ledit chariot/les cheuaulx sans harnoys reserue la bride vont aps. Puis le chartier tenāt son fouet a main gauche la pongne cōtre mont et les esperōs deuāt/nest ce pas chose bien cōtraire: certes ouy. Cest aigle signifie la ruyne des empereurs/car elle est forte pour tirer les boyaulx et vētrailles des aultres oiseaulx. Les empereurs doiuēt estre fors pour vaincre to⁹ les aultres/ mais ilz sont maintenāt en grāt ruyne/pource q̄lz nont quasi nulle force. Lours signifie les babiloniēs qui sont en ruyne. Ce dragon signifie la ruyne des grecz. Ceste beste a quatre teste signifie lempire rōmaine q̄ est maītenāt diuisee en plusieurs ptïes et est en petite valeur. Et lestremite signifie alemaigne en ruyne: car les signes et planettez ne leur pmettēt nulz biēs le tēps aduenir. O alemās pēsez a lan mil. v.c.et.iii.car cest an sera plain de peril et de maulx q̄ cherrōt sur vo⁹. Hel las iay grāt hōte et crain q̄ chose nouuelle ne no⁹ touche/et ne no⁹ oste le sceptre imperial. Je vo⁹ prie regardes la figure du ciel q̄ est icy pourtraicte. Les signes cruelz sont ioictz au signe de cācer/car les signes d saturnē/mars/iupiter sont ioinctz a cācer. Jeunes et vieulx refrigiez/et ont cueurs marriēs/instables et mobiles. tout ce q̄lz cōmencēt/ce q̄ leur plaist est oysif/et tout ce fait cōe va cācer/au cōtraire. Les nauires leurs sont griefuez/tout pais et le vent marin/et to⁹ maulx leur suruiēnent. O dieu createur de toutes choses/ garde no⁹ de ces menaces/car nous alemās sōmes menaces des estoilles et de leurs faitz cruelz/nul ne pēse au tēps q̄ est si pres/le tēps viendra q̄ le sceptre nous sera oste: et yra plus loing. O theutoniēs vous deuez auoir les cueurs dolens. Hellas q̄ vo⁹ dōnera lermes pour plourer ceste ruine/et gemir le grāt peril/ouql vous deuez venir. Retournes vo⁹ au createur et amendes voz viez affin q̄ vo⁹ puissez euader ceste fortune future.

Ps. cxviii. Ecclesi. iii. i. ad corin. xiiii. z. xv. Ad roma. x. De cōs. ois anima

Coniunctio triū supior planetarum

m Ere de dieu vierge inuiolee/qui as porte le fruict de vie a toy me rens
et me mes en ta saulue garde/affin q̃ tu soyes aduocate vers ton filz ql
me veulle deffendre de ceste folle compaignie/en laqlle iay regne long
temps. Dont ie proteste deuãt toy: iamais y retourner & en signe le gette derriere
moy chaperon & marotte/oultre soye mediateur a ton filz ql me veulle pardõner
et faire misericorde. ¶ O pallas & toy minerue/ie vous mercie de leloquence q̃
mauez preste & du soulas meleflux ou tousiours mauez entretenu. Pareillemẽt
de la sciẽce q̃ mauez tribue/moyẽnãt laquelle iay fait fin a mon liure. O souue-
raine trinite/pere/filz/& sainct esperit: au iourdhuy ie me retourne vers vous/en
vous merciãt du tẽps q̃ vous me auez octroyé de viure/& de mener & pfaire ce li
ure iusques a la fin. O glorieuse estoille de mer/souuerain refuge des pecheurs/
aduocate de genre humain a heure presente/ie me prosterne deuãt ton ymage les
genoulx flechis en terre la teste nue/& les mains ioinctes/en te rendãt grace de ce
que tu as tousiours implore sur moy vers le verbe incarne/leql tu as porte en ton
vẽtre virginal/& as nourry & alecte de tes mamelles virginalez. Je neuz iamais
espoir q̃ en toy mere de dieu & vierge immaculee/de rechief ie te supplye tiens la
main sur moy/tellemẽt q̃ ie puisse en la fin de mes iours te voir en estat refulgẽt
et q̃ mon ame soit portee & presentee ꝑ toy ou ꝑ les angez en la gloire eternelle/de-
uãt le pere/le filz/& le sainct esperit/& quelle puisse tousiours viure au lieu qui est
prepare pour les iustes. Pardõnes moy to⁹ q̃ lises ce liure se aulcũe chose y trou-
uez mal faicte/car la fragilite de ma ieunesse me tient en telle mobilite q̃ mon en
tendemẽt ne peult passifiquemẽt se incomber aux lettres. Je me suis mys a trãsla
ter ce liure d̃ rime en prose/auec aulcũe satyre q̃ iay trãslate de latin en frãcoys. &
vne aultre que de moy mesmes ay faicte en la ville & cite de lyon sur le rosne. La
rime est bõne & bien faicte/ie nay pas ce faict par arrogãce/mais pour ce q̃ la pse
est plus familiere q̃ la rime a gens simples. Et a este a la requeste de hõneste per
sonne maistre guillaume balsarin/marchãt/libraire/& imprimeur de liures/ de-
mourãt a lyon sur le rosne en la rue merciere/auquel lieu on trouuera lesditz li-
ures/& aultres en quelque science que ce soit.

Ambulans recto itinere & timẽs deũ despicit ab eo q̃ infamii graditur via Querit derisor sapiẽtiã et nõ inuenit doctrina prudẽtũ facilis Qui deridetur inuocabitur deũ & exaudiet eũ. Deridebitur enĩ iusti simplicitas.

Translator vltimus.

¶ Finis.

¶ Cy finist la nef des folz du monde premieremẽt cõposee en aleman par
maistre sebastien brant docteur es droitz. Consequẽtemẽt daleman en latin
Redigee par maistre iacques locher reueue & ornee de plusieurs belles con
cordances & additions par ledit brant. Et despuis trãslatee de latin en rethorique francoise. Et finablemẽt translatee de rime en prose auecq̃s aulcunes
aditions nouuelles par maistre iehan drouyn bachelier es loix & en decret.
Imprimee a lyon sur le rosne/ꝑ maistre guillaume balsarin libraire demou
rant au dit lyon. En lan de grace mil quatre cens quatre vingz & dixhuit.

¶ Deo gratias.

www.ingramcontent.com/pod-product-compliance
Lightning Source LLC
Chambersburg PA
CBHW052346090426
42739CB00011B/2339
* 9 7 8 2 0 1 2 5 6 2 6 1 5 *